Mittelbare Beteiligung an einer Publikumspersonengesellschaft über einen Treuhänder

Schriftenreihe zum deutschen und europäischen Gesellschafts- und Wirtschaftsrecht

Herausgegeben von Christoph Teichmann und Florian Bien

Begründet von Günter Christian Schwarz †

Band 14

PETER LANG

Matthias Adams

Mittelbare Beteiligung an einer Publikumspersonengesellschaft über einen Treuhänder

PETER LANG

Bibliografische Information der Deutschen Nationalbibliothek
Die Deutsche Nationalbibliothek verzeichnet diese Publikation in der Deutschen Nationalbibliografie; detaillierte bibliografische Daten sind im Internet über http://dnb.d-nb.de abrufbar.

Zugl.: Würzburg, Univ., Diss., 2017

Gedruckt auf alterungsbeständigem, säurefreiem Papier.
Druck und Bindung: CPI books GmbH, Leck

D 20
ISSN 1614-239X
ISBN 978-3-631-74949-4 (Print)
E-ISBN 978-3-631-75462-7 (E-PDF)
E-ISBN 978-3-631-75463-4 (EPUB)
E-ISBN 978-3-631-75464-1 (MOBI)
DOI 10.3726/b13979

pPeter Lang – Berlin · Bern · Bruxelles · New York ·
Oxford · Warszawa · Wien

Diese Publikation wurde begutachtet.

www.peterlang.com

Vorwort

Die vorliegende Arbeit wurde im Wintersemester 2017/2018 von der Julius-Maximilians- Universität Würzburg als Dissertation angenommen. Sie befindet sich auf dem Stand November 2017.

Mein Dank gilt meinem Doktorvater und Erstgutachter Herrn Prof. Dr. Christoph Teichmann, meinem Zweitgutachter Herrn Prof. Dr. Olaf Sosnitza und all jenen, die mich fachlich und menschlich bei der Erstellung dieser Arbeit unterstützt haben.

Stuttgart, im Januar 2018 Matthias Adams

Inhaltsverzeichnis

Einleitung

Trotz – oder gerade wegen[1]– der Finanzkrise erfreuen sich Fonds in Form von Publikumspersonengesellschaften hoher Beliebtheit. Alleine 2013 wurden 4,2 Milliarden Euro Eigenkapital in geschlossene Fonds investiert.[2] Darüber hinaus beschäftigen zahlreiche Altfälle nach wie vor die Beteiligten und die Rechtsprechung. So verwalteten die Mitglieder des BVI (Bundesverband Investment und Asset Management) 2016 knapp 915 Milliarden Euro in Publikumsfonds.[3] Im Rahmen von Rechtsstreitigkeiten hat der BGH zum Beispiel über das Auskunftsrecht mittelbar Beteiligter über Mitanleger[4], die Anwendbarkeit der Grundsätze der fehlerhaften Gesellschaft auf eine Publikumsgesellschaft[5] oder die Zustimmungspflicht eines Gesellschafters zu seinem Ausscheiden aus gesellschafterlicher Treuepflicht[6] entschieden.

Doch trotz der ‚entscheidungsreichen' letzten Jahre bestehen nach wie vor Unklarheiten im Umgang mit Publikumspersonengesellschaften, besonders im Hinblick auf die Anlageform der mittelbaren Beteiligung über einen Treuhänder. Beispielsweise wird die in der Rechtsprechung klar abgelehnte unmittelbare Außenhaftung der Treugeber-Anleger in der Literatur zunehmend kontrovers diskutiert.[7] Die Auswirkungen des Mitte 2013 neu in Kraft getretenen Kapitalanlagegesetzbuches sind noch weitgehend ungeklärt. Ziel dieser Arbeit soll daher die Behandlung der rechtlichen Probleme in einer Publikumspersonengesellschaft sein. Die Arbeit beschränkt sich auf die Rechtsform einer Kommanditgesellschaft, die als geschlossener Fonds organisiert ist, deren Anleger sich nicht unmittelbar, sondern mittelbar über einen Treuhänder beteiligt haben. Dabei wird besonders auf die Haftung eingegangen. Insbesondere soll das Verhältnis zwischen Haftung

---

1 In der aktuellen Niedrigzinsphase, die der Finanzkrise gefolgt ist, werden alternative Investments für Anleger zunehmend attraktiver, wozu auch geschlossene Fonds gehören, vgl. *Hasselbring*, Immobilien & Finanzierung 2014, S. 737.

2 *Bundesverband Sachwerte und Investmentvermögen*, Pressemitteilung Branchenzahlen 2013.

3 *Bundesverband Investment und Asset Management*, Zeitreihe Publikumsfonds, Spezialfonds und Vermögen außerhalb von Investmentfonds von 1950 bis 2016.

4 BGH, Urteil vom 05.02.2013 - II ZR 134/11 = NZG 2013, 379.

5 BGH, Urteil vom 19.11.2013 - II ZR 383/12 = NZG 2013, 1422.

6 BGH, Urteil vom 09.06.2015 - II ZR 420/13 = NZG 2015, 995.

7 Zuletzt nur *Schäfer*, ZHR 2013, S. 619; *Menkel*, NZG 2014, S. 1253.

des Treuhänders einerseits und Haftung des Treugebers andererseits im Fokus stehen.

Abschließend soll, ausgehend von den bis dahin erarbeiteten Ergebnissen, beleuchtet werden, für welche dieser Probleme sich vertragliche Regelungen eignen und wie diese konkret ausgestaltet sein können.

§ 1 Die Publikumspersonengesellschaft

I. Begriff

Eine gesetzliche Definition einer Publikumspersonengesellschaft gibt es, vorbehaltlich einer Definition für Publikumsinvestmentvermögen im KAGB, nicht.[8] Auch eine sonstige allseits akzeptierte Definition existiert nicht.[9] Die Bedeutung einer solchen Definition ist aber nicht zu unterschätzen, denn von ihr ist die Anwendung des Sonderrechts für Publikumspersonengesellschaften und damit der Schutz der Anleger abhängig.[10]

Ausgehend vom Wortlaut ist eine Publikumspersonengesellschaft, wie der hintere Namensbestandteil schon vermuten lässt, zumindest eine Personengesellschaft. Aus dem vorderen Namensbestandteil „Publikums“ (lat. publicus: öffentlich) und der Abgrenzung zu einer ‚normalen‘ Personengesellschaft ergibt sich, dass es sich dabei um eine Personengesellschaft handelt, deren Gesellschafterkreis (ob unmittelbar oder mittelbar) eine Größe und Zugänglichkeit für jedermann hat, die über das normale Maß hinausgehen.

Wann eine über das normale Maß hinausgehende Größe vorliegt, ist nicht abschließend geklärt. Der BGH hat eine Kommanditgesellschaft (KG) mit 50 Mitgliedern als Publikumspersonengesellschaft behandelt[11], eine solche mit 20 Mitgliedern dagegen nicht[12]. Das OLG Stuttgart hat 45 Mitglieder wegen überwiegenden persönlichen Bezugs nicht ausreichen lassen.[13] Im Schrifttum findet eine Schwelle von 50 Mitgliedern Zustimmung[14], gesprochen wird aber auch von mehreren 100[15]. Letztendlich kann es jedoch nicht auf die genaue Zahl ankommen, sondern darauf, dass mit der Anzahl der Gesellschafter auch eine Abweichung vom Leitbild der personalistisch strukturierten Gesellschaft und der damit zusammenhängenden (fehlenden) Befassung der Gesellschafter mit den Geschäften

---

8 *Horbach* in: Gummert/Breithaupt, Münchener Handbuch des Gesellschaftsrechts Band 2, § 61 Rn. 2.

9 *Grunewald* in: Schmidt, MüKo HGB, § 161 Rn. 106.

10 *Casper* in: Staub/Canaris/Schäfer, HGB, § 161 Rn. 123.

11 BGH, Urteil vom 14.04.1975 - II ZR 147/73 = NJW 1975, 1318.

12 BGH, Urteil vom 11.12.1989 - II ZR 61/89 = NJW-RR 1990, 474.

13 OLG Stuttgart, Urteil vom 27.08.2008 - 14 U 50/07 = BeckRS 2009, 05098.

14 *Grunewald* in: Schmidt, MüKo HGB, § 161 Rn. 109; *Casper* in: Staub/Canaris/Schäfer, HGB, § 161 Rn. 123.

15 *Kübler/Assmann*, GesR, S. 343 Fn. 24.

der Gesellschaft einhergeht („*Verselbstständigung des Managements*“[16]).[17] Ob eine entsprechende Größe vorliegt, muss unter Berücksichtigung der konkreten Verhältnisse in der Gesellschaft für den Einzelfall entschieden werden.[18]

Das Merkmal der Größe findet sich auch im Kriterium der Zugänglichkeit für jedermann wieder,[19], das den Übergang von der typischerweise personalistisch geprägten Personengesellschaft hin zu einer eher kapitalistisch geprägten Gesellschaft, wie sie die Publikumspersonengesellschaft darstellt[20], beschreibt. Eine Gesellschaft ist zugänglich für jedermann im Sinne dieser Definition, wenn es nicht auf die einzelnen Personen und deren persönliche Beiträge[21] ankommt, sondern auf das von ihnen eingebrachte Kapital. Dieses Merkmal ist regelmäßig erfüllt, wenn eine große Vielzahl von Gesellschaftern (Anlegern) – und damit die entsprechende Größe – vorhanden ist.[22]

Von einer Definition anhand der Größe und der Zugänglichkeit für jedermann geht auch der Gesetzgeber mit dem neuen KAGB aus. Nach § 1 Abs. 6 S. 2 KAGB sind, sofern keine Spezial Alternative Investmentfonds (Spezial-AIF) vorliegen, *„alle übrigen Investmentvermögen [...] Publikumsinvestmentvermögen“*. Die Definition von Investmentvermögen in § 1 Abs. 1 S. 1 KAGB lautet:

> *„Investmentvermögen ist jeder Organismus für gemeinsame Anlagen, der von einer Anzahl von Anlegern Kapital einsammelt, um es gemäß einer festgelegten Anlagestrategie zum Nutzen dieser Anleger zu investieren[,] und der kein operativ tätiges Unternehmen außerhalb des Finanzsektors ist.“*

Der Gesetzgeber stellt dort ebenfalls auf die *„Anzahl“*, und damit die Größe, *„von Anlegern“*, also auf das von der Mitarbeit der einzelnen Gesellschafter (Anleger) unabhängige Management – und damit die Zugänglichkeit für jedermann – ab.

---

16 *Grunewald* in: Schmidt, MüKo HGB, § 161 Rn. 109.

17 *Casper* in: Staub/Canaris/Schäfer, HGB, § 161 Rn. 123.

18 *Weipert* in: Gummert/Breithaupt, Münchener Handbuch des Gesellschaftsrechts Band 2, § 14 Rn. 52.

19 Für dieses Kriterium ebenfalls *Servatius* in: Henssler/Strohn, Gesellschaftsrecht, Anhang Publikumsgesellschaft Rn. 3, der dies *„bestimmungsgemäße Kapitalmarktorientierung“* nennt.

20 *Schmidt* in: Schmidt, MüKo HGB, § 105 Rn. 6; *Roth* in: Baumbach/Hopt, HGB, Anhang nach § 177a Rn. 53; *Henze/Notz* in: Ebenroth et al., HGB, Anhang B Rn 1.

21 Dabei handelt es sich um das Leitbild der Personengesellschaft, vgl. *Schäfer* in: Rixecker et al., MüKo BGB, Vor § 705 Rn. 2

22 *Watermeyer/Knobbe* in: Prinz/Bärwaldt, Beck'sches Handbuch der Personengesellschaften, § 17 Rn. 1.

In Rechtsprechung und Literatur finden sich darüber hinaus verschiedene weitere Definitionsmerkmale. Unter anderem wird auf das Vorliegen der folgenden Merkmale abgestellt: Größe der Gesellschaft beziehungsweise unbestimmte Anzahl der (mittelbaren) Gesellschafter (bei rein kapitalistischer Beteiligung)[23], vorformulierter Gesellschaftsvertrag, auf den die Anleger keinen Einfluss haben und den sie hinnehmen müssen[24], öffentlicher Vertrieb beziehungsweise Werbung am Kapitalmarkt[25], Einräumung lediglich der uneinschränkbaren Kontroll- und Überwachungsrechte[26] sowie keine persönliche oder sonstige Beziehung der Gesellschafter untereinander beziehungsweise zu den Gründer- Gesellschaftern.[27]

Da das zu den Publikumspersonengesellschaften entwickelte Sonderrecht dem Schutz der Gesellschafter dient, dürfen an das Vorliegen einer solchen keine zu konkreten Anforderungen gestellt werden. Man würde sonst in Grenzfällen den Gesellschaftern aufgrund zu starrer Begriffsmerkmale die Anwendung des Sonderrechts für Publikumspersonengesellschaften und damit dessen Schutz versagen. Die oben genannten Merkmale können bei Vorliegen daher nur ein Indiz für eine Publikumspersonengesellschaft darstellen, notwendig sind sie aber nicht.[28]

II. Geschichte der Publikumspersonengesellschaften

Die moderne Publikumspersonengesellschaft als Gestaltungsform hat ihren Ursprung in der Mitte der 60er Jahre[29] und beschäftigt die Rechtsprechung seit Mitte der 70er Jahre[30]. Die Wurzeln der Publikumspersonengesellschaft reichen jedoch historisch bis in die Zeit vor der Aktiengesetzgebung zurück, wo sie in

---

23 BGH, Urteil vom 14.04.1975 – II ZR 147/73 = NJW 1975, 1318, 1319; BGH, Urteil vom 21.03.1988 – II ZR 135/87 = NJW 1988, 1903, 1904; *Roth* in: Baumbach/Hopt, HGB, Anh. nach § 177a Rn. 52.

24 BGH, Urteil vom 14.04.1975 – II ZR 147/73 = NJW 1975, 1318, 1319; BGH, Urteil vom 21.03.1988 – II ZR 135/87 = NJW 1988, 1903, 1904; *Roth* in: Baumbach/Hopt, HGB, Anh. nach § 177a Rn. 52.

25 BGH, Urteil vom 14.04.1975 – II ZR 147/73 = NJW 1975, 1318, 1319; BGH, Urteil vom 21.03.1988 – II ZR 135/87 = NJW 1988, 1903, 1904; *Blaurock*, Handbuch der stillen Gesellschaft, § 19 Rn. 19.4.

26 *Hausbeck*, Haftung der Kapitalanleger, S. 30.

27 BGH, Urteil vom 14.04.1975 – II ZR 147/73 = NJW 1975, 1318, 1319; BGH, Urteil vom 21.03.1988 – II ZR 135/87 = NJW 1988, 1903, 1904.

28 *Schmidt* in: Schmidt, MüKo HGB, § 161 Rn. 106.

29 *Krieger*, FS Stimpel, S. 308.

30 *Schmidt*, Gesellschaftsrecht, S. 1665.

der Form der stillen Gesellschaft beziehungsweise Kommanditgesellschaft[31] bis zur Aufhebung des Konzessionssystems[32] durch die erste Aktienrechtsnovelle vom 11.06.1870[33] zur Kapitalsammlung diente, danach aber von der Aktiengesellschaft verdrängt wurde.[34] Mit der Ausgestaltung und Verfeinerung des Aktienrechts wurde dieses zugleich auch starrer und formalistischer. Auf der Suche nach neuen Gestaltungsformen entstand die moderne Publikumspersonengesellschaft.

Sie ist vor allem der Abschreibungsbranche entsprungen[35], die sich die Geltendmachung von negativen Kapitalanteilen und Verlustzuweisungen für steuerliche Vorteile zu Nutze machte.[36] Dabei wurden Verluste entweder durch Abschreibungen oder durch sofort abziehbare Aufwendungen erzielt, während Gewinne erst gegen Ende der Laufzeit eintraten. Dies hatte zur Folge, dass sich die Steuerlast des Anlegers zeitlich nach hinten verschob, oft in eine Zeit, in der der Anleger weniger Einkünfte erzielt, zum Beispiel in der Rente.[37] Im Rahmen dieser Entwicklung wurde ein umfangreiches Sonderrecht der Publikumspersonengesellschaften durch die Rechtsprechung entwickelt.[38] Dem folgte jedoch keine umfassende gesetzliche Regelung.[39] Zwar wurde 1977 von der Bundes-

---

31 Die beiden Begriffe waren zu dieser Zeit austauschbar, *Dietrich*, Die Publikums-Kommanditgesellschaft und die gesellschaftsrechtlich geschützten Interessen, S. 24.

32 Bis zu dessen Aufhebung bedurfte die Errichtung einer Aktiengesellschaft im Normalfall einer Genehmigung durch den Staat, vgl. zuletzt Art. 208 ADHGB 1861: „*Aktiengesellschaften können nur mit staatlicher Genehmigung errichtet werden.*"

33 Vgl. zur Abkehr vom Konzessionshin zum Normativsystem *Lieder* in: Bayer, Entwicklung des Aktienrechts, S. 320 ff.

34 Vgl. *Schmidt,* Gesellschaftsrecht, S. 1666; *Grundmann*, Der Treuhandvertrag, S. 483 Fn. 4.

35 *Schmidt,* Gesellschaftsrecht, S. 1665.

36 Den Grundstein dazu hat der 6. Senat des BFH in seinem Urteil vom 13.03.1964 - VI 343/61 S = BStBl. III 1964, 359 = NJW 1964, 1979 gelegt, als er das negative Kapitalkonto eines Kommanditisten steuerrechtlich grundsätzlich anerkannt hat. Dem hat sich mit Einschränkungen (keine steuerliche Anrechnung, sofern ein Ausgleich des Verlusts mit zukünftigen Gewinnen nicht mehr in Betracht kommt) der 4. Senat des BFH in seinem Urteil vom 19.11.1964 - IV 455/61 U = BStBl. III 1965, 111 = BeckRS 1964, 21001670, angeschlossen. Bestätigt wurde dies vom großen Senat des BFH in seinem Urteil vom 10.11.1980 GrS 1/79 = BStBl. II 1981, 164 = BeckRS 1980, 22005524.

37 Vgl. dazu auch *Varachia* in: Schwerdtfeger/Alexander, Gesellschaftsrecht, Anhang 2 HGB Rn. 5.

38 Vgl. dazu *Kellermann*, FS Stimpel, S. 295 ff.; *Krieger,* FS Stimpel, S. 312 ff.

39 Vgl. aber *Wiedemann*, NZG 2016, S. 1 ff. mit einem neuen Vorstoß zur gesetzlichen Regelung.

regierung ein Entwurf über ein Gesetz über den Vertrieb von Anteilen an Vermögensanlagen vorgelegt,[40] dieser enthielt jedoch nur eine Prospektpflicht, eine Prospektprüfung und eine Prospekthaftung sowie eine gewisse Aufsicht und Informationsrechte für Anleger.[41] Der Gesetzgeber hatte sich damals aufgrund der damit verbundenen Probleme bewusst gegen eine gesellschaftsrechtliche Regelung entschieden.[42] Nach der damaligen Auffassung war als Lösung nur ein Rechtsformzwang zugunsten von als Publikumsgesellschaften angelegten Rechtsformen gangbar, was abgelehnt wurde.[43] Der Gesetzesentwurf wurde aber nicht verabschiedet und fiel am Ende der 8. Wahlperiode der Diskontinuität zum Opfer.[44] Auch in jüngster Zeit hat der 71. Deutsche Juristentag eine gesetzliche Regelung zur Publikums-KG, auch angesichts der Einführung der Investment-KG nach dem KAGB abgelehnt.[45]

Auf steuerrechtlicher Ebene hat die Publikumspersonengesellschaft dagegen mannigfaltige (gesetzgeberische) Reaktionen hervorgerufen. Im Jahr 1980 wurde § 15 a EStG eingeführt[46], der die Steuerwirksamkeit des negativen Kapitalkontos eines Kommanditisten beschränkte, indem Verluste, die zu einem solchen geführt haben, nur zukünftig und nur gegen Gewinne aus seiner Beteiligung verrechnet werden dürfen.[47]1984 erkannte der BFH Kommanditisten das Merkmal der Gewinnerzielungsabsicht bei einer reinen Verlustzuweisungsgesellschaft ab.[48]1999 wurde § 2 b EStG eingeführt[49], der 2005 durch § 15 b EStG ersetzt wurde[50]. Sie regeln unter anderem, dass Verlustanrechnungen auf Gewinne aus derselben Einkunftsquelle beschränkt werden. Ziel dieser Regulierungen war es, die steuerlichen Verlustverrechnungsmöglichkeiten in Publikumspersonengesellschaften möglichst weit einzudämmen.

---

40 BT-Drucks. 8/1405.

41 *Krieger,* FS Stimpel, S. 310 f.

42 Damit ist er der Empfehlung von *Hopt* in seinem Gutachten für den 51. Deutschen Juristentag gefolgt, vgl. *Hopt,* Gutachten G zum 51. Deutschen Juristentag, S. 130 ff.

43 Amtliche Begründung zum Regierungsentwurf, BT-DruckS. 8/1405.

44 *Krieger,* FS Stimpel, S. 311.

45 *Juristentag,* Beschlüsse des 71. Deutschen Juristentags, S. 39.

46 BGBl. 1980 I S. 1545.

47 *Heuermann* in: Blümich/Ebling, EStG, KStG, GewStG, § 15 a Rn. 1.

48 BFH, Urteil vom 25.06.1984 – GrS 4/82 = NJW 1985, 93.

49 BGBl. 1999 I S. 402.

50 BGBl. 2005 I S. 3683.

III. Wirtschaftliche Bedeutung

Trotz der erfolgten Beschneidung der steuerlichen Attraktivität von Publikumspersonengesellschaften erfreuen sich diese nach wie vor großer Beliebtheit. Zum einen sind trotz der steuerlichen Regelungen Verlustanrechnungen immer noch möglich.[51] Zum andern bieten Publikumspersonengesellschaften auch abseits ihrer steuerlichen Konstruktion, insbesondere für die Initiatoren,[52] weitere Vorteile.[53] Sie vereinen die Vorteile einer Personengesellschaft mit den Möglichkeiten einer Kapitalgesellschaft, ohne mit deren Nachteilen belastet zu sein. Insbesondere zu nennen sind die beschränkte Haftung der Anleger, die flexiblere und rechtlich weniger regulierte Ausgestaltung des Gesellschaftsverhältnisses[54], die gesellschaftsrechtliche Trennung von Anlegern und Management sowie Erleichterungen beim Gründungsvorgang und der Kapitalerhöhung im Vergleich zur Aktiengesellschaft.[55] Darüber hinaus profitieren die Publikumspersonengesellschaften meist von eingeschränkten Berichts-, Prüfungs- und Offenlegungspflichten[56], da es sich meist um kleine Kapitalgesellschaften im Sinne von § 267 Abs. 1 HGB handelt.[57]

Publikumspersonengesellschaften sind deshalb, besonders in ihrer Kapitalsammelfunktion, im Wirtschaftsleben nach wie vor bedeutend.[58] Die anhaltende Popularität spiegelt sich auch in den zu geschlossenen Fonds veröffentlichten Zah-

---

51 So war es 2001 nach wie vor möglich, über 20 % der Gesamtinvestition aus Steuerersparnissen zu finanzieren, *Duchardt/Gillitzer,* DStR 2001, S. 1624, 1625; *Pathe* in: Gummert/Abel, Münchener Anwaltshandbuch Personengesellschaftsrecht, § 2 Rn. 51.

52 *Grundmann,* Der Treuhandvertrag, S. 488.

53 *Eden,* Treuhandschaft an Unternehmen und Unternehmensanteilen, S. 344; ebenso *Pathe* in: Gummert/ Abel, Münchener Anwaltshandbuch Personengesellschaftsrecht, § 2 Rn. 52.

54 *Sauer,* Die Publikums-Kommanditgesellschaft, S. 31.

55 Vgl. dazu insgesamt *Gummert/Horbach* in: Gummert/Breithaupt, Münchener Handbuch des Gesellschaftsrechts Band 2, § 61 Rn. 7; ebenso *Wiedemann,* Gesellschaftsrecht Band I, S. 501, der die Publikumspersonengesellschaft als Sammelbecken für Wagniskapital für deutlich besser geeignet hält.

56 *Hausbeck,* Haftung der Kapitalanleger, S. 31 f.

57 *Bost/Halfpap* in: Lüdicke/Arndt, Geschlossene Fonds, S. 31; Damit entfallen die Aufstellung des Lageberichts (§ 264 Abs. 1 S. 3, 4 HGB), die Prüfungspflicht durch einen Abschlussprüfer (§ 316 Abs. 1 S. 1 HGB) und es besteht keine Offenlegungspflicht für Gewinn- und Verlustrechnungen (§ 326 HGB), darüber hinaus muss der Jahresabschluss erst nach sechs Monaten des Folgejahres aufgestellt sein (§ 264 Abs. 1 S. 3, 4 HGB).

58 *Oetker* in: Oetker, HGB, § 161 Rn. 125.

len.[59] Platziert wurden 2005 9,62 Mrd. Euro, 2006 9,71 Mrd. Euro, 2007 11,14 Mrd. Euro, 2008 8,32 Mrd. Euro, 2009 5,14 Mrd. Euro, 2010 5,8 Mrd. Euro, 2011 5,85 Mrd. Euro und 2012 4,5 Mrd. Euro.

Das Volumen des in geschlossenen Fonds platzierten Eigenkapitals ist seit der Finanzkrise (2009–2012) auf durchschnittlich 52,4 % des Mittelwertes vor der Finanzkrise (2005–2007) gefallen. Allerdings wurden seit 2009 durchschnittlich 5,3 Mrd. Euro Eigenkapital platziert. Es zeigt sich daher, dass der Markt durch die Finanzkrise zwar eine Konsolidierung erfahren hat, aber auf dem dadurch entstandenen Niveau stabil weiterbesteht.

Für 2013 wurde ein Platzierungsvolumen von 3,2 Mrd. Euro (Eigenkapital) prognostiziert. Es wurde weiterhin erwartet, dass sich, unter anderem nach einem initialen Rückgang durch das Inkrafttreten des KAGB, der Markt 2014 wieder leicht erholt und die Zahl der neu aufgelegten Fonds sowie das Platzierungsvolumen leicht zulegen.[60]

Diese Prognosen übertreffend wurden im Jahr 2013 4,2 Mrd. Euro neu platziert.[61] Der ursprünglich von den Fondsanbietern angestrebte Zeitraum zum Neustart nach dem KAGB hat sich allerdings von Anfang 2014 auf Mitte bis Ende 2014 verschoben, da die aus dem KAGB resultierenden Regulierungs- und Zulassungsfragen deutlich mehr Zeit zur Klärung in Anspruch genommen haben.[62] Für die zweite Jahreshälfte 2014 wird aber weiterhin ein leichter Aufschwung erwartet,[63] ebenso wie für das Jahr 2015.[64] Laut Scope Ratings befanden sich im September 2014 rund 20 alternative Investmentfonds nach dem KAGB konkret in Planung,[65] darüber hinausgehend wurden bis Ende 2014 24 AIF umgesetzt.[66] Diese Umsetzung erfolgte jedoch erst spät im Jahr 2014, im Juni 2014 waren erst fünf AIF zugelassen, weshalb das platzierte Eigenkapital 2014 mit 81 Mio. Euro gleich Null geht. Dies ist darauf zurückzuführen, dass 2014 nicht ausreichend Zeit zum Neustart nach der Regulierung durch das KAGB zur Verfügung stand; entsprechend wertet der Branchenverband Sachwerte das Jahr 2014 als *„außer*

59 Zahlen aus der Statistik des bsi, http://www.sachwerteverband.de/statistik.html.

60 *Jäger/Maas/Renz*, ZfgK 2014, S. 66.

61 Zahlen aus der Statistik des bsi für 2013, http://www.sachwerteverband.de/statistik.html.

62 *Immobilien Zeitung Nachrichten*, Immobilien Zeitung 2014, S. 4.

63 *AssCompact Investmentnews*, AssCompact 06/2014, S. 59.

64 *Romba*, ZfgK 2015, S. 76.

65 *AssCompact Investmentnews*, AssCompact 09/2014, S. 57.

66 Zahlen aus der Statistik des bsi für 2014, http://www.sachwerteverband.de/statistik.html.

Konkurrenz"[67]. Nach einer leichten Erholung im Jahr 2015 mit einer Platzierung von 521 Mio. Euro[68] hat sich die Platzierung 2016 mit knapp 3 Mrd. Euro wieder deutlich erhöht[69].

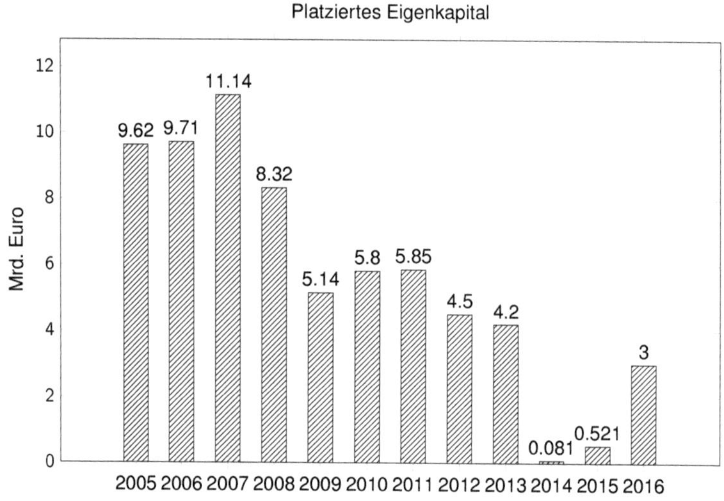

IV. Rechtliche Grundlagen

1. Rechtsformen

Publikumspersonengesellschaften existieren in verschiedenen Rechtsformen. Anzutreffen sind sowohl die GbR als auch die oHG, vornehmlich aber die KG.

a) GbR und oHG

Die GbR war vor der Änderung der §§ 1 ff. HGB durch das Handelsrechtsreformgesetz 1998 stark verbreitet.[70] Denn vor dem Handelsrechtsreformgesetz blieb die Rechtsform der oHG oder KG den Publikumspersonengesellschaften

67 *Bundesverband Sachwerte und Investmentvermögen*, Präsentation Branchenzahlen 2014.

68 *Bundesverband Sachwerte und Investmentvermögen*, Präsentation Branchenzahlen 2015.

69 *Bundesverband Sachwerte und Investmentvermögen*, Newsletter März 2017.

70 *Gummert/Horbach* in: Gummert/Breithaupt, Münchener Handbuch des Gesellschaftsrechts Band 2, § 61 Rn. 18.

verwehrt, da ihr Unternehmensgegenstand häufig weder ein Grundhandelsgewerbe war, da die in § 1 HGB a. F. aufgezählten Alternativen nicht erfüllt waren, noch ein Handelsgewerbe dadurch belegt werden konnte, dass der Gesellschaftszweck einen in kaufmännischer Weise eingerichteten Geschäftsbetrieb erforderte.[71] Ein Handelsgewerbe erforderte eine selbstständige, planmäßige, nicht als freier Beruf zu qualifizierende entgeltliche Tätigkeit eines Anbieters am Markt.[72] Bei einer vermögensverwaltenden Tätigkeit fehlte es an der Erbringung entgeltlicher Tätigkeiten am Markt.[73] Für eine oHG respektive KG fordert § 105 Abs. 1 respektive § 161 Abs. 1 HGB aber, dass der Zweck der Gesellschaft auf den Betrieb eines Handelsgewerbes gerichtet ist. Durch die Neuregelungen des Handelsrechtsreformgesetzes ist nach §§ 161 Abs. 2, 105 Abs. 2 S. 1 Alt. 2 in Verbindung mit S. 2 HGB eine Eintragung in das Handelsregister (und damit das Vorliegen eines Handelsgewerbes) auch bei nur vermögensverwaltender Tätigkeit einer oHG oder KG möglich.[74] Damit stehen Publikumspersonengesellschaften auch diese beiden Rechtsformen generell offen. Die Vorteile der GbR beschränken sich auf eine vereinfachte Organisation, da keine Handelsregistereintragung notwendig ist und fast keine Publizitätspflichten bestehen, sowie den Umstand, dass die §§ 705 ff. BGB zum größten Teil dispositiv sind und sich die GbR gut an die individuellen Bedürfnisse der Gesellschafter anpassen lässt.[75] Dem steht jedoch ein großes Haftungsrisiko gegenüber.[76] Nach der Rechtsprechung des BGH ist eine Fonds-GbR rechtsfähig mit der Folge, dass sich die persönliche Haftung ihrer Gesellschafter für die Gesellschaftsverbindlichkeiten aus den für die oHG und KG geltenden Vorschriften der §§ 128 ff. HGB ergibt.[77] Dies bedeutet eine umfassende, persönliche und nicht beschränkbare Haftung des einzelnen Anlegers. Dieses für den Anleger zum Zeitpunkt der Anlageentscheidung kaum zu überblickende Haftungsrisiko lässt sich durch die leichte organisatorische Vereinfachung kaum aufwiegen, zumal

71 *Gummert/Horbach* in: Gummert/Breithaupt, Münchener Handbuch des Gesellschaftsrechts Band 2, § 61 Rn. 18.

72 *Ulmer* in: Staub/Canaris/Schäfer, HGB (4. Auflage), § 105 Rn. 23.

73 *Ulmer* in: Staub/Canaris/Schäfer, HGB (4. Auflage), § 105 Rn. 26.

74 *Kindler* in: Ebenroth et al., HGB, § 2 Rn. 6.

75 *Hausbeck*, Haftung der Kapitalanleger, S. 19.

76 *Watermeyer/Knobbe* in: Prinz/Bärwaldt, Beck'sches Handbuch der Personengesellschaften, § 17 Rn. 32.

77 BGH, Urteil vom 27.09.1999 – II ZR 371/98 = NJW 1999, 3483; BGH, Urteil vom 29.01.2001 – II ZR 331/00 = NJW 2011, 1056 (Weißes Ross).

auch bei einer KG über einen Treuhänder eine Handelsregistereintragung der einzelnen Anleger vermieden werden kann.[78]

Ähnliches gilt für die Rechtsform der oHG. Hier statuiert § 128 S. 1 HGB eine Haftung der Gesellschafter für Verbindlichkeiten der Gesellschaft, sodass ebenfalls ein beträchtliches Haftungsrisiko besteht.[79]

b) KG

Nicht zuletzt deshalb hat sich die Rechtsform der KG für Publikumspersonengesellschaften durchgesetzt, typischerweise in Form einer GmbH & Co. KG.[80] Bei der KG handelt es sich um eine Personengesellschaft mit verschiedenen Gesellschaftertypen. Auf der einen Seite steht mindestens ein persönlich haftender Gesellschafter (Komplementär), der mit seinem Vermögen unbeschränkt haftet, auf der anderen Seite mindestens ein Gesellschafter, dessen Haftung auf den Betrag einer bestimmten Vermögenseinlage beschränkt ist (Kommanditist).[81] Bei der (zulässigen[82]) GmbH & Co. KG wird die Position des persönlich haftenden Gesellschafters von einer GmbH übernommen, die wiederum nur beschränkt auf ihr Gesellschaftsvermögen haftet[83]. Im Ergebnis besitzt eine solche GmbH & Co. KG daher, entgegen der gesetzlichen Konzeption einer KG, keine natürliche Person als persönlich und unbeschränkt haftenden Gesellschafter und ist ‚haftungsbeschränkt', was sie zu einem idealen Vehikel für risikobehaftete Fonds macht.[84] Anleger beteiligen sich an diesen Fonds als Kommanditisten,[85] um so eine Haftungsbeschränkung auf ihre Anlagesumme, die als Kommanditeinlage eingebracht wird, zu erreichen.

Aufgrund dieser speziellen Konstellation, die zum Teil erheblich von dem gesetzlichen Leitbild der KG abweicht, hat die Rechtsprechung ein Sonderrecht für Publikumspersonengesellschaften entwickelt, das die Regelungen der §§ 161 ff. HGB überlagert.[86] Die Rechtsprechung hat insbesondere die folgenden Abweichungen herausgearbeitet:

---

78 Zur fehlenden Handelsregistereintragung siehe später auf S. 25 sowie S. 44.

79 *Blaurock*, Handbuch der stillen Gesellschaft, § 19 Rn. 19.22.

80 *Hopt* in: Baumbach/Hopt, HGB, Anh. nach § 177a Rn. 52.

81 Vgl. § 161 Abs. 1 HGB.

82 Dazu erstmals BayObLG, Beschluss vom 16.02.1912 – III 12/12; RG, Beschluss vom 04.07.1922 – II B 2/22 = RGZ 105, 101.

83 Vgl. § 13 Abs. 2 GmbHG.

84 *Bost/Halfpap* in: Lüdicke/Arndt, Geschlossene Fonds, S. 6.

85 Oder über einen Treuhänder.

86 Zur Entwicklung des Sonderrechts siehe oben auf S. 5.

Der Gesellschaftsvertrag einer Publikumspersonengesellschaft ist, entgegen dem einer gesetzestypischen KG (oder oHG), der grundsätzlich nach den §§ 133, 157 BGB subjektiv auszulegen ist,[87] wie eine Satzung objektiv auszulegen, da den erst nach Gründung beitretenden Anlegern nur der objektive Gehalt des Gesellschaftsvertrages, nicht aber der subjektive Wille der Gründungsgesellschafter bekannt ist.[88]

Der im absoluten Regelfall fertig vorformulierte Gesellschaftsvertrag einer Publikumspersonengesellschaft unterliegt der Inhaltskontrolle.[89] Zwar unterliegt der Gesellschaftsvertrag wegen der Bereichsausnahme des § 310 Abs. 4 S. 1 BGB[90] nicht der Kontrolle nach den §§ 305 ff. BGB, eine Inhaltskontrolle findet aber über § 242 BGB statt.[91] Daneben gelten weiterhin die allgemeinen Grenzen der Gestaltungsfreiheit in Form der gesetzlichen Verbote, § 134 BGB, sowie der Sittenwidrigkeit, § 138 BGB.[92]

Der für Personengesellschaften entwickelte, aber mittlerweile vom BGH aufgegebene[93] Bestimmtheitsgrundsatz fand bei Publikumspersonengesellschaften keine Anwendung.[94] Der Bestimmtheitsgrundsatz besagte, dass bei nicht spezifizierten Mehrheitsklauseln nur Beschlüsse über laufende Gesellschaftsgeschäfte beziehungsweise gewöhnliche Beschlussgegenstände zulässig sind, bei darüber hinausgehenden Beschlüssen forderte er, dass sich der Beschlussgegenstand eindeutig aus dem Gesellschaftsvertrag ergibt.[95] Nach der neuesten Rechtsprechung des BGH[96] kommt dem Bestimmtheitsgrundsatz bei der formellen Legitimation

---

87 *Hopt* in: Baumbach/Hopt, HGB, § 105 Rn. 59.

88 BGH, Urteil vom 30.04.1979 – II ZR 57/78 = NJW 1979, 2102; BGH, Urteil vom 05.07.2011 - II ZR 199/10 = NZG 2011, 1140, 1141; BGH, Urteil vom 18.09.2012 - II ZR 178/10 = NZG 2012, 1342, 1344.

89 *Hopt* in: Baumbach/Hopt, HGB, § 105 Rn. 68.

90 *„Dieser Abschnitt findet keine Anwendung bei Verträgen auf dem Gebiet des […] Gesellschaftsrechts […].“*

91 BGH, Urteil vom 14.04.1975 – II ZR 147/73 = NJW 1975, 1318; BGH, Urteil vom 27.11.2000 – II ZR 218/00 = NJW 2001, 1270; zum Prüfungsmaßstab einer Inhaltskontrolle bei Publikumspersonengesellschaften siehe später auf S. 139.

92 *Servatius* in: Henssler/Strohn, Gesellschaftsrecht, Anhang Publikumsgesellschaft Rn. 7.

93 BGH, Urteil vom 21.10.2014 - II ZR 84/13 = NZG 2014, 1296; Fortführung von BGH, Urteil vom 15.01.2007 - II ZR 245/05 = NJW 2007, 1685 sowie BGH, Urteil vom 24.11.2008 - II ZR 116/08 = NZG 2009, 183; zustimmend *Schäfer*, NZG 2014, S. 1401.

94 BGH, Urteil vom 13.03.1978 – II ZR 63/77 = NJW 1978, 1382; BGH, Urteil vom 17.09.2013 - II ZR 68/11 = NZG 2014, 302 Rn. 23.

95 *Wiedemann*, Gesellschaftsrecht Band I, S. 410 f.

96 BGH, Urteil vom 21.10.2014 - II ZR 84/13 = NZG 2014, 1296.

einer Mehrheitsentscheidung keine Bedeutung mehr zu. Der BGH nimmt nun eine zweistufige Prüfung von Mehrheitsentscheidungen vor.[97] Zum einen auf formeller Ebene: Dort ist zu prüfen, ob eine Mehrheitsklausel vorliegt, der durch Auslegung[98] zu entnehmen ist, ob sie für sämtliche Beschlussgegenstände gelten soll, was nach dem BGH prinzipiell möglich ist.[99] Zum andern auf materieller Ebene: Dort setzen Treuepflicht und Kernbereichslehre einer Mehrheitsentscheidung Grenzen.[100] Bei der Publikumspersonengesellschaft war dagegen auch eine unbestimmte Mehrheitsklausel im Gesellschaftsvertrag ausreichend, da die Gesellschaft leicht zu blockieren wäre, wenn ein einzelner Anleger gegen den Willen von zum Teil über 1000 anderen Anlegern einen Beschluss verhindern könnte;[101] dies galt für sämtliche Beschlüsse einschließlich der Grundlagengeschäfte.[102]

Nach der Aufgabe des Bestimmtheitsgrundsatzes kommt der Ausnahme davon für Publikumspersonengesellschaften kaum noch Bedeutung zu. Bei der Auslegung von Mehrheitsklauseln ist sicherlich bei Publikumspersonengesellschaften ein weniger strenger Maßstab anzusetzen, allerdings enthalten die Verträge mehrheitlich allgemein gefasste Mehrheitsklauseln, die sämtliche Beschlüsse umfassen und damit wenig Notwendigkeit für eine Auslegung hervorrufen. Bei der materiellen Prüfung auf der zweiten Stufe ist, wie auch bisher, die kapitalgesellschaftliche Prägung von Publikumspersonengesellschaften zu berücksichtigen. Es stellt sich weiterhin unverändert die Frage, ob auch bei fehlender Mehrheitsklausel in der Publikumspersonengesellschaft ein Mehrheitsentscheid zulässig ist, was vom BGH erörtert, aber offengelassen wurde,[103] und in der Literatur teilweise bejaht wird,[104] hier aber nicht weiter ausgeführt werden soll.

---

97 BGH, Urteil vom 21.10.2014 - II ZR 84/13 = NZG 2014, 1296 Rn. 11.

98 BGH, Urteil vom 21.10.2014 - II ZR 84/13 = NZG 2014, 1296 Rn. 14.

99 BGH, Urteil vom 21.10.2014 - II ZR 84/13 = NZG 2014, 1296 Rn. 9.

100 BGH, Urteil vom 21.10.2014 - II ZR 84/13 = NZG 2014, 1296 Rn. 11.

101 BGH, Urteil vom 15.11.1982 – II ZR 62/82 = NJW 1983, 1056; *Henze/Notz* in: Ebenroth et al., HGB, Anhang Publikumsgesellschaft Rn. 42.

102 BGH, Urteil vom 15.11.1982 – II ZR 62/82 = NJW 1983, 1056 für eine Umwandlung einer KG in eine Kapitalgesellschaft durch Mehrheitsbeschluss; BGH, Urteil vom 17.09.2013 - II ZR 68/11 = NZG 2014, 302 Rn. 23; BGH, Urteil vom 21.10.2014 - II ZR 84/13 = NZG 2014, 1296 Rn. 12.

103 BGH, Urteil vom 13.03.1978 - II ZR 63/77 = NJW 1978, 1382.

104 So zum Beispiel *Casper* in: Staub/Canaris/Schäfer, HGB, § 161 Rn. 144; *Grunewald* in: Schmidt, MüKo HGB, § 161 Rn. 120; *Roth* in: Baumbach/Hopt, HGB, Anhang nach § 177a Rn. 69b, der dafür den Anlegerschutz anführt; *Henze/Notz* in: Ebenroth et al., HGB, Anhang B Rn. 44; *Oetker* in: Oetker, HGB, § 161 Rn. 146; anders *Servatius* in: Henssler/Strohn, Gesellschaftsrecht, Anhang Publikumspersonengesellschaft Rn. 61.

2. Mittelbare treuhänderische Beteiligung

Über die Wahl der Rechtsform hinaus stellt sich bei einer Publikumspersonengesellschaft als Kommanditgesellschaft die Frage, auf welche Art und Weise sich die Anleger beteiligen möchten. An einer Publikumskommanditgesellschaft können sich die Anleger grundsätzlich auf zwei verschiedene Arten beteiligen: zum einen unmittelbar als Kommanditisten und damit Gesellschafter, zum andern mittelbar über einen Treuhänder.[105]

Eine mittelbare Beteiligung durch die Anleger läuft wie folgt ab: Die Initiatoren der Fondsgesellschaft gründen die Fondsgesellschaft. Im Regelfall ist eine Gesellschaft mit beschränkter Haftung Komplementär, die von den Fonds-Initiatoren beherrscht wird. Meist ist der Treuhandkommanditist einziger Kommanditist. Dieser kann seine Beteiligung an der Fondsgesellschaft beliebig aufstocken, um so Treugeber-Anleger an der Fondsgesellschaft zu beteiligen. Nach der Gründung können dann die Anleger über den Treuhandkommanditisten der Fondsgesellschaft beitreten. Diese Konstellation soll im Folgenden betrachtet werden.

a) Gründe für eine mittelbare Beteiligung

Für eine mittelbare Beteiligung über einen Treuhänder werden zahlreiche Gründe angeführt:

Aus der Sicht der Initiatoren der Gesellschaft trägt eine treuhänderische Beteiligung zur Verwaltungsvereinfachung bei.[106] Bei zum Teil über 1000[107] Anlegern

---

105 Im Regelfall wird eine solche mittelbare Beteiligungsmöglichkeit bei geschlossenen Fonds angeboten; vgl. zum Beispiel *Söll*, Probleme bei der Vertragsgestaltung geschlossener Immobilienfonds, S. 6, der 1989 116 Gesellschaftsverträge untersucht hat, von denen 77 eine Treuhandbeteiligung anboten, sowie *Maulbetsch*, Beirat und Treuhand in der Publikumspersonengesellschaft, S. 23, der 1984 63 Gesellschaftsverträge untersucht hat, von denen 38 eine Treuhandbeteiligung anboten, wobei jeweils die die Vertragswerke von 1981/1982 oder früher datieren. Der Verfasser hat für diese Arbeit 19 Vertragswerke ausgewertet, die zur Hälfte aus 2010 oder danach, zu einem Viertel kurz vor dem Jahr 2000 und zu einem Viertel zwischen 2000 und 2010 datieren. Davon sehen 18 Vertragswerke eine Beteiligung über einen Treuhänder vor (unter anderem alle neu nach dem KAGB aufgelegten), nur ein einziges (von 2004) sieht ausschließlich eine direkte Beteiligung vor.

106 Vgl. schon *Hopt*, Gutachten G zum 51. Deutschen Juristentag, S. 32.

107 Vgl. zum Beispiel BGH, Urteil vom 16.12.2014 - II ZR 277/13 = BeckRS 2015, 02167 mit über 5000 mittelbar beteiligten Anlegern.

kann sich die Willensbildung innerhalb der Gesellschaft schwierig gestalten.[108] Eine Erleichterung kann hierbei die Bündelung der Anlegerrechte in Form einer (un-)echten[109] Treuhand über einen Treuhänder bringen.[110] Spiegelbildlich müssen die oft an den Geschäften der Gesellschaft nicht interessierten[111] Anleger diese Rechte nicht mehr selbst wahrnehmen.[112] Einen psychologischen Faktor stellt das ‚geringere Haftungsrisiko' der mittelbar beteiligten Anleger dar. Für diese scheint es aufgrund fehlender persönlicher Haftung so, als ob sie ein geringeres Risiko hätten. Tatsächlich fällt dieser Vorteil aufgrund des Freistellungs- und Erstattungsanspruchs gegenüber dem Treuhänder jedoch wirtschaftlich betrachtet weg.

Auch das Management der Handelsregistereintragungen wird bei einer mittelbaren Beteiligung erheblich vereinfacht.[113] Denn nach den §§ 161 Abs. 2, 106 HGB ist eine Kommanditgesellschaft zum Handelsregister anzumelden. Nach § 162 Abs. 1 S. 1 HGB sind auch die Kommanditisten zu benennen (Name, Vorname, Geburtsdatum und Wohnort)[114] und der Betrag ihrer Einlage ist anzugeben. Diese Vorschriften finden nach § 162 Abs. 3 HGB auch auf den Eintritt eines Kommanditisten Anwendung. Demgegenüber muss bei einer mittelbaren Beteiligung über einen Treuhänder nicht jeder neue Anleger gesondert zum Handelsregister angemeldet werden.

Mit der fehlenden Eintragung der Anleger verbunden ist auch der Vorteil, dass die Informationen über den Anleger nicht im Handelsregister für jedermann frei verfügbar sind, wie es bei einer unmittelbaren Beteiligung der Fall wäre. Dies ist ein von vielen Anlegern gewünschter Effekt der mittelbaren Beteiligung. Sie bevorzugen es, anonym zu bleiben.[115] Dieser Wunsch kann viele Gründe haben.

---

108 *Jaletzke* in: Gummert/Breithaupt, Münchener Handbuch des Gesellschaftsrechts Band 2, § 63 Rn. 1.

109 Dazu sogleich unter b).

110 Die Sammlung von Splitteranteilen hat schon Anfang des 20. Jahrhunderts ein Motiv für die Treuhand dargestellt, vgl. *Siebert,* Das rechtsgeschäftliche Treuhandverhältnis, S. 30.

111 *Bälz*, ZGR 1980, S. 1, 46.

112 Vgl. zum Entlastungsinteresse des Treugebers *Armbrüster,* Die treuhänderische Beteiligung an Gesell-schaften, S. 49.

113 *Bost/Halfpap* in: Lüdicke/Arndt, Geschlossene Fonds, S. 20; *Söll*, Probleme bei der Vertragsgestaltung geschlossener Immobilienfonds, S. 140.

114 Vgl. § 106 Abs. 2 Nr. 1 HGB.

115 Ein solcher Wunsch bestand schon bei der Erarbeitung des HGB. Württemberg, Hessen-Darmstadt sowie die drei Hansestädte äußerten damals den Wunsch, davon abzusehen, die persönlichen Daten sowie die Einlage der Kommanditisten bekanntzumachen, siehe *Schmiedel* in: Schubert, Quellen zum Handelsgesetzbuch von 1897,

Nicht jeder Anleger möchte Rückschlüsse auf sein Vermögen anhand der Beteiligungshöhe zulassen. Auch mag die Angst vor öffentlicher Bloßstellung beim Flop eines Fonds eine Rolle spielen. Ob auch Geldwäsche ein Antrieb für eine mittelbare Beteiligung darstellt, ist fraglich.[116] Nach § 1 Abs. 6 S. 2 Nr. 2 a) GWG ist der für die Geldwäsche maßgebliche wirtschaftlich Berechtigte der Treugeber. Schon im eigenen Interesse, vorrangig aber im Interesse der Treugeber an steuerlichen Vergünstigungen aufgrund ihrer Beteiligung, werden die Treuhänder gegenüber dem Finanzamt ihre Treugeber und deren Beteiligungen offenlegen. Sollte sich ein Treugeber dagegen wehren, da er Geldwäsche betreiben möchte, wird dies den Treuhändern auffallen, die dann im eigenen Interesse einen solchen Vorgang anzeigen werden. Dazu sind sie auch nach § 2 Abs. 1 Nr. 9 d) GWG verpflichtet. Ob bei einer solchen Durchleuchtungsdichte seitens des Finanzamtes in Kombination mit umfangreichen Meldepflichten nach dem KAGB noch Raum für Geldwäsche bleibt, ist unwahrscheinlich. Den Jahresberichten der FIU (Financial Intelligence Unit) des Bundeskriminalamtes von 2011 bis 2013 lässt sich entnehmen, dass 2011 bis 2013 insgesamt drei Verdachtsfälle durch einen Treuhänder im Sinne von § 2 Abs. 1 Nr. 9 d) GWG gemeldet wurden. Dem entspricht auch die Auskunft des *LKA Bayern*, dass es in seiner Geldwäsche-Datenbank keine Meldungen über Geldwäsche unter Zuhilfenahme einer mittelbare Beteiligung an einem geschlossenen Fonds hat, des *LKA Rheinland-Pfalz*, bei dem in den letzten zehn Jahren keine Geldwäschemeldungen unter Beteiligung von geschlossenen Fonds eingegangen sind, sowie der *Staatsanwaltschaft München*, bei der noch nie ein solcher Fall der Geldwäsche anhängig war.

Darüber hinaus spart der Anleger auch die Kosten für eine Handelsregistereintragung, die im Normalfall zwischen 100 und 200 Euro liegen.[117]

In der Praxis ist die (besonders die echte) Treuhand deshalb verbreitet.[118]

S. 63. Vgl. zum Anonymitätsinteresse der Anleger allgemein auch *Armbrüster*, Die treuhänderische Beteiligung an Gesellschaften, S. 59 ff.; anders *Maulbetsch*, Beirat und Treuhand in der Publikumspersonengesellschaft, S. 25, der das Anonymitätsinteresse für überschätzt hält und davon ausgeht, dass den meisten Anlegern ihre Anonymität gleichgültig sei; wie *Maulbetsch* ebenso *Bälz*, ZGR 1980, S. 1, 13.

116 *Armbrüster* hält dies für ein mögliches Motiv, vgl. *Armbrüster*, Die treuhänderische Beteiligung an Gesellschaften, S. 63; *Bruchwitz* hingegen geht von einem „*geringe[n] Gefährdungspotential bei der Beteiligung an einem geschlossenen Fonds*" aus, *Bruchwitz* in: Lüdicke/Arndt, Geschlossene Fonds, S. 211.

117 Bei Auswertung einiger Fondsprospekte finden sich zum Beispiel die folgenden (prognostizierten) Zahlen: 120 bis 160 Euro, maximal 130 Euro, ca. 100 Euro. *Armbrüster*, Die treuhänderische Beteiligung an Gesellschaften, S. 51.

118 *Henze* in: Ebenroth et al., HGB, Anh. nach § 177 Rn. 9.

b) *Formen der Treuhand*

Die Treuhand ist im deutschen Recht nicht ausdrücklich geregelt.[119] Es handelt sich um eine schuldrechtliche Beziehung (Treuhandvertrag) zwischen dem Treugeber und dem Treuhänder,[120] die dadurch geprägt ist, dass der Treugeber dem Treuhänder Rechte überträgt oder Rechtsmacht einräumt, von denen der Treuhänder nach den im Innenverhältnis getroffenen Regelungen nur eingeschränkt nach Maßgabe des Treuhandvertrages Gebrauch machen darf, über die er aber im Außenverhältnis grundsätzlich frei verfügen kann.[121]

Es muss unterschieden werden, ob dem Treuhänder eine eigene Rechtsinhaberschaft eingeräumt wird oder nicht. Ist dies nicht der Fall, bleibt also der Treugeber weiterhin Rechtsinhaber, spricht man von einer unechten Treuhand.[122] Der Treuhänder wird in dieser Konstellation nur bevollmächtigt, die Rechte des Treugebers auszuüben. Er kann diese im eigenen (Ermächtigungstreuhand, § 185 BGB[123]) oder in fremdem Namen ausüben (Vollmachtstreuhand, §§ 164 ff. BGB[124]). Bei einer Publikumspersonengesellschaft ist eine solche Konstellation bei der Übertragung von Rechten durch direkt beteiligte Anleger- Gesellschafter an einen Treuhänder oder Beirat denkbar. Dies ist jedoch eher selten und soll daher nicht Gegenstand dieser Untersuchung sein. Eine unechte Treuhand im Verhältnis unmittelbarer Gesellschafter und Anleger existiert bei geschlossenen Fonds nicht, da sich damit die primären Gründe für eine mittelbare Beteiligung nicht verwirklichen lassen,[125] so fehlt es zum Beispiel an der Anonymität der Anleger, da der Anleger nach wie vor Vollrechtsinhaber ist und damit als Gesellschafter in das Handelsregister eingetragen werden muss.

Vielmehr wird dem Treuhänder bei Publikumspersonengesellschaften in der Regel die Rechtsinhaberschaft eingeräumt. Der Treuhänder hält dann als Gesell-

---

119 *Martinek* in: von Staudinger, BGB, Vor §§ 622 ff. Rn. 40; *Schubert* in: Rixecker et al., MüKo BGB, § 164 Rn. 50; *Ellenberger* in: Palandt, Palandt, Überblick vor § 104 Rn. 25; *Grundmann*, Der Treuhandvertrag, S. 28; so schon *Siebert*, Das rechtsgeschäftliche Treuhandverhältnis, S. 7.

120 *Schmidt* in: Schmidt, MüKo HGB, Vor § 230 Rn. 35.

121 *Schubert* in: Rixecker et al., MüKo BGB, § 164 Rn. 50; *Martinek* in: von Staudinger, BGB, Vor §§ 622 ff. Rn. 40; vgl. dazu ausführlich *Coing*, Die Treuhand kraft privaten Rechtsgeschäfts, S. 85 ff.

122 *Bassenge* in: Palandt, Palandt, § 903 Rn. 34; *Martinek* in: von Staudinger, BGB, Vor §§ 622 ff. Rn. 41.

123 BGH, Urteil vom 5.11.1953 - IV ZR 95/53 = NJW 1954, 190, 191.

124 *Bassenge* in: Palandt, Palandt, § 903 Rn. 34.

125 *Hausbeck*, Haftung der Kapitalanleger, S. 38.

schafter den Anteil an der Gesellschaft. Man spricht hier von einer echten Treuhand oder einer (fiduziarischen) Vollrechtstreuhand.[126] Über den Anteil verfügt der Treuhänder im eigenen Namen und als dinglich Berechtigter.[127] Die Beschränkungen des Treuhandvertrages entfalten nur schuldrechtliche, keine dingliche Wirkung.[128]

Schlussendlich kann die Vollrechtstreuhand noch entsprechend ihrer Offenlegung[129] gegenüber den Mitgesellschaftern eingeteilt werden. Das Vorliegen einer Vollrechtstreuhand kann entweder geheimgehalten werden (verdeckte beziehungsweise einfache Treuhand)[130] oder gegenüber den Mitgesellschaftern offengelegt werden (offene beziehungsweise qualifizierte Treuhand)[131]. Bei Publikumspersonengesellschaften in Form geschlossener Fonds ist aufgrund des vorformulierten Gesellschafts- und Treuhandvertrages und der darin enthaltenen Offenlegung der Treuhandkonstruktion regelmäßig von der Kenntnis der Mitgesellschafter von der Treuhand und damit von einer offenen Treuhand auszugehen.[132] Deshalb sollen auch nur offene Treuhandverhältnisse Gegenstand dieser Arbeit sein.

c) *Stellung des Treugebers*

Trotz des Zieles der mittelbaren Beteiligung, die Organisation der Treugeber-Anleger (und deren Rechte) zu vereinfachen, wird versucht, den Treugebern Rechte ähnlich (oder gleich) der unmittelbar beteiligten Gesellschafter einzuräumen. Grund dafür ist die steuerliche Konzeption von Publikumspersonengesellschaften, die es den Anlegern erlaubt, Verluste aus der Beteiligung zugewiesen zu bekommen. Die Verlustzuweisung ist aber nur dann möglich, wenn der Treugeber Mitunternehmer ist.[133] Neben einer Beteiligung an einer gewerblich tätigen Personengesellschaft sowie einem Mitunternehmerrisiko ist eine Mitunternehmerinitiative erforderlich.[134] Mitunternehmerinitiative liegt vor, wenn sich der

126 *Martinek* in: von Staudinger, BGB, Vor §§ 622 ff. Rn. 41; *Schubert* in: Rixecker et al., MüKo BGB, § 164 Rn. 52.

127 *Bassenge* in: Palandt, Palandt, § 903 Rn. 39.

128 Vgl. § 137 BGB; BGH, Urteil vom 04.04.1968 - II ZR 26/67 = NJW 1968, 1471.

129 Offengelegt wird nur das Bestehen der Treuhand, also dass der Anteil treuhänderisch gehalten ist, nicht notwendigerweise die Identität des Treugebers.

130 *Schmidt* in: Schmidt, MüKo HGB, Vor § 230 Rn. 43.

131 BGH, Urteil vom 13.05.1953 - II ZR 157/52 = NJW 1953, 1548, 1549.

132 *Hausbeck*, Haftung der Kapitalanleger, S. 38.

133 BFH, Beschluss vom 25.01.1984 – GrS 4/82 = BStBl. II 1984, 751 = NJW 1985, 93.

134 *Blümich* in: Blümich/Ebling, EStG, KStG, GewStG, § 15 EStG Rn. 222; BFH, Beschluss vom 03.05.1993 – GrS 3/92 = BStBl. II 1993, 616 = NJW-RR 1994, 1376, 1377; BFH, Urteil vom 21.07.2010 - IV R 63/07 = BFH/NV 2011, 214.

Treugeber an unternehmerischen Entscheidungen beteiligen kann und Einfluss auf das betriebliche Handeln hat.[135] Dafür kann schon die Möglichkeit genügen, Gesellschaftsrechte ausüben zu können, die wenigstens den Stimm-, Kontroll- und Widerspruchsrechten angenähert sind, die gesetzlich für unmittelbar Beteiligte bestehen.[136]

Um somit die für den Anleger wichtige Mitunternehmereigenschaft sicherzustellen, werden den Anleger-Treugebern (meist gesellschaftsvertraglich) Rechte und Ansprüche eingeräumt. Korrespondierend dazu übernimmt der Treugeber die wirtschaftlichen Folgen der Beteiligung, indem er dem Treuhänder sämtliche von diesem getätigten Aufwendungen im Rahmen eines Freistellungs- und Erstattungsanspruches ersetzen muss. Fraglich ist, in welchem Rahmen den Anleger-Treugebern Rechte und Ansprüche übertragen beziehungsweise eingeräumt werden können und welche Folgen dies für die Stellung der Anleger-Treugeber hat.

aa) Rahmen und Zulässigkeit der Rechteeinräumung (Abspaltungsverbot)

Ohne gesellschaftsvertragliche Regelungen stehen den Anleger-Treugebern mangels eigener Gesellschafterstellung grundsätzlich keine direkten Rechte in Bezug auf die Gesellschaft zu. In den Gesellschafts- und Treuhandverträgen finden sich aber Klauseln, die den Treugebern umfangreich Rechte übertragen sollen. Exemplarisch seien hier genannt:

Im Gesellschaftsvertrag:

> *„2. Nach der im Treuhandvertrag erfolgenden Abtretung von Forderungen und Rechten an die Treugeber und deren Bevollmächtigung werden diese im Verhältnis zur Gesellschaft und den Gesellschaftern weitestgehend wie ein Kommanditist behandelt.[...]*
> *4. Jeder Treugeber hat das Recht, an Gesellschafterversammlungen teilzunehmen und die auf seine Beteiligung entfallenden Mitgliedschaftsrechte unmittelbar selbst oder durch einen von ihm Bevollmächtigten wahrzunehmen.“*[137]

oder

> *„2. Die Treugeber werden im Verhältnis zur Gesellschaft und den Gesellschaftern wie Kommanditisten behandelt, insbesondere [...] für die Ausübung mitgliedschaftlicher Rechte, insbesondere die Stimm-, Entnahme- und Informationsrechte eines Kommanditisten.“*[138]

---

135 BFH, Urteil vom 01.08.1996 - VIII R 12/94 = BStBl. II 1997, 272 = NJW 1997, 2702, 2703.

136 BFH, Urteil vom 01.08.1996 - VIII R 12/94 = BStBl. II 1997, 272 = NJW 1997, 2702, 2703.

137 *SHB Innovative Fondskonzepte AG*, SHB Fürstenfeldbruck Fondsprospekt.

138 *DOBA Grund Fonds*, DOBA 13 Fondsprospekt.

Im Treuhandvertrag:

> *„3. Soweit in diesem Vertrag keine abweichenden Regelungen vorgesehen sind, gelten für den Treugeber, insbesondere hinsichtlich der ihm zuzurechnenden Beteiligung und der sich daraus ergebenden Rechte, die für den unmittelbar beteiligten Kommanditisten geltenden Bestimmungen des Gesellschaftsvertrages der Fondsgesellschaft entsprechend. Der Treugeber ist wirtschaftlich Kommanditist der Fondsgesellschaft und wird gemäß Gesellschaftsvertrag weitestgehend einem Gesellschafter gleichgestellt.*
> *Die Treuhandkommanditistin erteilt hiermit dem Treugeber Vollmacht zur Ausübung des Stimmrechtes aus dem für ihn treuhänderisch gehaltenen Kapitalanteil und der ihr aus diesem Kapitalanteil zustehenden Kontroll- und Widerspruchsrechte (§§ 164, 166 HGB).“*[139]

oder

> *„Der Treugeber wird im Innenverhältnis wie ein Direktkommanditist der Gesellschaft behandelt.*
> *Der Treugeber übernimmt hiermit alle Rechte und Pflichten des Treuhandkommanditisten aus dem Gesellschaftsvertrag mit Ausnahme derjenigen Rechte und Pflichten, die zwingend mit der unmittelbaren Gesellschafterstellung des Treuhandkommanditisten verbunden sind.“*[140]

Bei der Analyse dieser Regelungen fällt insbesondere auf, dass sowohl im Gesellschaftsals auch im Treuhandvertrag explizit das Ziel verfolgt wird, die Treugeber im Innenverhältnis wie unmittelbar beteiligte Kommanditisten zu behandeln. Dazu werden dem Treugeber die dem Treuhänder-Kommanditisten zustehenden Rechte übertragen.

Fraglich ist aber, ob eine solche Übertragung rechtlich zulässig ist oder ob sie gegen das Abspaltungsverbot verstößt. Dieses wurzelt in § 717 S. 1 BGB und findet über §§ 161 Abs. 2, 105 Abs. 3 HGB auch auf die KG Anwendung: *„Die Ansprüche, die den Gesellschaftern aus dem Gesellschaftsverhältnis gegeneinander zustehen, sind nicht übertragbar.“* Es normiert die Untrennbarkeit der Mitgliedschaftsrechte von der Mitgliedschaft und verbietet insbesondere die Übertragung der Mitgliedschaftsrechte an Dritte.[141] Bei dem Abspaltungsverbot handelt es sich um zwingendes Recht.[142] Von dem Abspaltungsverbot umfasst sind auch Verwaltungsrechte wie

---

139 *SHB Innovative Fondskonzepte AG*, SHB Fürstenfeldbruck Fondsprospekt.

140 *DOBA Grund Fonds*, DOBA 13 Fondsprospekt.

141 *Kilian* in: Henssler/Strohn, Gesellschaftsrecht, § 717 Rn. 1; *Schöne* in: Bamberger/Roth, Beck'scher Online Kommentar BGB, § 717 Rn. 1; *Hermanns* in: Brambring, Beck'sches Notar-Handbuch, D. II. Rn. 21.

142 BGH, Urteil vom 10.11.1951 - II ZR 111/50 = NJW 1952, 178, 179; *Schäfer* in: Rixecker et al., MüKo BGB, § 717 Rn. 7.

die Stimm-, Kontroll-, Informations- und Auskunftsrechte, die bei einer Publikumspersonengesellschaft im Normalfall übertragen werden sollen.[143]

Allerdings gilt das Abspaltungsverbot nur für die Übertragung von Mitgliedschaftsrechten, die einvernehmliche Überlassung zur Ausübung an Dritte ist davon nicht umfasst.[144] Bei der Übertragung von Rechten an die Treugeber wird uneinheitlich von einer Übertragung, einer Gleichstellung, einer Ausübungsbefugnis oder auch einer Bevollmächtigung gesprochen, aber auch Formulierungen wie „hat … das Recht" oder „wird … behandelt" sind anzutreffen. Es ist daher denkbar, dass das Abspaltungsverbot in den Fällen, in denen eine echte Bevollmächtigung und keine Übertragung oder Doppelzuständigkeit für die Mitgliedschaftsrechte vorgenommen wird, nicht anwendbar ist.

Dazu ist zunächst zu klären, wie die in den Gesellschafts- und Treuhandverträgen angestrebte „Übertragung" dogmatisch einzuordnen ist, woraus sich also letztendlich die Berechtigung des Treugebers zur Ausübung der Rechte ergibt. Zu unterscheiden ist zwischen einer derivativen und einer originären Berechtigung.[145] Derivativ ist die Berechtigung, wenn sie sich von der Rechtsstellung des Treuhänders ableitet. Die derivative Berechtigung lässt sich weiter unterscheiden in die dingliche Berechtigung und die sonstige Berechtigung zur Ausübung der Rechte. Eine dingliche Berechtigung ergibt sich hauptsächlich aus der Abspaltung und Übertragung der Rechte des Treuhänders,[146] die sonstige Berechtigung der Ausübung hauptsächlich durch Bevollmächtigung.[147] Originär ist die Berechtigung, wenn sie dem Treugeber eigene, vom Treuhänder unabhängige Rechte einräumt.[148]

Ausgangspunkt für die Einordnung der Übertragung ist der Standort der Übertragungsregelung. Diese finden sich sowohl im Treuhandals auch im Gesellschaftsvertrag. Daran zeigt sich, dass die Übertragung weit mehr als nur eine „*interne Absprache*"[149] darstellt. Die unmittelbaren Gesellschafter des Fonds sind

---

143 *Schäfer* in: Rixecker et al., MüKo BGB, § 717 Rn. 16.

144 *Hadding/Kießling* in: Soergel, BGB, § 717 Rn. 22; *Schöne* in: Bamberger/Roth, Beck'scher Online Kommentar BGB, § 717 Rn. 7.

145 *Tebben*, ZGR 2001, S. 586, 596.

146 Dies könnte zum Beispiel durch die Formulierung „Übertragung" ausgedrückt werden.

147 Dies könnte zum Beispiel durch die Formulierung „Bevollmächtigung" oder „Ausübungsbefugnis" ausgedrückt werden. *Tebben*, ZGR 2001, S. 586, 596 f.

148 Dies könnte zum Beispiel durch die Formulierung „Gleichstellung", „hat … das Recht" oder „wird … behandelt" ausgedrückt werden.

149 *Ulmer*, ZHR 1992, S. 377, 388.

vielmehr direkt involviert.[150] Die Regelung der Rechteübertragung im Gesellschaftsvertrag betrifft nicht nur das Innenverhältnis zwischen Treugeber und Treuhänder, sondern ist eine Regelung der Gesellschafter.[151] Wenn aber die Gesellschafter die Rechteübertragung an die Treugeber mitgestalten, spricht vieles dafür, dass es sich um originäre, nicht vom Treuhänder abstammende Rechte handelt.[152]

Unabhängig von der dogmatischen Einordnung der Rechteübertragung ist das Abspaltungsverbot auf alle angesprochenen Gestaltungsvarianten anwendbar. Dies ergibt sich aus Sinn und Zweck des Abspaltungsverbotes. Dieses soll die als Gesamthand organisierte und damit von einem besonderen Vertrauensverhältnis der Gesellschafter untereinander geprägte Gesellschaft vor den Einflüssen Dritter schützen.[153] Damit unvereinbar ist es, wenn ein Dritter unabhängig von den Gesellschaftern Einfluss auf die Gesellschaft nehmen kann. Im Umkehrschluss daraus ist die Bevollmächtigung deshalb zulässig, weil sie im Normalfall nach § 168 S. 2 BGB widerruflich ist.[154] Die Gesellschafter beherrschen also den Einfluss des Dritten und können ihn jederzeit beenden. Ist die Bevollmächtigung aber unwiderruflich oder verdrängt sie die Befugnisse des Gesellschafters, steht ihr ebenfalls das Abspaltungsverbot entgegen.[155] Die Gesellschafter würden in diesem Fall ebenso wie bei einer Übertragung ihre Einflussmöglichkeit auf die Gesellschaft verlieren.

---

150 BGH, Urteil vom 30.03.1987 - II ZR 163/86 = NJW 1987, 2677; *Tebben*, ZGR 2001, S. 586, 598.

151 BGH, Urteil vom 30.03.1987 - II ZR 163/86 = NJW 1987, 2677.

152 So auch *Tebben*, ZGR 2001, S. 586, 599; *Kindler*, ZIP 2009, S. 1146; *Singhof/Seiler/Schlitt*, Mittelbare Gesellschaftsbeteiligungen, Rn. 556; *Kindler*, FS Schmidt, S. 871, 875; unklar *Kapitza*, der zwar einerseits davon ausgeht, dass die Treugeber ein Stimmrecht „*erhalten*", dem gesellschaftsrechtliche Wirkung zukommt und das in Reichweite und Bedeutung einem mitgliedschaftlichen entspricht, *Kapitza*, Rechtsstellung der Treugeber, S. 62, andererseits von einer „*Abtretung*" spricht, *Kapitza*, Rechtsstellung der Treugeber, S. 167, 174; wohl auch *Wagner* in: Assmann/Schütze, Handbuch des Kapitalanlagerechts, § 17 Rn. 285; dem Wortlaut nach von originären Rechten ausgehend der BGH, der davon spricht, dass der Treugeber eine „*entsprechende Rechtsstellung erlangt*", BGH, Urteil vom 16.12.2014 - II ZR 277/13 = BeckRS 2015, 02167 Rn. 15, und im Hinblick auf das Stimmrecht davon ausgeht, dass „*der Treugeber das Stimmrecht in der Gesellschaft als originäres eigenes Recht ausüben soll*", BGH, Urteil vom 16.12.2014 - II ZR 277/13 = BeckRS 2015, 02167 Rn. 19.

153 *Kilian* in: Henssler/Strohn, Gesellschaftsrecht, § 717 BGB Rn. 1.

154 *Schäfer* in: Rixecker et al., MüKo BGB, § 717 Rn. 9.

155 BGH, Urteil vom 10.11.1951 - II ZR 111/50 = NJW 1952, 178; BGH, Urteil vom 15.12.1969 - II ZR 69/67 = NJW 1970, 468; *Schöne* in: Bamberger/Roth, Beck'scher Online Kommentar BGB, § 717 Rn. 7; *Schäfer* in: Rixecker et al., MüKo BGB, § 717

Eine solche Konstellation findet sich normalerweise in der Publikumspersonengesellschaft. Die Bevollmächtigung ist im Gesellschafts- oder Treuhandvertrag angelegt und hängt mit der Treugeberstellung zusammen. Ein Widerruf durch den Treuhänder-Gesellschafter ist nicht vorgesehen. Darüber hinaus findet sich meist ein Rangverhältnis, nach dem zuerst der Treugeber-Anleger die Rechte ausüben darf. Nur wenn dieser darauf verzichtet, darf der Treuhänder-Gesellschafter die Rechte selbst ausüben. Zwar finden sich im Treuhandvertrag Kündigungsklauseln für das Treuhandverhältnis, die grundsätzlich eine Loslösung (auch) von einer Bevollmächtigung ermöglichen, die ordentliche Kündigung hat jedoch meist eine Kündigungsfrist von sechs Monaten[156] und ist für eine gewisse Dauer (meist mindestens 15–20 Jahre)[157] ausgeschlossen. Damit ist die Kündigung des Treuhandvertrages ungeeignet, die Herrschaft des Treuhänder-Gesellschafters über die Bevollmächtigung sicherzustellen.[158] Insgesamt ist der Treuhänder-Gesellschafter auch bei einer solchen Bevollmächtigung nicht mehr Herr der Lage. Sie ist somit vom Anwendungsbereich des Abspaltungsverbotes erfasst.[159]

Auch die derivative Rechteeinräumung unterfällt grundsätzlich dem Abspaltungsverbot.[160] Denn wie gerade gezeigt geht es um den Einfluss Dritter auf die Gesellschaft, unabhängig von der Form des Einflusses.

Damit stellt sich die Frage, ob die Rechteeinräumung gegen das Abspaltungsverbot verstößt. Wären der Treugeber-Anleger und der Treuhänder-Gesellschafter nicht durch eine Treuhandbeziehung verbunden, wäre der Treugeber-Anleger also ein unbeteiligter Dritter, wäre der klassische Fall des Abspaltungsverbotes gegeben, die Übertragung der Rechte damit nach § 134 BGB nichtig.[161]

Rn. 9; *Roth* in: Baumbach/Hopt, HGB, § 119 Rn. 19; *Freitag* in: Ebenroth et al., HGB, § 119 Rn. 29; *Kapitza*, Rechtsstellung der Treugeber, S. 58.

156 *Götze* in: Favoccia/Heidenhain, Gesellschaftsrecht, III. 12, § 6 II.

157 *SHB Innovative Fondskonzepte AG*, SHB Fürstenfeldbruck Fondsprospekt; *DOBA Grund Fonds*, DOBA 13 Fondsprospekt; aber zum Beispiel bei Immobilienfonds mit fester Laufzeit auch ganz ausgeschlossen, *IMMAC Sozialimmobilien 71. Renditefonds GmbH & Co. KG*, IMMAC Sozialimmobilien 71. Renditefonds Fondsprospekt.

158 So auch *Eden*, Treuhandschaft an Unternehmen und Unternehmensanteilen, S. 76, der keine unwiderrufliche Vollmacht sieht, sofern eine *„vertraglich nicht eingeschränkte, jederzeit zulässige Kündigung des Treuhandverhältnisses"* möglich ist.

159 *Kapitza*, Rechtsstellung der Treugeber, S. 59.

160 *Tebben*, ZGR 2001, S. 586, 598.

161 *Schäfer* in: Rixecker et al., MüKo BGB, § 717 Rn. 9; *Sprau* in: Palandt, Palandt, § 717 Rn. 4; *Schöne* in: Bamberger/Roth, Beck'scher Online Kommentar BGB, § 717 Rn. 6.

Die Treuhandbeziehung könnte jedoch eine andere Bewertung rechtfertigen. Die Grundlage dieser Betrachtung ist der Zweck des Abspaltungsverbotes.[162] Zu unterscheiden sind drei Aspekte:[163] die Verbandsautonomie, also die Selbstbestimmung der Gesellschafter, die Einheit der Mitgliedschaft sowie die Richtigkeitsgewähr durch Selbstbetroffenheit, also die Haftung der Gesellschafter für ihr Handeln.

Zum ersten soll das Abspaltungsverbot, wie bereits dargestellt, die Gesellschafter vor dem ungewollten Einfluss Dritter schützen und die Selbstbestimmung sicherstellen.[164] Die Gesellschafter müssen einen Einfluss auf die Gesellschaft nur hinnehmen, wenn sie sich, wie es bei Mitgesellschaftern der Fall ist, den Einflussnehmenden vorher aktiv ausgesucht haben. Haben die Gesellschafter aber den Einfluss einer Person zugelassen, ihn also zum Mitgesellschafter gemacht, können dieser Person (weitere) Mitgliedschaftsrechte übertragen werden.[165] Entscheidend ist, dass die Gesellschafter, entsprechend des Leitmotives der persönlichen Verbindung der Gesellschafter (bei denen es sich um die Einfluss ausübenden Personen handelt) im Personengesellschaftsrecht, die Möglichkeit erhalten, sich für die Person eines Einfluss Ausübenden zu entscheiden. Wer jedoch zu welchem Teil Einfluss ausüben kann, ist keine Frage der Selbstbestimmung. Das Abspaltungsverbot schützt insofern nur vor dem Ob, nicht vor dem Grad der Beeinflussung.[166]

---

162 *Kübler/Assmann*, GesR, S. 340; *Armbrüster*, Die treuhänderische Beteiligung an Gesellschaften, S. 280.

163 Diese ergeben sich aus einer Gesamtschau der Literatur und sind von dem jeweiligen Begründungsansatz der Autoren abhängig. Hier sollen aus Vollständigkeitsgründen jedoch alle tragenden Begründungsansätze des Abspaltungsverbotes beleuchtet werden.

164 *Schmidt*, Gesellschaftsrecht, S. 560 f.; *Wiedemann*, Gesellschaftsrecht Band II, S. 216; *Armbrüster*, Die treuhänderische Beteiligung an Gesellschaften, S. 280; *Krenzel*, Treuhand an Kommanditanteilen, S. 151.

165 *Kilian* in: Henssler/Strohn, Gesellschaftsrecht, § 717 Rn. 15; *Kübler/Assmann*, GesR, S. 341; *Armbrüster*, Die treuhänderische Beteiligung an Gesellschaften, S. 280; *Hermanns* in: Brambring, Beck'sches Notar- Handbuch, D. II. Rn. 25; *Beuthien*, ZGR 1974, S. 26, 45, der dies mit der bei einem Mitgesellschafter ebenfalls bestehenden Verpflichtung auf den Gesellschaftszweck begründet, was hier unter dem Aspekt der Richtigkeitsgewähr durch Selbstbetroffenheit behandelt wird.

166 So auch *Armbrüster*, der bei einer Übertragung von Stimmrechten an einen Treugeber, der schon Gesellschafter ist, „*lediglich [...] [von einer] Verschiebung der Stimmgewichte innerhalb des Gesellschafterkreises*" ausgeht und die Übertragung deshalb für zulässig hält, vgl. *Armbrüster*, Die treuhänderische Beteiligung an Gesellschaften, S. 276.

Entscheidend bei der Frage, ob die Übertragung von Rechten innerhalb einer Treuhandbeziehung unter dem Aspekt der Selbstbestimmung gegen das Abspaltungsverbot verstößt, ist deshalb, ob es sich bei den Treugebern um Personen handelt, deren Beeinflussung sich die Gesellschafter aktiv ausgesucht haben,[167] mithin ob diese Mitgesellschafter im weiteren Sinne geworden sind.[168]

Bei der einfachen beziehungsweise verdeckten Treuhand ist dies zweifelsfrei zu verneinen.[169] Die Gesellschafter wissen hier nicht von der Existenz der Treuhandbeziehung, ein aktives Dafürentscheiden ist somit begriffslogisch ausgeschlossen.

Bei der qualifizierten beziehungsweise offenen Treuhand ist dies hingegen zu bejahen. Das Treuhandverhältnis ist schon im Gesellschaftsvertrag angelegt und wurde somit von den Gesellschaftern beim Beitritt zur Gesellschaft akzeptiert.[170] Darin liegt eine Zustimmung zur vertraglichen Einbindung des Treugebers in das Rechtsverhältnis der Gesellschafter.[171] Auf den ersten Blick problematisch erscheint, dass sich bei einer Publikumspersonengesellschaft die beim Beitritt der Gesellschafter meist noch unbekannten Treugeber zu großen Teilen erst in Zukunft über den Treuhänder-Gesellschafter an der Gesellschaft beteiligen wollen. Die Gesellschafter würden somit eine Blankozustimmung zur Beeinflussung der Gesellschaft durch für sie bis dahin unbekannte Dritte erteilen. Dies könnte jedoch dem Sinn des Abspaltungsverbotes widersprechen, da die Gesellschafter in dieser Konstellation faktisch gerade keine konkrete Entscheidung für die Beeinflussung durch eine bestimmte Person treffen können. Lösungsansatz ist hier eine differenzierte Betrachtung der Erklärungen der Gesellschafter. Diese stimmen im Gesellschaftsvertrag nicht einer Beeinflussung durch konkrete Personen zu. Vielmehr ermächtigen sie den Treuhänder, seinen Kapitalanteil zu erhöhen und für Treugeber zu halten.[172] Zugleich wollen sie die Treugeber wirtschaftlich wie

---

167 So auch *Armbrüster*, der ebenfalls davon ausgeht, dass bei einer Zustimmung sämtlicher Gesellschafter zu der Rechtseinräumung das Abspaltungsverbot nicht greift, vgl. *Armbrüster,* Die treuhänderische Beteiligung an Gesellschaften, S. 282; *Bälz*, ZGR 1980, S. 1, 73.

168 *Schäfer* in: Rixecker et al., MüKo BGB, § 705 Rn. 93.

169 *Westermann* in: Erman, BGB, § 705 Rn. 27; *Schäfer* in: Rixecker et al., MüKo BGB, § 717 Rn. 11.

170 *Armbrüster,* Die treuhänderische Beteiligung an Gesellschaften, S. 282.

171 *Schäfer* in: Rixecker et al., MüKo BGB, § 705 Rn. 93; *Armbrüster,* Die treuhänderische Beteiligung an Gesellschaften, S. 282; *Ulmer,* ZHR 1992, S. 377, 388, der von einer „*Verbandszugehörigkeit auch des Treugebers spricht*"; *Tebben*, ZGR 2001, S. 586, 606, der den Treugeber als Verbandsmitglied einstuft.

172 *Götze* in: Favoccia/Heidenhain, Gesellschaftsrecht, III. 11. § 3 II.

Kommanditisten, also wie Mitgesellschafter behandeln.[173] Es handelt sich nach dem Willen der Gesellschafter bei den Treugebern somit um die wirtschaftlichen Inhaber der Beteiligung[174] und damit um Mitgesellschafter im Sinne des § 717 S. 1 BGB.[175] Sie sind durch die spezielle Konstruktion im Gesellschaftsvertrag in das Innenverhältnis der Gesellschaft mit eingetreten.[176] Die Gesellschafter stimmen somit nicht einer Abspaltung von Rechten zu, sondern der Aufnahme der Treugeber als Mitgesellschafter im Innenverhältnis.[177] Damit handelt es sich bei der Rechteeinräumung um keine Abspaltung mehr, denn Mitgesellschaftern können Mitgliedschaftsrechte übertragen werden, ohne dass darin ein Verstoß gegen das Abspaltungsverbot liegt.[178] Unter dem Aspekt des Schutzes vor dem Einfluss Dritter liegt somit kein Verstoß gegen das Abspaltungsverbot vor.[179]

Der zweite Aspekt des Abspaltungsverbotes ist die Einheit der Mitgliedschaft.[180] Die Mitgliedschaftsrechte sollen sachlich aufeinander abgestimmt nur von einer Person ausgeübt werden.[181] Sie sollen in einem funktionalen Verbund in der Person eines Gesellschafters gehalten werden.[182] Auch unter diesem Aspekt

173 Siehe oben ab S. 17.

174 *Schäfer* in: Rixecker et al., MüKo BGB, § 705 Rn. 93; *Wertenbruch*, NZG 2017, S. 81, 84.

175 Ebenso *Born* in: Ebenroth et al., HGB, § 109 Rn. 12; *Wiesner*, FS Ulmer, S. 673, 679.

176 *Schöne* in: Bamberger/Roth, Beck'scher Online Kommentar BGB, § 717 Rn. 11; anders *Maulbetsch*, Beirat und Treuhand in der Publikumspersonengesellschaft, S. 167, der die Treugeber für *„Gesellschaftsfremde"* hält.

177 So auch der BGH, Urteil vom 16.12.2014 - II ZR 277/13 = BeckRS 2015, 02167 Rn. 14, der von einer schlüssigen Bevollmächtigung des Treuhandgesellschafters zur Einbeziehung des Anlegers in das Gesellschaftsverhältnis wie ein Gesellschafter spricht.

178 Ähnlich *Schmidt*, Gesellschaftsrecht, S. 562, der bei der Treuhand keine *„willkürliche Abspaltung von Mitgliedschaftsrechten, sondern nur eine Offenlegung und rechtliche Sanktionierung der wirtschaftlich bereits durchgehend vollzogenen Spaltung der Mitgliedschaft"* sieht.

179 Ebenso *Krenzel*, Treuhand an Kommanditanteilen, S. 154, der zwar grundsätzlich den Anwendungsbereich des Abspaltungsverbotes als eröffnet sieht, aber aufgrund der wirtschaftlichen Betroffenheit der Treugeber und dem daraus resultierenden Schutz des Treuhänders keinen Verstoß annimmt.

180 *Schäfer* in: Staub/Canaris/Schäfer, HGB, § 109 Rn. 25; *Enzinger* in: Schmidt, MüKo HGB, § 109 Rn. 12; *Gummert* in: Gummert/Butzer, Münchener Handbuch des Gesellschaftsrechts Band 1, § 16 Rn. 1.

181 *Wiedemann*, Gesellschaftsrecht Band II, S. 216.

182 *Martens* in: Schlegelberger/Geßler, HGB, § 109 Rn. 14.

liegt jedoch kein Verstoß gegen das Abspaltungsverbot vor.[183] Dafür sprechen dieselben Argumente wie bei der Verbandsautonomie. Es handelt sich um keine Abtrennung von Mitgliedschaftsrechten von einem Gesellschaftsanteil, sondern um die interne Verteilung dieser Rechte zwischen Treuhänder und Treugeber.[184] Der Treuhandvertrag und die darin geregelte Zusammenarbeit zwischen Treugeber und Treuhänder in Bezug auf die Mitgliedschaftsrechte zusammen mit den Treuepflichten, die zwischen Treugebern und Mitgesellschaftern bestehen,[185] stellen sicher, dass eine einheitliche, sachlich aufeinander abgestimmte Ausübung der Mitgliedschaftsrechte vorgenommen wird.

Der dritte Aspekt des Zwecks des Abspaltungsverbotes ist es, dass es bei Personengesellschaften „*grundsätzlich keine [...] eigenständige Entscheidungsbefugnis ohne das Korrektiv der gesellschaftsrechtlichen Bindung [...] und der persönlichen Haftung gegenüber den Gläubigern*“[186] geben darf. Sonst bestünde die Gefahr, dass ein Dritter seine Rechte in einer Art und Weise ausübt, die für die Gesellschaft schädlich ist, deren Folgen er aber nicht ausgesetzt ist, da diese der eigentliche Gesellschafter (hier Treuhänder) zu tragen hat. Diese Gefahr besteht aber bei einer qualifizierten Treuhand nicht. Der Treugeber trägt über einen Freistellungs- und Erstattungsanspruch des Treuhänders[187] die wirtschaftlichen Konsequenzen seiner Rechtsausübung und ist somit wie ein unmittelbarer Gesellschafter daran interessiert, im Interesse der Gesellschaft zu handeln.[188] Einer eigenen, unmittelbaren Außenhaftung bedarf es für das Korrektiv der Haftung dagegen nicht,[189]

---

183 *Schäfer* in: Staub/Canaris/Schäfer, HGB, § 109 Rn. 28; ob aus der Einheit der Mitgliedschaft in Be zug auf das Abspaltungsverbot bei einer originären Einräumung von Gesellschaftsrechten überhaupt Rückschlüsse gezogen werden können, bezweifelt *Martens* in: Schlegelberger/Geßler, HGB, § 109 Rn. 14.

184 *Enzinger* in: Schmidt, MüKo HGB, § 109 Rn. 13; *Schäfer* in: Staub/Canaris/Schäfer, HGB, § 109 Rn. 28; *Born* in: Ebenroth et al., HGB, § 109 Rn. 12; so schon *Schmidt*, Gesellschaftsrecht, S. 562 zum Aspekt der Selbstbestimmung, was aber ebenso hier gilt.

185 Vgl. dazu *Schmidt* in: Schmidt, MüKo HGB, Vor § 230 HGB Rn. 78.

186 *Kübler/Assmann*, GesR, S. 341.

187 Dieser Freistellungs- und Erstattungsanspruch ist entweder direkt im Treuhandvertrag vorgesehen oder ergibt sich aus dem Gesetz. Er verpflichtet den Treugeber, den Treuhänder von sämtlichen Aufwendungen im Zusammenhang mit der vom Treuhänder für den Treugeber gehaltenen Beteiligung freizustellen beziehungsweise ihm diese Aufwendungen zu erstatten. Zum Freistellungs- und Erstattungsanspruch siehe auch später ab S. 59.

188 *Armbrüster*, Die treuhänderische Beteiligung an Gesellschaften, S. 281; *Wiesner*, FS Ulmer, S. 673, 679; *Beuthien*, ZGR 1974, S. 26, 54.

189 So aber *Kindler*, FS Schmidt, S. 871, 877.

denn die konkrete rechtliche Ausgestaltung ist nicht entscheidend. Es kommt vielmehr darauf an, dass der Handelnde wirtschaftlich für sein Handeln einzustehen hat.[190] Denn für ihn ist es unerheblich, wie genau die Haftung für sein Handeln zustande kommt, solange er tatsächlich die Folgen tragen muss. Darüber hinaus hat der Treugeber auch wirtschaftlich die Einlage geleistet beziehungsweise übernommen. Er hat somit Kapital in die Gesellschaft investiert, an dessen Rückerhalt und Mehrung durch Gewinne der Gesellschaft der Treugeber ebenfalls ein Interesse hat. Das Handeln des Treugebers unterfällt wie das Handeln eines unmittelbaren Gesellschafters der *„Richtigkeitsgewähr durch Selbstbetroffenheit“*.[191] Auch unter diesem Aspekt liegt somit kein Verstoß gegen das Abspaltungsverbot vor.[192]

Eine Übertragung von Mitgliedschaftsrechten an die Treugeber-Anleger ist bei einer qualifizierten Treuhand daher ohne Verstoß gegen das Abspaltungsverbot möglich.[193]

---

190 So auch *Pfeifle/Heigl*, WM 2008, S. 1485, 1487, die aus der Stellung des Treugebers als *„wirtschaftlich Betroffenem“* folgern, dass diesem unmittelbare Rechte eingeräumt werden dürfen.

191 *Tebben*, ZGR 2001, S. 586, 611; ebenso BGH, Urteil vom 05.02.2013 - II ZR 134/11 = NZG 2013, 379 Rn. 21; *Krenzel*, Treuhand an Kommanditanteilen, S. 154.

192 Ebenso BGH, Urteil vom 16.12.2014 - II ZR 277/13 = BeckRS 2015, 02167 Rn. 20.

193 **Dafür** im Ergebnis auch BGH, Urteil vom 13.05.1953 - II ZR 157/52 = NJW 1953, 1548, 1549; BGH, Urteil vom 23.06.2003 - II ZR 46/02 = NJW-RR 2003, 1392, 1393; sowie erneut klarstellend BGH, Urteil vom 16.12.2014 - II ZR 277/13 = BeckRS 2015, 02167 Rn. 14; *Hadding/Kießling* in: Soergel, BGB, § 705 Rn. 29; ebenfalls *Habermeier* in: von Staudinger, BGB, § 717 Rn. 6, der ohne Begründung davon ausgeht, dass *„die Rechte aus dem Gesellschaftsanteil intern wirksam zwischen Treuhänder und Treugeber aufgeteilt“* werden, sofern eine *„qualifizierte (offene), mit Zustimmung der Mitgesellschafter eingegangene Treuhand“* vorliegt; *Weitemeyer* in: Oetker, HGB, § 109 Rn. 15; *Born* in: Ebenroth et al., HGB, § 109 Rn. 12; *Bälz*, ZGR 1980, S. 1, 95; *Tebben*, Unterbeteiligung und Treuhand an Gesellschaftsanteilen, S. 161, der nicht von einer Abspaltung, sondern einer *„statutarischen Einbeziehung in den Gesellschafterverband“* ausgeht, womit er statt einer Abspaltung von Rechten eine Einbeziehung in das Gesellschaftsverhältnis meint, die sich aber nicht auf eine Vollgesellschafterstellung, sondern nur auf einen Ausschnitt, also einzelne Rechte und Pflichten, beziehen soll. Dies geht mit der hier vertretenen Annahme einher, dass die Rechteübertragung an den Treugeber eine originäre ist und es sich bei den Treugebern nicht um Dritte i.S.d. Abspaltungsverbotes handelt. *Tebben* geht aber auch zu Recht davon aus, dass die Argumentation unabhängig davon, ob eine isolierte Übertragung oder die Einräumung einer Rechtsstellung vorliegt, ähnlich ist, da das Abspaltungsverbot auch auf sonstige, einer Abspaltung von der Wirkung her ähn-

bb) Folgen einer umfassenden Rechteeinräumung

Von der Rechteübertragung an die Treugeber-Anleger wird in der Publikumspersonengesellschaft umfassend Gebrauch gemacht. Die Treugeber werden im Innenverhältnis wie Kommanditisten behandelt und sollen diesen gleichgestellt werden, zusätzlich wird den Treugebern ein Großteil der Rechte aus der Beteiligung übertragen.[194] Es bleibt jedoch, auch in den Vertragswerken der Publikumspersonengesellschaften, offen, welche Folgen für den Treugeber damit in gesellschaftsrechtlicher Hinsicht verbunden sind.

Von besonderem Interesse ist hierbei zum einen, ob der Treugeber durch die umfassende Rechteeinräumung und Behandlung wie ein unmittelbarer Gesellschafter im Innenverhältnis eine Gesellschafterstellung im Sinne von bestimmten Normen innehat, so zum Beispiel die Handelsregistereintragung[195] oder die Dritt- beziehungsweise Mitgesellschafterstellung im Rahmen von § 717 S. 1 BGB[196].

Zum anderen ist von Interesse, ob der Treugeber sogar in eine materielle Gesellschafterstellung aufrückt. Materielle Gesellschafterstellung bedeutet, dass der Treugeber-Anleger so stark in die Gesellschaft eingebunden worden ist, dass ihm unabhängig vom Treuhänder eigene originäre Gesellschafterrechte gleich einem unmittelbar beteiligten Gesellschafter eingeräumt werden müssen und er selbst vollständig wie ein unmittelbar beigetretener Gesellschafter behandelt werden muss. Zunächst ist zu klären, wie genau eine materielle Gesellschafterstellung zustande kommen soll. Zum einen könnte man an eine Ausstattung des Treugebers mit allen dem unmittelbaren Gesellschafter zustehenden Rechten und Pflichten durch den Gesellschaftsvertrag denken. Unabhängig von der Zulässigkeit eines

---

liche Sachverhalte anzuwenden ist, vgl. *Tebben*, Unterbeteiligung und Treuhand an Gesellschaftsanteilen, S. 140 f; *Kapitza*, Rechtsstellung der Treugeber, S. 61, der als Begründung jedoch, anders als hier vertreten, anführt, dass es sich um keine Abspaltung von Mitgliedschaftsrechten, sondern um eine Disposition über die gesamte Mitgliedschaft handelt und deshalb das Abspaltungsverbot keine Anwendung findet. Richtigerweise ist aber auch eine solche Disposition über die gesamte Mitgliedschaft am Abspaltungsverbot zu messen, vgl. nur die Ausführungen zur Ansicht *Tebbens* soeben. *Hausbeck*, Haftung der Kapitalanleger, S. 39 f.; *Deutscher*, ZfIR 2012, S. 346, 350. **Dagegen:** Bei gesellschaftsrechtlicher Einräumung nimmt *Maulbetsch*, Beirat und Treuhand in der Publikumspersonengesellschaft, S. 167 einen Verstoß gegen das Abspaltungsverbot an, zweifelt aber selbst an dessen Sinn. Auch *Wiedemann*, ZIP 2012, S. 1786 ff. sowie *Wertenbruch*, NZG 2013, S. 285, 286 gehen von einem Verstoß gegen das Abspaltungsverbot aus.

194 Siehe Beispiele ab S. 30.

195 Siehe sogleich ab S. 44.

196 Siehe dazu oben ab S. 30.

solchen Vorgehens[197] ist dies im Gesellschaftsvertrag meist nicht vorgesehen. Dort werden im Regelfall nur einzelne Rechte auf den Treugeber übertragen.

In Betracht kommt somit nur, dass dem Treugeber-Anleger insgesamt eine solche rechtliche und wirtschaftliche Stellung eingeräumt wird, dass er zwangsweise in den Rang eines Gesellschafters erhoben werden muss und sämtliche damit verbundenen Rechte und Pflichten originär innehat.[198]

Eine solche Konstruktion könnte jedoch gegen den numerus clausus des Gesellschaftsrechts verstoßen. Der numerus clausus limitiert den Rechtsanwender auf die vom Gesetzgeber zur Verfügung gestellten Rechtsformen und beschränkt damit die Vertragsfreiheit.[199] Auch die Organisation und Haftungsverfassung der vorgegebenen Rechtsformen ist dadurch beschränkt.[200] Eine zusätzliche Art Gesellschafter in der Gesellschaft, die andere Rechte und Pflichten hat, ist somit nicht zulässig.[201]

Möglich wäre allenfalls, dass der Treugeber-Anleger zum Vollgesellschafter aufsteigt und die Art und Weise seiner Beteiligung an der Gesellschaft (über einen Treuhänder) außer Acht gelassen würde. *Kindler* sieht zu Recht den Willen der Gesellschafter als ausschlaggebend für die Annahme einer Gesellschafterstellung.[202] Es müsse sich der „*konkrete Rechtsfolgenwille aller Beteiligten ergeben, den Anleger unmittelbar als Gesellschafter an der KG zu beteiligen*“.[203] *Kindler* stellt im folgenden dann für den Willen der Beteiligten auf die Übertragung

197 Eine Ausstattung mit originären Mitgliedschaftsrechten wurde vom BGH zwar vereinzelt zugelassen, wird aber vom Schrifttum abgelehnt und später auch vom BGH als unzulässig gesehen, vgl. *Schöne* in: Bamberger/Roth, Beck'scher Online Kommentar BGB, § 717 Rn. 7.

198 OLG Frankfurt, Urteil vom 30.11.2004–24 U 55/03 = BeckRS 2004, 18502; so auch *Kindler*, ZIP 2009, S. 1146, der bei ähnlicher Ausgestaltung des Gesellschafts- und Treuhandvertrages davon ausgeht, dass der Treugeber Gesellschafter wird; *Lenders*, Treuhand am Gesellschaftsanteil, S. 160, 291, der den Treugeber als einen am Gesellschaftsanteil neben dem Treuhänder berechtigten Gesellschafter sieht.

199 BGH, Urteil vom 29.11.1956 - II ZR 282/55 = NJW 1957, 218, 219; *Schmidt*, Gesellschaftsrecht, S. 95 ff.

200 *Schmidt*, Gesellschaftsrecht, S. 95.

201 *Krenzel*, Treuhand an Kommanditanteilen, S. 120 f.

202 Anders *Lenders*, Treuhand am Gesellschaftsanteil, S. 291, der letztendlich der „*Einräumung rechtsstruktureller Positionen*“ mehr Gewicht als dem Willen der Beteiligten bemisst und so, trotz der Feststellung, dass die „*Entscheidung, den Treugeber als Gesellschafter aufzufassen, [...] den Mediatisierungsabsichten des Treugebers zuwider [läuft]* “, zu einer Gesellschafterstellung des Treugebers kommt.

203 *Kindler*, FS Schmidt, S. 871, 874.

von Rechten auf den Treugeber sowie den Wortlaut des Gesellschaftsvertrages ab. Er geht nicht von einer Übertragung, sondern einer originären Einräumung von Rechten aus und schließt aus der Einräumung originärer Stimmrechte den „*Erwerb der Gesellschafterstellung [...] [als] die selbstverständliche Rechtsfolge*".[204] Aus einer solchen originären Einräumung von Mitgliedschaftsrechten muss man jedoch, anders als *Kindler* dies sieht, nicht zwingend auf eine Gesellschafterstellung schließen, das Abspaltungsverbot setzt keine materielle Gesellschafterstellung für Mitgliedschaftsrechte voraus.[205] Insofern greift auch die Argumentation des OLG Frankfurt a. M., auf das *Kindler* verweist, nicht.[206] Das OLG geht davon aus, dass der Treugeber Gesellschafter wird, weil er im Rang vor dem Treuhänder die Rechte aus der Mitgliedschaft ausübt. Es verkennt jedoch das Regel-Ausnahme-Verhältnis bezüglich der Gesellschafterstellung des Treuhänders, indem es davon ausgeht, dass ein Treuhänder zwar bei eigenem Erwerb von Gesellschaftsanteilen Gesellschafter werden kann, eine solche Rechtsstellung hier aber nicht gegeben ist. Vielmehr ist der Erwerber eines Gesellschaftsanteils als Gesellschafter zu betrachten, sofern nicht gewichtige Gründe diese Annahme entkräften können. Dafür führt das OLG dann die Rechtsausübung durch den Treugeber ins Feld. Wie gerade ausgeführt, spricht eine solche partielle Rechtsübertragung aber nicht für eine Gesellschafterstellung des Treuhänders, denn das Abspaltungsverbot setzt hier keine Mitgliedschaft für die Ausübung mitgliedschaftlicher Rechte voraus,[207] ausreichend ist eine Einbeziehung durch die Mitgesellschafter.

Für den Willen der Beteiligten, die Treugeber zu unmittelbaren Gesellschaftern werden zu lassen, führt *Kindler* den Wortlaut des Gesellschaftsvertrages an. Diesen betrachtet er aber isoliert und verkennt beziehungsweise ignoriert die Motivation der Beteiligten für die ‚Aufweichung' der mittelbaren Beteiligung. Denn deren Wille spricht eindeutig gegen eine Aufnahme der Treugeber als echte, unmittelbare Gesellschafter.[208] Hintergrund der mittelbaren Beteiligung

---

204 *Kindler*, FS Schmidt, S. 871, 875 ff.

205 Zum Dritteinfluss im Rahmen des Abspaltungsverbotes oben auf S. 21; *Armbrüster*, ZIP 2009, S. 1885, 1887.

206 OLG Frankfurt a. M., Urteil vom 30.11.2004–24 U 55/03 = BeckRS 2004, 18502; unter Verweis auf das OLG Frankfurt a. M. und sich dem anschließend auch *Pfeifle/Heigl*, WM 2008, S. 1485, 1488 f; gegen das OLG Frankfurt und dessen Entscheidung als „*(noch) vertretbar*" bezeichnend *Brömmelmeyer*, NZG 2006, S. 529, 530.

207 *Armbrüster*, ZIP 2009, S. 1885, 1887.

208 *Wertenbruch*, NZG 2013, S. 285; *Armbrüster*, ZIP 2009, S. 1885, 1887; *Brömmelmeyer*, NZG 2006, S. 529, 531.

ist unter anderem die Anonymisierung der Anleger. Der Treugeber-Anleger soll gerade nicht Gesellschafter im Sinne eines unmittelbar beteiligten Gesellschafters werden. Ihn würde dann höchstwahrscheinlich doch die Eintragungspflicht in das Handelsregister treffen. Auch würde er wesentlich direkter mit der Gesellschaft verbunden sein, als er das als Anleger, der regelmäßig nur am Ergebnis der Gesellschaft interessiert ist, wünscht. Die Übertragung von Mitgliedschaftsrechten hat ihren Ursprung in steuerlichen Zwängen, um eine Mitunternehmerschaft und damit eine Verlustanrechnung zu erreichen. Es soll damit also nur gerade so viel Einbeziehung der Treugeber erreicht werden, wie steuerlich gefordert ist. Eine unmittelbare Gesellschafterstellung ist dagegen nicht erforderlich. Der Wille der Beteiligten spricht somit gegen eine unmittelbare Gesellschafterstellung der Treugeber. Dies zeigt sich auch deutlich an der den potentiellen Anlegern offenstehenden Wahlmöglichkeit hinsichtlich der Form der Beteiligung, denn diese können sich entweder als unmittelbare Gesellschafter oder als mittelbar beteiligte Treugeber beteiligen.[209] Würden beide Modelle im Ergebnis dasselbe bewirken, nämlich eine unmittelbare Gesellschafterstellung und damit eine Außenhaftung der Anleger, wäre die Wahlmöglichkeit wertlos. Es soll somit nach dem Willen der Beteiligten ein Unterschied in den Beteiligungsformen bestehen.

Der BGH geht zwar davon aus, dass bei der vorliegenden umfassenden Übertragungskonstellation der Treugeber im Innenverhältnis zur Gesellschaft die Stellung eines unmittelbaren Gesellschafters erlangt und dieser damit Quasi-Gesellschafter geworden ist.[210] Dies betrifft aber ausdrücklich nur das Innenverhältnis. Bei der Einräumung einer vollen unmittelbaren Gesellschafterstellung ist jedoch immer auch das Außenverhältnis betroffen (siehe nur die unmittelbare Haftung). Genau dies ist aber von den Beteiligten nicht gewünscht. Nur im Innenverhältnis soll eine weitreichende Gleichstellung erfolgen, die nicht auf das Außenverhältnis durchschlägt. Der BGH spricht daher auch nur von einer *„der unmittelbaren Mitgliedschaft entsprechenden Rechtsstellung des qualifizierten Treugebers“* und weist auf die dingliche Berechtigung am Gesellschaftsvermögen sowie die Außenhaftung als Unterschied zum Vollgesellschafter hin.[211] Mangels eines expliziten Willens der Beteiligten kann der Treugeber-Anleger somit nicht in eine materielle Gesellschafterstellung erwachsen.

209 *Schmidt*, ZHR 2014, S. 10, 51.

210 BGH, Urteil vom 11.10.2011 - II ZR 242/09 = NZG 2011, 1432, 1434.

211 BGH, Urteil vom 05.02.2013 - II ZR 134/11 = NZG 2013, 379, 381.

Damit bleibt festzuhalten, dass der Treugeber-Anleger zwar wahrer (wirtschaftlich) Berechtigter an der Beteiligung ist, er wird jedoch nicht selbst unmittelbarer Gesellschafter. Der Treugeber-Anleger hat mithin keine materielle Gesellschafterstellung inne.[212]

d) Pflicht zur Handelsregistereintragung für Treugeber

Aufgrund der umfassenden Rechteeinräumung zugunsten des Treugeber-Anlegers stellt sich die Frage, ob dieser als „Kommanditist" im Sinne von § 162 HGB anzusehen ist und damit in das Handelsregister einzutragen ist.

aa) Rechtsgrundlage für die Eintragung

Grundlage für die Eintragung könnte § 162 HGB (analog) sein, im Falle einer Gesellschaftsgründung nach § 162 Abs. 1 S. 1 HGB (analog) und für den Eintritt nach Gründung nach § 162 Abs. 3 HGB (analog).

Darüber hinaus kommt auch eine Eintragung ohne gesetzliche Grundlage, zum Beispiel aus Umgehungsgesichtspunkten in Betracht. Eine solche ist dann möglich, wenn nach Sinn und Zweck des Handelsregisters eine Eintragung erforderlich ist und Beteiligte ein berechtigtes Interesse an der Eintragung haben oder ein Bedürfnis des Rechtsverkehrs nach einer Eintragung besteht.[213]

Hierbei muss zusätzlich unterschieden werden, ob eine solche Tatsache dann lediglich eintragungs*fähig* ist, also auf Antrag eines Berechtigten eingetragen werden kann, oder ob es sich um eine eintragungs*pflichtige* Tatsache handelt, also eine Anmelde- und Eintragungspflicht für die Tatsache besteht.[214] Deshalb soll zuerst geklärt werden, ob die Treugeber überhaupt eintragungsfähig sind, eine eventuelle Eintragungspflicht soll dann gegebenenfalls später beleuchtet werden.

bb) § 162 HGB direkt

Nach § 162 Abs. 1 S. 1 HGB sind bei Anmeldung der Gesellschaft die Kommanditisten anzugeben, nach § 162 Abs. 3 HGB findet diese Vorschrift auf den Eintritt eines Kommanditisten in eine bestehende KG entsprechend Anwendung.

---

212 Ob dies aufgrund der Regelung des § 152 Abs. 1 S. 2 KAGB nach Inkrafttreten des KAGB anders zu bewerten ist, wird ab S. 35 besprochen.

213 LG Aachen, Beschluss vom 28.04.2002–44 T 06/2003 = RNotZ 2003, 398; *Schäfer* in: Staub/Canaris/ Schäfer, HGB, § 105 Rn. 11; *Schaub* in: Ebenroth et al., HGB, § 8 Rn. 57.

214 *Schaub* in: Ebenroth et al., HGB, § 8 Rn. 72; *Schmidt,* Handelsrecht: Unternehmensrecht I, S. 468.

Für eine Eintragung nach § 162 HGB müsste es sich bei dem Treugeber um einen Kommanditisten handeln. Dies ist jedoch nicht der Fall, der Treugeber hat im Außenverhältnis keine materielle Gesellschafterstellung inne, er ist lediglich wirtschaftlich Berechtigter.[215] Eine direkte Anwendung von § 162 HGB ist somit nicht möglich.

cc) § 162 HGB analog

In Frage kommt aber eine analoge Anwendung von § 162 HGB. Dazu müsste eine planwidrige Regelungslücke bestehen, die im Registerrecht nur dann anzunehmen ist, wenn ein unabweisbares Bedürfnis für die Eintragung besteht.[216] Ein solches besteht, sofern die Sicherheit des Rechtsverkehrs eine Eintragung unabwendbar macht.[217] Bei der Annahme der Eintragungsfähigkeit ist jedoch aufgrund der strengen Formulierung des Registerrechts einerseits[218] und aufgrund des Bedürfnisses nach einem klaren, übersichtlichen und nicht missverständlichen Handelsregister andererseits[219] Zurückhaltung geboten.[220]

aaa) Eintragung aufgrund der Haftungsverhältnisse

Ein Bedürfnis des Rechtsverkehrs für die Eintragung könnte sich aus der Struktur der hier beleuchteten Form der Publikumspersonengesellschaft mit Beteiligung über einen Treuhänder ergeben.[221] Eingetragen ist zunächst die KG selbst mit dem Treuhänder als Kommanditisten, wobei es sich bei dem Treuhänder im Regelfall um eine GmbH oder eine GmbH & Co. KG handelt[222]. Beim Beitritt (die Anleger beteiligen sich im Regelfall nach Gründung der Fondsgesellschaft) der weiteren unmittelbaren Kommanditisten und der Treugeber-Anleger werden erstere eingetragen, bei letzteren hingegen erfolgt in der Praxis in Übereinstimmung mit der

---

215 Zur fehlenden materiellen Gesellschafterstellung siehe oben auf S. 25.

216 *Koch* in: Staub/Canaris/Schäfer, HGB, § 8 Rn. 46; *Müther* in: Schmidt-Kessel/Leutner, Handelsregisterrecht, § 8 HGB Rn. 8.

217 BGH, Beschluss vom 30.01.1992 - II ZB 15/91 = NJW 1992, 1452, 1454.

218 BGH, Beschluss vom 30.01.1992 - II ZB 15/91 = NJW 1992, 1452, 1453 f.; BGH, Beschluss vom 10.11.1997 - II ZB 6/97 = NJW 1998, 1071.

219 *Preuß* in: Oetker, HGB, § 8 Rn. 23.

220 *Müther* in: Schmidt-Kessel/Leutner, Handelsregisterrecht, § HGB Rn. 8; *Roth* in: Koller et al., HGB, § 8 Rn. 8.

221 *Ulmer* in: Staub/Canaris/Schäfer, HGB, § 106 Rn. 17 unter Verweis auf die nach außen wirkende Rechtsgemeinschaft.

222 *Bost/Halfpap* in: Lüdicke/Arndt, Geschlossene Fonds, S. 20.

herrschenden Meinung keine Eintragung,[223] ihr Beitritt ist ‚still' i.S. des Handelsregisters. Nichtsdestotrotz sind die Treugeber-Anleger Quasi- Gesellschafter im Innenverhältnis und die wirtschaftlich Berechtigten der Beteiligung, da sie über einen Freistellungs- beziehungsweise Erstattungsanspruch die wirtschaftlichen Folgen der Beteiligung tragen.[224] Diese sind jedoch aus dem Registereintrag des Kommanditisten nicht ersichtlich. Deshalb könnte ein berechtigtes Bedürfnis des Rechtsverkehrs bestehen, die Treugeber-Anleger dem Handelsregister entnehmen zu können. Für ein solches Bedürfnis spricht, dass das Handelsregister die Haftungsverhältnisse der erfassten Rechtsträger darstellen soll.[225] Ist nur der Treuhänder eingetragen, wirkt dies auf den Rechtsverkehr so, als ob nur dessen Mittel (meist das Mindeststammkapital der Treuhänder-Gesellschaft) für eine Haftung zur Verfügung ständen.

Fraglich ist, ob die wirtschaftliche Haftung der Treugeber über einen Freistellungs- beziehungsweise Erstattungsanspruch eine Eintragung der Treugeber im Handelsregister notwendig macht, um die Haftungsverhältnisse der Gesellschaft akkurat abzubilden.

bbb) Parallele zum Nießbrauch bei der Haftung

Eine Parallele könnte man zum Nießbrauch an einem Gesellschaftsanteil ziehen. Beim Nießbrauch handelt es sich um eine Belastung einer Sache oder eines Rechts in der Weise, dass derjenige, zu dessen Gunsten die Belastung erfolgt, berechtigt ist, die Nutzungen der Sache zu ziehen.[226] Bei einem Nießbrauch an einem Gesellschaftsanteil handelt es sich um einen Nießbrauch an einem Recht.[227] Dabei erhält der Nießbraucher nicht nur einen schuldrechtlichen Anspruch, sondern ein dingliches Recht am Gegenstand des Nießbrauchs.[228] Daraus folgt auch, dass der

---

223 *Langhein* in: Schmidt, MüKo HGB, § 106 Rn. 19; *Schäfer* in: Staub/Canaris/Schäfer, HGB, § 106 Rn. 16 m.w.N.

224 Dem Treuhänder steht aus dem Treuhandvertrag ein Freistellungs- beziehungsweise Erstattungsanspruch für Ansprüche beziehungsweise Zahlungen, die er gegenüber Gläubigern der Gesellschaft leisten muss beziehungsweise geleistet hat, gegen den Treugeber zu. Dieser Anspruch ist nach der Rechtsprechung des BGH an die Gläubiger abtretbar, wodurch er sich in einen Zahlungsanspruch wandelt. Siehe detaillierter zum Freistellungs- beziehungsweise Erstattungsanspruch später ab S. 59, zu dessen Abtretbarkeit an die Gläubiger später ab S. 80.

225 *Krafka/Kühn* in: Krafka/Kühn/Keidel, Registerrecht, Rn. 1.

226 Vgl. die Legaldefinition in § 1030 BGB in Verbindung mit § 1068 BGB.

227 *Wegmann* in: Bamberger/Roth, Beck'scher Online Kommentar BGB, § 1068 Rn. 4.

228 BGH, Urteil vom 09.11.1998 - II ZR 213/97 = NJW 1999, 195, 196; OLG Stuttgart, Beschluss vom 28.01.2013–8 W 25/13 = RNotZ 2013, 452; *Wegmann* in: Bamberger/

Nießbraucher eigene Ansprüche besitzt, die er gegenüber der Gesellschaft geltend machen kann.[229] In Betracht kommen Verwaltungsrechte und Vermögensrechte sowie als Gegenstück zu den Ansprüchen eine Außenhaftung des Nießbrauchers. Es ist jedoch umstritten, ob und in welchem Umfang dem Nießbraucher diese Rechte zustehen beziehungsweise er der Außenhaftung unterfällt.[230]

Für den Nießbrauch an Gesellschaftsanteilen wird teilweise angenommen, dass er eintragungsfähig ist. Dies wird unter anderem[231] mit der Außenhaftung des Nießbrauchers begründet.[232] Zwar ist wie schon dargestellt umstritten, ob der Nießbraucher einer solchen Außenhaftung unterliegt oder ob sich der Nießbrauch auf einen sogenannten Ertragsnießbrauch beschränkt.[233] Sofern man aber von einer Außenhaftung des Nießbrauchers ausgeht,[234] wird eine Eintragungsfähigkeit bejaht.[235] Nur so werden die Haftungsverhältnisse der Gesellschaft zutreffend wiedergegeben.

Nach der ständigen Rechtsprechung des BGH[236] unterliegen die Treugeber jedoch keiner unmittelbaren Außenhaftung. Fraglich ist somit, ob die wirtschaftliche Haftung in Form einer faktischen Außenhaftung[237] einer unmittelbaren Außenhaftung gleichgestellt werden kann. Dagegen spricht, dass – die Haftung des Nießbrauchers zugrunde gelegt – der Nießbraucher beim Nießbrauch einer

---

Roth, Beck'scher Online Kommentar BGB, § 1068 Rn. 1; *Pohlmann* in: Rixecker et al., MüKo BGB, § 1068 Rn. 38; *Wertenbruch* in: Ebenroth et al., HGB, § 105 Rn. 228.

229 *Pohlmann* in: Rixecker et al., MüKo BGB, § 1068 Rn. 38.

230 *Schäfer* in: Rixecker et al., MüKo BGB, § 705 Rn. 99 ff.

231 Daneben wird der Aspekt der Mitwirkungsrechte des Nießbrauchers angeführt, siehe dazu jedoch sogleich.

232 *Flume*, Allgemeiner Teil des bürgerlichen Rechts, § 17 VI S. 366; LG Köln, Beschluss vom 28.07.2000–89 T 20/00 = RNotZ 2001, 170; *Pohlmann* in: Rixecker et al., MüKo BGB, § 1068 Rn. 83; *Frank*, MittBayNot 2010, S. 96, 97 f.; *Kruse*, RNotZ 2002, S. 69, 83.

233 Für die Außenhaftung vgl. nur *Flume*, Allgemeiner Teil des bürgerlichen Rechts, § 17 VI S. 364 ff.; *Schäfer* in: Rixecker et al., MüKo BGB, § 705 Rn. 106. Für den reinen Ertragsnießbrauch m.w.N. *Schmidt* in: Schmidt, MüKo HGB, Vor § 230 Rn. 18 und 24.

234 Nur diese Situation ist für den Vergleich zum Treugeber maßgeblich, da nur bei Außenhaftung des Nießbrauchers eine Parallele zur faktischen Außenhaftung des Treugebers möglich ist.

235 Vgl. die Nachweise in den obigen Fußnoten.

236 vgl. nur BGH, Urteil vom 11.11.2008 - XI ZR 468/07 = NZG 2009, 57, 58; BGH Urteil vom 21.04.2009 - XI ZR 148/08 = NZG 2009, 779, 780.

237 Durch Abtretung der Freistellungs- und Erstattungsansprüche des Treuhänders an die Gläubiger, siehe dazu später auf S. 106.

eigenständigen Haftung neben der des Bestellers unterliegt.[238] Bei der hier besprochenen Treuhandkonstellation ‚haftet' der Treugeber jedoch immer nur dann, wenn der Treuhänder selbst als unmittelbarer Gesellschafter haftet. Denn der Treugeber kann nur dann aus seiner Freistellungs- beziehungsweise Erstattungsverpflichtung in Anspruch genommen werden, wenn der Treuhänder selbst einer Haftung unterliegt. Beim Nießbrauch bezweckt die Eintragung damit abweichend von der Treuhand unter anderem auch, den Nießbraucher in den Genuss der Haftungsbeschränkung eines Kommanditisten nach §§ 171 ff. HGB kommen zu lassen. Ohne die Eintragung würde der Nießbraucher unbeschränkt haften[239]. Dieser Aspekt hat jedoch bei einer treuhänderischen Beteiligung in der Publikumsgesellschaft keine Bedeutung. Ist der Treuhänder wirksam als Kommanditist in das Handelsregister eingetragen worden und damit in den Genuss der Haftungsbeschränkung nach §§ 171 ff. HGB gekommen, haftet auch der Treugeber nur beschränkt. Daraus ergibt sich, anders als beim Nießbrauch, kein Bedürfnis zur Handelsregistereintragung.

Für den Gläubiger könnte sich aber ein Bedürfnis zur Eintragung daraus ergeben, dass er ein Interesse an den hinter dem Treuhänder stehenden Treugebern hat. Kennt er deren Anzahl und Identität, kann er sich ein besseres Bild über die Bonität der Gesellschaft insgesamt machen. Es ist jedoch zu beachten, welchen Zweck das Handelsregister verfolgt. Es soll der akkuraten Darstellung der Existenz-, Vertretungs- und Haftungsverhältnisse dienen.[240] Umfassende Informationen zur Bonität der Gesellschafter und der (eventuell) an den Gesellschaftern Beteiligten oder deren Hintermännern soll und kann das Handelsregister nicht leisten.[241] Es können nicht sämtliche Verhältnisse der Gesellschaft im Handelsregister enthalten sein,[242] es würde sonst unübersichtlich und könnte seine Funktion nicht mehr erfüllen.[243] Das Handelsregister ist deshalb auf die wesentlichen

---

238 *Schäfer* in: Rixecker et al., MüKo BGB, § 705 Rn. 106; *Lindemeier*, RNotZ 2001, S. 155, 157.

239 *Frank*, MittBayNot 2010, S. 96, 98; *Kruse*, RNotZ 2002, S. 69, 84.

240 *Krafka* in: Schmidt, MüKo HGB, § 8 Rn. 3; *Schmidt/Sikora*, Praxis des Handelsregister- und Kostenrechts, S. 9 Rn. 1.

241 So auch *Müther* in: Schmidt-Kessel/Leutner, Handelsregisterrecht, § 8 HGB Rn. 8, der ein wirtschaftliches Interesse Dritter für eine Eintragung nicht ausreichen lässt.

242 BayObLG, Beschluss vom 14.07.1980–1 Z 17/80 = BayObLGZ 1980, 195, 198; OLG Hamm, Beschluss vom 05.02.1963–15 W 395/62 = NJW 1963, 1554, 1555.

243 *Krafka* in: Schmidt, MüKo HGB, § 8 Rn. 3; *Schaub* in: Ebenroth et al., HGB, § 8 Rn. 45.

Tatsachen und Rechtsverhältnisse beschränkt.[244] Insbesondere soll es nicht solche (nur internen) Rechtsverhältnisse der Gesellschaft darstellen, die auf die Existenz, die Vertretung oder die Haftung der Gesellschaft keinen Einfluss haben.[245]

Einfluss auf die Haftungsverhältnisse hat aber bei der KG nur, wer Kommanditist ist und mit welcher Haftsumme dieser eingetragen ist. Schon die Tatsache, ob und auf welche Weise die Haftsumme tatsächlich erbracht worden ist, ist nicht eintragungsfähig.[246] Wenn aber schon diese Tatsache, die für die Bewertung der Bonität einer Gesellschaft eine entscheidende Rolle spielt, nicht eintragungsfähig ist, kann auch die bloße Zusammensetzung von Gesellschaftern eines Gesellschafters oder den Hintermännern (mögen es auch Treugeber sein) eines Gesellschafters nicht eintragungsfähig sein.

Darüber hinaus besteht kein berechtigtes Interesse der Gläubiger an der Offenlegung der Treugeber.[247] Denn letztendlich ergibt sich für die Gläubiger aus der Eintragung der Treugeber alternativ oder kumulativ zu dem Treuhänder kein Mehrwert. Ist nur der Treuhänder eingetragen, ergeben sich aus dem Handelsregister dessen Daten und seine Haftsumme. Werden die Treugeber eingetragen, ändert sich die Haftsumme nicht. Vielmehr ist dem Gläubiger nur die Zusammensetzung der Haftsumme des Treuhänders aus den Einzel- Haftsummen der Treugeber bekannt. Da die Treugeber jedoch (nach der herrschenden Meinung und ständigen Rechtsprechung) keiner unmittelbaren Außenhaftung unterliegen, hat deren Eintragung keinen Einfluss auf die Haftungsverhältnisse der Gesellschaft.

Dem steht auch nicht der Sinn der Regelung des § 162 Abs. 1 S. 2 HGB entgegen. Danach sind, sofern der Kommanditist einer KG eine GbR ist, auch die Gesellschafter der GbR einzutragen. Wäre der Treuhänder der GbR in dieser Konstellation ähnlich, könnte dies für eine Eintragungspflicht der Treugeber (die dann den Gesellschaftern der GbR gleichkämen) sprechen. Der Rechtsgedanke des § 162 Abs. 1 S. 2 HGB ist jedoch auf den Treuhänder und die Treugeber nicht anwendbar. Die Treugeber sind gerade keine Gesellschafter des Treuhänders. Auch ein der GbR gleichendes Informationsbedürfnis des Rechtsverkehrs besteht beim Treuhänder nicht. Denn der Treuhänder, der im Regelfall als GmbH oder GmbH & Co. KG ausgestaltet ist, ist selbst ins Handelsregister eingetragen. Im

---

244 *Müther* in: Schmidt-Kessel/Leutner, Handelsregisterrecht, § 8 HGB Rn. 3.

245 *Krafka/Kühn* in: Krafka/Kühn/Keidel, Registerrecht, Rn. 85.

246 BGH, Urteil vom 29.06.1981 - II ZR 142/80 = NJW 1981, 2747, 2748; *Roth* in: Baumbach/Hopt, HGB, § 162 Rn. 4; *Schmidt,* Handelsrecht: Unternehmensrecht I, S. 378.

247 So auch *Lenders*, Treuhand am Gesellschaftsanteil, S. 285, demzufolge der Treuhänder „*eine hinreichende Haftungssicherheit für den übernommenen Gesellschaftsanteil*" bietet.

Gegensatz zur GbR können diesem Handelsregistereintrag die Gesellschafter des Treuhänders entnommen werden. Berechtigte Interessen von Dritten an darüberhinausgehenden Informationen bestehen nicht.

ccc) Eintragung aufgrund der Mitwirkungsrechte

Die Eintragungsfähigkeit könnte sich jedoch aus den Mitwirkungsrechten der Treugeber an der Gesellschaft ergeben. Den Treugebern werden umfangreich Rechte übertragen. Dies könnte ein Interesse Dritter begründen, die Entscheider einer Gesellschaft zu kennen.

So wird für den Nießbrauch eine Eintragung aufgrund von Mitwirkungsrechten unter zwei Gesichtspunkten bejaht. Zum einen soll das Registergericht nur so beurteilen können, ob eine Anmeldung zum Handelsregister wirklich von allen erforderlichen Personen vorgenommen wurde.[248] Zum andern soll der Rechtsverkehr ein berechtigtes Interesse daran haben, wer innerhalb einer Gesellschaft an der Beschlussfassung mitwirken kann. Nur so ließe sich die Wirksamkeit von Beschlüssen überprüfen.[249] Dem liegt zugrunde, dass der Nießbraucher beim Nießbrauch Mitwirkungsrechte übertragen bekommt. Zwar steht dem Besteller weiterhin die Entscheidung über Grundlagengeschäfte zu, die Geschäftsführung und das Stimmrecht in laufenden Angelegenheiten erhält jedoch der Nießbraucher, darüber hinaus stehen ihm eigene Informations- und Kontrollrechte zu.[250] Dabei handelt es sich um eine dingliche Berechtigung, der Nießbraucher erhält ein das Mitwirkungsrecht des Bestellers ausschließendes Stimmrecht in laufenden Angelegenheiten.[251] Darin liegt der Unterschied zur treuhänderischen Beteiligung. Zwar werden dem Treugeber im Treuhandvertrag weitreichende Mitwirkungsrechte eingeräumt, dabei handelt es sich aber nicht um eine ding-

---

248 *Lindemeier,* RNotZ 2001, S. 155, 157 f.; LG Aachen, Beschluss vom 28.04.2002–44 T 06/2003 = RNotZ 2003, 398, 399; OLG Stuttgart, Beschluss vom 28.01.2013–8 W 25/13 = RNotZ 2013, 452, 453 f.

249 LG Köln, Beschluss vom 12.05.2000–89 T 10/00 = BeckRS 2013, 05084; LG Aachen, Beschluss vom 28.04.2002–44 T 06/2003 = RNotZ 2003, 398, 399; OLG Stuttgart, Beschluss vom 28.01.2013–8 W 25/13 = RNotZ 2013, 452, 453 f.

250 Ob, und wenn ja in welchem Umfang, der Nießbraucher Mitwirkungsrechte erhält, ist umstritten. Den Entscheidungen, die eine Eintragungsfähigkeit aus den Mitwirkungsrechten des Nießbrauchers herleiten, liegt jedoch die hier wiedergegebene Auffassung zugrunde. Für diese Auffassung zum Beispiel *Roth* in: Baumbach/Hopt, HGB, § 105 Rn. 46.

251 BGH, Urteil vom 09.11.1998 - II ZR 213–97 = NJW 1999, 571, 572; OLG Stuttgart, Beschluss vom 28.01.2013–8 W 25/13 = RNotZ 2013, 452, 454; LG Aachen, Beschluss vom 06.04.2009–44 T 1/09 = MittBayNot 2010, 72.

liche Einräumung. Umfang und Reichweite der Mitwirkungsrechte sind, je nach Regelung im Gesellschaftsbeziehungsweise Treuhandvertrag, unterschiedlich und reichen von einer Weisungsgebundenheit über eine Übertragung bis hin zur originären Einräumung der Rechte.

Die Eintragung aufgrund von Mitwirkungsrechten widerspricht daher bei der Treuhand dem Zweck des Handelsregisters. Beim gesetzlichen Nießbrauch ergeben[252] sich die Rechte des Nießbrauchers aus dem Gesetz und haben grundsätzlich einen vorgegebenen Umfang. Ist der Nießbraucher aufgrund seiner Mitwirkungsrechte in das Handelsregister eingetragen, haben Dritte eine relativ genaue Vorstellung von Umfang und Reichweite der Mitwirkungsrechte. Dies ist bei der Treuhandbeteiligung nicht der Fall. Umfang und Reichweite der Mitwirkungsrechte des Treugebers stehen allein auf schuldrechtlicher Basis und fallen von Gesellschaft zu Gesellschaft unterschiedlich aus. Daraus folgt zum einen, dass das Registergericht bei jeder Eintragung prüfen müsste, ob für die Eintragung ausreichende Mitwirkungsrechte vorliegen. Dies würde aber die Vorlage umfangreicher Vertragswerke voraussetzen. Zum andern könnten Dritte ohne zusätzliche umfassende Recherche keine Rückschlüsse auf den tatsächlichen Umfang der Mitwirkungsrechte ziehen. Denn die darüber Aufschluss gebenden Vertragswerke sind nicht Teil des Handelsregisters. Es müssten also im Fall einer Treuhand nicht nur der Treugeber, sondern auch Umfang und Reichweite seiner Mitwirkungsrechte eingetragen werden.[253] Dies würde jedoch die Klarheit und Einfachheit des Handelsregisters beeinträchtigen und es unübersichtlich werden lassen. Dies steht einer Eintragung des Treugebers aufgrund von Mitwirkungsrechten entgegen.[254]

dd) Eintragung aus Umgehungsgesichtspunkten

Eine Eintragungspflicht könnte schlussendlich aus Umgehungsgesichtspunkten in Betracht kommen, wenn man den Treuhänder als bloßes verwaltungstechnisches Zwischenglied betrachtet. Dann könnte man dessen Zwischenschaltung als *„Ver-*

252 Die Reichweite der dem Nießbraucher zustehenden Rechte ist zwar noch ungeklärt, sie hängt aber bei einem Nießbrauch an Rechten (im Gegensatz zum reinen Ertragsnießbrauch, dessen Zulässigkeit auch umstritten ist) in der Form des gesetzlichen Nießbrauchs (ohne zusätzliche schuldrechtliche Abreden) grundsätzlich nicht von Parteiabreden ab.

253 *Blaurock*, Unterbeteiligung und Treuhand an Gesellschaftsanteilen, S. 160, der aus diesem Grund eine Eintragung ablehnt.

254 OLG Hamm, Beschluss vom 05.02.1963–15 W 395/62 = NJW 1963, 1554, 1555; ähnlich *Wertenbruch*, NZG 2013, S. 285, 286, der mangels organschaftlicher Vertretungsmacht keine Grundlage für eine Eintragung sieht.

schleierung des ‚wahren' Kommanditisten"[255] ansehen. Dies ist der Fall, wenn die unmittelbare Beteiligung unter Eintragung des Anlegers in das Handelsregister die einzige vom Gesetzgeber gewollte Möglichkeit darstellt, sich an einer Publikumsgesellschaft zu beteiligen. Es müsste jede andere Form der Beteiligung, die auf das gleiche wirtschaftliche Ergebnis hinzielt, ausgeschlossen sein. Ein zulässiger (wirtschaftlicher) Erfolg kann nämlich statt durch ein an sich näher liegendes, aber verbotenes Handeln (hier die Beteiligung als Kommanditist unter rechtswidriger Unterlassung der Eintragung in das Handelsregister) auch durch ein erlaubtes Geschäft (Beteiligung über einen Treuhänder) verwirklicht werden.[256] Dass es dem Rechtsanwender grundsätzlich freisteht, sämtliche Rechtsformen und Beteiligungsmöglichkeiten zu kombinieren, hat schon das Reichsgericht festgestellt, als es die GmbH & Co. KG als zulässig erachtet hat. Eine Einschränkung ergibt sich nur, wenn die gewählte Form gegen das Gesetz verstößt.[257] Ein solcher Verstoß ist aber für die treuhänderische Beteiligung an einer Gesellschaft, hier einer KG, zur Vermeidung einer Eintragung in das Handelsregister nicht ersichtlich. Bei der Treuhand handelt es sich um ein akzeptiertes und rechtmäßiges Institut. Dies hat hier die Folge, dass die Anleger nicht in das Handelsregister eingetragen werden müssen. Dies ‚erkaufen' sich die Anleger aber auch mit einer unsicheren, von einer unmittelbaren Beteiligung abweichenden Rechtslage hinsichtlich ihrer Haftung und Mitwirkungsrechte sowie einem Minus an (direkter) Kontrolle über die Gesellschaft. Von einer Umgehung kann insofern nicht gesprochen werden, da nicht nur isoliert ein Aspekt vermieden, sondern ein komplett neues Regime geschaffen wird. Wenn aber eine bestimmte, nicht verbotene Rechtsfolge gewünscht ist und gleichzeitig die anderen Konsequenzen dieser Organisationsform in Kauf genommen werden, liegt eine zulässige Gestaltung und keine Umgehung vor. Eine Eintragung aus Umgehungsgesichtspunkten scheidet somit aus.

ee) Zwischenergebnis

Festzuhalten bleibt somit, dass eine Eintragung weder nach Sinn und Zweck des Handelsregisters noch aus Umgehungsgesichtspunkten möglich und damit auch nicht notwendig ist.[258]

---

255 *Bost/Halfpap* in: Lüdicke/Arndt, Geschlossene Fonds, S. 24.

256 RG, Urteil vom 01.06.1937 - VII 15/37 = RGZ 155, 138, 146; *Armbrüster* in: Rixecker et al., MüKo BGB, § 134 Rn. 17.

257 So erstmals das RG, Beschluss vom 04.07.1922 - II B 2/22 = RGZ 105, 101, 106.

258 So auch *Roth* in: Baumbach/Hopt, HGB, § 105 Rn. 31, 34, § 106 Rn. 6; *Casper* in: Staub/Canaris/Schäfer, HGB, § 161 Rn. 128; *Schmidt* in: Schlegelberger/Geßler, HGB, Vorbem. § 335 Rn. 51; *Schlitt/Bortfeldt* in: Reichert, GmbH & Co. KG, § 40 Rn. 45;

3. KAGB

Am 22. Juli 2013 ist das Kapitalanlagegesetzbuch in Kraft getreten. Es wurde mit dem AIFM-Umsetzungsgesetz vom 04. Juli 2013[259] beschlossen und dient der Umsetzung der europäischen Richtlinie 2011/61/EU über die Verwalter alternativer Investmentfonds (AIFM-Richtlinie).[260] Es ersetzt das Investmentgesetz.[261] In Deutschland wurde zur Umsetzung der AIFM-Richtlinie eine ‚große Lösung' gewählt,[262] die *„ein in sich geschlossenes Regelwerk im Investmentbereich, d. h. sowohl für sämtliche Fonds als auch für ihre Manager"*[263] bilden soll. Es werden also, anders als in der AIFM-Richtlinie, nicht nur die Verwalter von Investmentvermögen, sondern auch die Investmentvermögen selbst reguliert.[264]

Das KAGB normiert einen Rechtsformzwang[265] und beschränkt die für Investmentvermögen möglichen Organisationsformen auf offene und geschlossene Investmentaktiengesellschaften sowie offene und geschlossene Investmentkommanditgesellschaften.[266] Fonds, die als GbR oder oHG aufgelegt werden, sind somit nicht mehr zulässig.[267] Im Rahmen dieser Untersuchung soll allein die geschlossene Investmentkommanditgesellschaft (Investment-KG) Gegenstand der Betrachtungen sein. Sie ist das Äquivalent der bis jetzt betrachteten geschlossenen Fonds und dürfte (auch in Zukunft) die am häufigsten

---

Singhof/Seiler/Schlitt, Mittelbare Gesellschaftsbeteiligungen, Rn. 537; *Jaletzke* in: Gummert/Breithaupt, Münchener Handbuch des Gesellschaftsrechts Band 2, § 63 Rn. 1; *Wiesner*, FS Ulmer, S. 673, 679; *Schäfer*, ZHR 2013, S. 619, 622; *Tebben*, ZGR 2001, S. 586, 612, der die qualifizierte Treuhand dem Innenverhältnis zuordnet und dieser deshalb für den Rechtsverkehr keine Bedeutung zukommen lässt und damit von einer nicht einzutragenden Tatsache ausgeht.

259 AIFM-Umsetzungsgesetz, BGBl. 2013, Teil I, S. 1981 ff.

260 AIFM-UmsG, BGBl. 2013, Teil I, S. 1981.

261 Art. 2 AIFM-UmsG.

262 *Voigt*, Die deutsche Umsetzung der AIFM-Richtlinie durch das KAGB, Rn. 130.

263 Gesetzesentwurf der Bundesregierung zum AIFM-UmsG, BT-Drucks. 17/12294 S. 2.

264 *van Kann/Redeker/Keiluweit*, DStR 2013, S. 1483.

265 Ein solcher war schon beim Entwurf eines Gesetzes über den Vertrieb von Anteilen an Vermögensanlagen von 1977 in der Diskussion, wurde aber zugunsten vertriebsrechtlicher Regelungen nicht umgesetzt, vgl. BT-Drucks. 8/1405, S. 9. Die damals auch verworfenen gesellschaftsrechtlichen Maßnahmen finden sich jetzt ebenso im KAGB wie die zur Umsetzung angedachten vertriebsrechtlichen Regelungen.

266 § 1 Abs. 11 KAGB.

267 *Kloyer*, Strukturierung von geschlossenen Fonds in Deutschland vor dem Hintergrund der Regelungen des KAGB, Rn. 872.

gewählte Rechtsform bleiben.[268] Die Betrachtungen beschränken sich ebenfalls auf gesellschaftsrechtliche Aspekte.

Grundsätzlich basiert die Investment-KG auf der im HGB geregelten KG, das KAGB normiert hierzu in §§ 124 Abs. 1, 149 Abs. 1 KAGB, dass Investment-KGen *„nur in der Rechtsform der Kommanditgesellschaft betrieben werden [dürfen]"*. Es sind *„die Bestimmungen des Handelsgesetzbuchs anzuwenden, soweit sich aus den Vorschriften dieses Unterabschnitts nichts anderes ergibt"*.

Erster Ansatzpunkt für Abweichungen vom HGB für eine Beteiligung über einen Treuhänder ist die Regelung des § 152 Abs. 1 KAGB:

> *„Anleger dürfen sich an der geschlossenen Investmentkommanditgesellschaft nur unmittelbar als Kommanditisten beteiligen. Abweichend von Satz 1 dürfen sich Anleger an der geschlossenen Publikumsinvestmentkommanditgesellschaft auch mittelbar über einen Kommanditisten (Treuhandkommanditisten) beteiligen. Bei mittelbarer Beteiligung über einen Treuhandkommanditisten hat der mittelbar beteiligte Anleger im Innenverhältnis der Gesellschaft und der Gesellschafter zueinander die gleiche Rechtsstellung wie ein Kommanditist. Der mittelbar beteiligte Anleger oder der am Erwerb einer mittelbaren Beteiligung Interessierte gilt als Anleger oder am Erwerb eines Anteils Interessierter im Sinne dieses Gesetzes."*

Das KAGB geht somit in § 152 Abs. 1 S. 1 von der unmittelbaren Beteiligung an einer Investment-KG als Regelfall aus und verbietet jede andere Form der Beteiligung. Abweichend davon erlaubt es jedoch in S. 2 auch die mittelbare Beteiligung über einen Treuhänder. Es stellt jedoch in S. 3 den mittelbar beteiligten Anleger dem unmittelbar beteiligten Gesellschafter gleich, beschränkt diese Gleichstellung aber auf das Innenverhältnis. Darüber hinausgehend hat der Gesetzgeber die mittelbare Beteiligung im KAGB jedoch nicht näher konkretisiert.[269]

Es stellt sich somit die Frage, welche Auswirkungen diese Regelung auf die Stellung der mittelbar beteiligten Anleger hat. Aus der Gesetzesbegründung ergibt sich nur, dass die mittelbare Beteiligung über einen Treuhänder zulässig sein soll. Begründet wird dies mit der Vielzahl der potentiellen Anleger und den sich daraus ergebenden Schwierigkeiten und Kosten bei der Handelsregistereintragung.[270] Der Gesetzgeber hatte somit wohl den in der Praxis und Rechtsprechung gängigen und praktizierten Fall der oben besprochenen mittelbaren Beteiligung im Sinn, als er die Regelung des § 152 Abs. 1 S. 2 KAGB traf.[271] Einen *„Hinweis, wie man sich die*

---

268 *Servatius*, ZfIR 2014, S. 134, 135.

269 *Wiedemann*, NZG 2013, S. 1041, 1044.

270 Gesetzesentwurf der Bundesregierung zum AIFM-UmsG, BT-Drucks. 17/12294 S. 250.

271 So auch *Wagner*, ZfBR 2015, S. 117.

Rechtsbeziehungen innerhalb und außerhalb der Fondsgesellschaft vorzustellen hat"[272], enthält das KAGB nicht. *Wiedemann*[273] schlägt diesbezüglich zwei verschiedene mögliche Modelle vor: zum einen eine dritte Klasse Gesellschafter neben den Komplementären und den Kommanditisten, die sich aus den Anleger-Kommanditisten zusammensetzt und nach außen nicht haftet und auch keiner Eintragungspflicht in das Handelsregister unterliegt, und zum andern ein „*korporatives Netzwerk* "[274] aus Fondsgesellschaft und Anlegern, deren Zuständigkeiten und Rechtsverhältnisse im Rahmen einer Gesamtordnung aufeinander abgestimmt sein sollen. Es könnte ein Mitunternehmerkreis gebildet werden, der die Rechte der unmittelbar beteiligten Kommanditisten und der Anleger-Treugeber bündelt und in dem beiden Anlegerformen entsprechend ihres Beteiligungsanteils Rechte zustehen, so zum Beispiel ein Stimmrechtspool.[275] Für ersteres Modell insbesondere, aber auch zur vollständigen Umsetzung des zweiten Modells sind jedoch gesetzliche Vorgaben notwendig.[276] Solche lassen sich dem KAGB nicht entnehmen. Hätte der Gesetzgeber eine neue Art der gesellschaftsrechtlichen Organisation begründen oder vorschreiben wollen, hätte er dies ausdrücklich festhalten müssen. Dies hat er jedoch nicht getan, es ist deshalb davon auszugehen, dass der Gesetzgeber vielmehr die von der Rechtsprechung entwickelte Ausgestaltung der treuhänderischen Beteiligung im Grundsatz erhalten[277] und mit § 152 KAGB lediglich in Teilbereichen modifizieren wollte. Dies ergibt sich auch aus dem Wortlaut von § 152 Abs. 1 S. 3 KAGB. Dort heißt es: „*hat [...] die gleiche Rechtsstellung[...]*". Es wird also auf eine existierende Rechtsstellung verwiesen; dieser entsprechend soll der mittelbar beteiligte Anleger gestellt werden. Es soll gerade keine neue und eigenständige Rechtsstellung geschaffen werden, sondern die bestehende Rechtsstellung des mittelbar Beteiligten modifiziert werden. Damit normiert das KAGB die Rechtsprechung des BGH, wonach der Treugeber bei entsprechender Regelung im Gesellschafts- und Treuhandvertrag dem unmittelbaren Gesellschafter (Kommanditisten) gleichgestellt wird.[278] Eine Änderung der Struktur der mittelbaren Beteiligung über einen Treuhänder ergibt sich aus dem KAGB nicht.[279]

---

272 *Wiedemann*, NZG 2013, S. 1041, 1045.

273 *Wiedemann*, NZG 2013, S. 1041, 1045.

274 *Wiedemann*, NZG 2013, S. 1041, 1045.

275 *Schmidt*, NZG 2011, S. 361, 367.

276 *Wiedemann*, NZG 2013, S. 1041, 1045.

277 *Könnecke* in: Baur/Tappen, Investmentgesetze, § 152 Rn. 25.

278 BGH, Urteil vom 05.02.2013 - II ZR 134/11 = NZG 2013, 379, 381; *Voigt*, Die deutsche Umsetzung der AIFM-Richtlinie durch das KAGB, Rn. 173.

279 *Voigt*, Die deutsche Umsetzung der AIFM-Richtlinie durch das KAGB, Rn. 173.

Deshalb wird der Treugeber auch nach den Vorschriften des KAGB kein materieller Gesellschafter. Seine Position wird zwar im Innenverhältnis der eines unmittelbaren Gesellschafters gleichgestellt. Wie man aber den weiteren Regelungen in § 152 KAGB entnehmen kann, die versuchen, eine Außenhaftung des Treugeber-Anlegers möglichst umfassend auszuschließen,[280] soll der Treugeber-Anleger gerade nicht nach außen auftreten. Damit kann er aber auch nicht in eine materielle Gesellschafterstellung erwachsen, da diese zumindest irgendeine Form von Rechten oder Pflichten im Außenverhältnis voraussetzt.

Die weiteren konkreten Auswirkungen von § 152 KAGB sollen später im jeweiligen Zusammenhang in den Kapiteln Haftung beziehungsweise Auskunfts- und Informationsansprüche gesondert behandelt werden.

V. Zwischenergebnis

Bei der Betrachtung der Grundlagen der Publikumspersonengesellschaft in Form eines geschlossenen Fonds[281] kann folgendes Fazit gezogen werden:

1. Geschlossene Fonds in Form einer Publikumspersonengesellschaft haben nach wie vor wirtschaftliche Bedeutung. Das platzierte Eigenkapital ist allerdings nach der Finanzkrise um fast 50 % zurückgegangen und die Branche erfährt durch das KAGB eine Marktbereinigung. Aktuell werden trotzdem weiterhin Fonds aufgesetzt.
2. Bei einer Beteiligung in Form einer qualifizierten Treuhand werden dem Treugeber- Anleger ohne Verstoß gegen das Abspaltungsverbot im Innenverhältnis umfassend Rechte eingeräumt. In eine materielle Gesellschafterstellung mit eigenen, originär gesellschaftsrechtlichen Rechten, die auf das Außenverhältnis durchschlägt, erwächst der Treugeber-Anleger dadurch aber nicht.
3. Trotz der formalen Gesellschafterstellung der Treugeber-Anleger besteht weder nach Sinn und Zweck des Handelsregisters noch aus Umgehungsgesichtspunkten ein Recht (und damit auch keine Pflicht) zur Eintragung der Treugeber in das Handelsregister.
4. Durch die Regelungen des KAGB erfährt die mittelbare Beteiligung über einen Treuhänder keinen grundlegenden Strukturwandel. Der Gesetzgeber wollte vielmehr die bis dato bestehende Praxis und Rechtsprechung auf eine gesetzliche Grundlage stellen und nur streckenweise in diese eingreifen.

280 So auch *Servatius*, ZfIR 2014, S. 134, 142.

281 Beziehungsweise nach dem KAGB in Form einer geschlossenen Investment-KG.

§ 2 Haftung

In operativ tätigen Gesellschaften – und um solche handelt es sich bei geschlossenen Fonds in Form von Publikumspersonengesellschaften – bestehen notwendigerweise geschäftliche Risiken, die zu einer Schieflage der Gesellschaft und zu einer Haftung der beteiligten Parteien führen können. Dabei wird oft versucht, auf die Treugeber-Anleger zurückzugreifen, da diese über bis dahin vom Fonds unangetastetes Privatvermögen verfügen. In der Praxis gehen die Gläubiger über den Treuhandkommanditisten vor. Diesem steht ein Freistellungs- beziehungsweise Erstattungsanspruch gegen die Treugeber zu.[282] Ein derartiger Anspruch gegen die Treugeber basiert damit notwendigerweise auf einer Haftung des Treuhandkommanditisten. Denn nur für tatsächlich geltend gemachte Ansprüche oder geleistete Zahlungen hat der Treuhänder einen Anspruch gegen den Treugeber. Diesen Anspruch lassen sich die Gläubiger dann abtreten und gehen in der Folge direkt gegen den Treugeber vor.

Es soll deshalb zuerst untersucht werden, wieso und in welcher Form der Treuhandkommanditist haftet. Danach soll die Haftung des Treugebers beleuchtet werden. Dabei soll einerseits über eine eventuelle unmittelbare Außenhaftung des Treugebers, andererseits über die Haftung über den Freistellungs- und Erstattungsanspruch gegenüber dem Treuhandkommanditisten gesprochen werden.

I. Haftung des Treuhandkommanditisten

1. Grundlagen

Der Treuhänder ist an der Fonds-KG als Kommanditist beteiligt. Als solcher haftet er den Gläubigern der Gesellschaft nach § 171 Abs. 1 HGB bis zur Höhe seiner Einlage unmittelbar. Der Begriff der Einlage wird im Gesetz unterschiedlich verwendet.[283] Es muss zwischen der Haftsumme und der Pflichteinlage unterschieden werden.[284] Die Haftsumme ist die nach § 162 Abs. 1 S. 1 HGB in das Handelsregister einzutragende Einlage, bis zu der ein Kommanditist den Gläubigern haftet.[285]

282 Siehe dazu zum Beispiel *Schmidt* in: Schmidt, MüKo HGB, Vor § 230 Rn. 59, 75.

283 Vgl. *Schmidt* in: Schmidt, MüKo HGB, § 172 Rn. 6 mit einer detaillierten Auflistung.

284 BGH, Urteil vom 10.10.1994 - II ZR 220/93 = NJW 1995, 197, 198; *Kindler* in: Koller et al., HGB, §§ 171, 172 Rn. 4.

285 *Roth* in: Baumbach/Hopt, HGB, § 171 Rn. 1.

Die Haftsumme betrifft somit das Außenverhältnis.[286] Davon zu unterscheiden ist die Pflichteinlage, welche im Innenverhältnis durch den einzelnen Gesellschafter als Beitrag im Sinne von § 705 BGB[287] geschuldet ist.[288] Haftsumme und Pflichteinlage können unterschiedlich sein.[289] Die Haftung des Kommanditisten ist jedoch ausgeschlossen, soweit die Einlage geleistet worden ist. Dabei handelt es sich um den Ausschluss einer Doppelhaftung.[290] Der Kommanditist haftet den Gläubigern nur einmal, entweder durch persönliche Haftung in Höhe der Haftsumme oder mittelbar durch Leistung in das Gesellschaftsvermögen.[291] Dies ist auch der Grund für die Haftungsbefreiung bei Leistung der Einlage auf die Haftsumme: Der Kommanditist stellt damit seinen Beitrag zur Haftung den Gläubigern über das Gesellschaftsvermögen zur Verfügung.

Genau dort liegt auch das Risiko des Kommanditisten: § 172 Abs. 4 HGB normiert ein Wiederaufleben der Haftung[292], soweit die Einlage an den Kommanditisten zurückbezahlt wird oder der Kommanditist Gewinnanteile entnimmt, während sein Kapitalanteil unter den Betrag der geleisteten Einlage herabgemindert ist oder soweit der Betrag durch die Entnahme unter die geleistete Einlage herabgemindert wird. Denn dann steht der Beitrag des Kommanditisten zur Haftung nicht mehr in der Gesellschaft zur Verfügung, er muss deshalb wieder selbst für diesen Teil aufkommen.

Eine solche Einlagenrückgewähr ist bei geschlossenen Fonds oft der Normalfall. Dort werden in der Regel nicht nur konkret entstandene Gewinne ausgeschüttet, sondern unabhängig vom Ergebnis der Gesellschaft wiederkehrende Zahlungen an die Anleger geleistet,[293] was oft sogar zum wirtschaftlichen Kon-

286 *Strohn* in: Ebenroth et al., HGB, § 171 Rn. 5.

287 Über § 105 Abs. 3, 161 Abs. 2 HGB auch auf die KG anwendbar.

288 *Oetker* in: Oetker, HGB, § 171 Rn. 8; *Strohn* in: Ebenroth et al., HGB, § 171 Rn. 5.

289 *Roth* in: Baumbach/Hopt, HGB, § 171 Rn. 1. Denkbar ist sowohl eine niedrigere Haftsumme, zum Beispiel 50 % der Pflichteinlage, vgl. BGH, Urteil vom 27.10.2009 - XI ZR 338/08 = BeckRS 2009, 86793, als auch eine höhere Haftsumme, so zum Beispiel eine Haftsumme von 200 % der Pflichteinlage, vgl. *Komo*, BB 2012, S. 1423, 1424 sowie KG Berlin, Urteil vom 29.09.2004–11 U 6703/00 = BeckRS 2004, 10196; OLG Hamburg, Urteil vom 29.10.2009–11 U 270/06 = BeckRS 2009, 88985; FG Berlin-Brandenburg, Urteil vom 03.04.2012–6 K 6036/08 = BeckRS 2012, 95872.

290 *Schilling* in: Staub/Canaris/Schäfer, HGB (4. Auflage), § 171 Rn. 1.

291 *Schilling* in: Staub/Canaris/Schäfer, HGB (4. Auflage), § 171 Rn. 1.

292 *Roth* in: Baumbach/Hopt, HGB, § 172 Rn. 4 ff.

293 *Watermeyer/Knobbe* in: Prinz/Bärwaldt, Beck'sches Handbuch der Personengesellschaften, § 17 Rn. 80; *Levendag* in: Gummert/Breithaupt, Münchener Handbuch des Gesellschaftsrechts Band 2, § 71 Rn. 13; *Bost/Halfpap* in: Lüdicke/Arndt, Geschlos-

zept der Fonds gehört.[294] Gleichzeitig bestehen aber in der Regel Verluste der Gesellschaft. Dies ergibt sich aus der steuerlichen Intention der Publikumspersonengesellschaften. Denn für eine steuerliche Entlastung der Anleger müssen in der Gesellschaft Verluste vorliegen, die die Anleger nutzen können. Ob Gewinne oder Verluste im Sinne der Einlagenrückgewähr vorliegen, wird von der Rechtsprechung, ebenso wie das Vorliegen von steuerlich wirksamen Verlusten, anhand einer Bilanz beurteilt.[295] Dies gilt auch für Verlustzuweisungsgesellschaften, die durch Ausnutzung steuerlicher Sonderabschreibungen stille Reserven gebildet haben, wie es bei geschlossenen Fonds oft der Fall ist.[296] Darüber hinaus ist selbst bei Vorliegen eines Gewinnes im Normalfall eine Gewinnentnahme als Einlagenrückgewähr zu bewerten, weil das Kapitalkonto des Kommanditisten durch die in der Anfangsphase erzielten erheblichen Verluste unter seine Einlage herabgemindert ist und diese Gewinne zuerst zur Auffüllung des herabgeminderten Kapitalanteils verwendet werden sollen.[297] Auch hier sind Verluste aus steuerlichen Sonderabschreibungen ausreichend.[298] Auszahlungen von geschlossenen Fonds an Kommanditisten stellen somit im Verluststadium regelmäßig eine Einlagenrückgewähr dar.[299] Zur Verdeutlichung sei ausgeführt, dass bei Immobilienfonds in Form von Publikumspersonengesellschaften in einer Vielzahl von Fällen bereits nach zehn Jahren Ausschüttung in einer Höhe getätigt wurden, die der Einlage des Treugeber- Anlegers entsprechen, dieser hat somit seine Einlage im Ergebnis zurückerhalten.[300] Zwar werden bei Fonds-Konstruktionen teilweise Auszah-

---

sene Fonds, S. 33; *Tebben*, Der Treuhandkommanditist, S. 161, 163; in der Vertragsgestaltung beispielsweise *SHB Innovative Fondskonzepte AG*, SHB Fürstenfeldbruck Fondsprospekt: „*Nach der Prognoserechnung der Gesellschaft erhalten Vollzahler [...] zunächst eine Abschlagsausschüttung von 6 % p. a. der gezeichneten Kapitaleinlage*".

294 Zum Beispiel bei Miet- oder Leasingfonds, bei denen aus der Mietzinsen kontinuierlich Liquidität generiert wird, die dann an die Anleger ausgezahlt werden kann, *Jaletzke* in: Gummert/Breithaupt, Münchener Handbuch des Gesellschaftsrechts Band 2, § 67 Rn. 8.

295 BGH, Urteil vom 11.12.1989 - II ZR 78/89 = NJW 1990, 1109, 1111; BGH, Urteil vom 20.04.2009 - II ZR 88/08 = NJW 2009, 2126; *Strohn* in: Ebenroth et al., HGB, § 172 Rn. 45; *Kindler* in: Koller et al., HGB, § 172 Rn. 22; *Hausbeck*, Haftung der Kapitalanleger, S. 59.

296 BGH, Urteil vom 11.12.1989 - II ZR 78/89 = NJW 1990, 1109.

297 *Roth* in: Baumbach/Hopt, HGB, § 172 Rn. 8; *Schmidt* in: Schmidt, MüKo HGB, § 172 Rn. 76.

298 BGH, Urteil vom 11.12.1989 - II ZR 78/89 = NJW 1990, 1109.

299 *Hausbeck*, Haftung der Kapitalanleger, S. 59.

300 *Görlich*, NWB 1998, S. 3571, 3584.

lungen direkt an die Treugeber-Anleger vorgenommen.[301] Gesellschaftsrechtlich ist dies aber dem Treuhänder als Kommanditisten der Gesellschaft zuzuordnen. Seine Einlage wird gemindert, er ist der Haftung ausgesetzt. Der Treuhandkommanditist kann somit über eine Einlagenrückgewähr erheblichen Haftungsrisiken ausgesetzt sein.[302]

2. Schutzvorschriften Einlagenrückgewähr im KAGB

a) Anwendbarkeit auf den Treuhandkommanditisten

Aufgrund der dargestellten Problematik zur oftmals stattfindenden Einlagenrückgewähr finden sich im KAGB Regelungen, die Anleger vor dieser Gefahr schützen sollen. Nach § 152 Abs. 2 KAGB[303] darf eine Auszahlung, die als Einlagenrückgewähr zu bewerten ist, nur mit der Zustimmung des Kommanditisten erfolgen. Vor der Zustimmung ist der Kommanditist auf seine daraus resultierende unmittelbare Haftung hinzuweisen.

Fraglich ist im Rahmen der Neuregelungen im KAGB, ob im Fall der mittelbaren Beteiligung neben dem Treugeber auch der Treuhandkommanditist nach § 152 Abs. 2 KAGB auf die Folgen einer Einlagenrückgewähr hingewiesen werden muss und ob seine Zustimmung zu einer solchen Rückgewähr einzuholen ist.

Für eine Erstreckung des Hinweis- und Zustimmungserfordernisses auf den Treuhandkommanditisten spricht der Wortlaut von § 152 Abs. 2 KAGB. Abs. 2 S. 1 fordert die Zustimmung des „*betroffenen Kommanditisten*". Nach Satz 3 bedarf es bei „*mittelbarer Beteiligung über einen Treuhandkommanditisten [...] zusätzlich der Zustimmung des betroffenen mittelbar beteiligten Anlegers*". Dies spricht für ein Zustimmungserfordernis des Treuhandkommanditisten. Denn zum einen ist er

---

301 *Bost/Halfpap* in: Lüdicke/Arndt, Geschlossene Fonds, S. 24.

302 Vgl. dazu zum Beispiel BGH, Urteil vom 22.03.2011 - II ZR 100/09 = BeckRS 2011, 09689 (Falk-Fonds Q 1), dort wurden auf eine Beteiligung von umgerechnet 235.194,26 Euro von 1998 bis 2004 nicht gedeckte Ausschüttungen in Höhe von 71.734,25 Euro getätigt.

303 § 152 Abs. 2 KAGB lautet: „*Eine Rückgewähr der Einlage oder eine Ausschüttung, die den Wert der Kommanditeinlage unter den Betrag der Einlage herabmindert, darf nur mit* ***Zustimmung*** *des betroffenen Kommanditisten erfolgen. Vor der Zustimmung ist der Kommanditist darauf* ***hinzuweisen****, dass er den Gläubigern der Gesellschaft unmittelbar haftet, soweit die Einlage durch die Rückgewähr oder Ausschüttung zurückbezahlt wird. Bei mittelbarer Beteiligung über einen Treuhandkommanditisten bedarf die Rückgewähr der Einlage oder eine Ausschüttung, die den Wert der Kommanditeinlage unter den Betrag der Einlage herabmindert, zusätzlich der Zustimmung des betroffenen mittelbar beteiligten Anlegers; Satz 2 gilt entsprechend.*"

ein von der Rückgewähr betroffener Kommanditist, schließlich lebt seine Haftung wieder auf. Zum andern spricht das Gesetz von einer zusätzlichen Zustimmung des mittelbaren Anlegers, was im Umkehrschluss bedeutet, dass es schon eine andere Zustimmung geben muss, wofür nur die Zustimmung des Treuhandkommanditisten in Frage kommt.

Gegen eine Erstreckung spricht allerdings, dass sich § 152 KAGB in seiner Überschrift auf „*Anleger*" bezieht und der Treuhandkommanditist nicht wie ein normaler Anleger in den Fonds investiert. Zu klären ist deshalb zuerst, ob es sich bei dem Treuhandkommanditisten um einen „Anleger" im Sinne des KAGB handelt, und im Anschluss, ob § 152 Abs. 2 KAGB nur auf „Anleger" Anwendung findet.

Der Begriff des „Anlegers" ist im KAGB nicht eigenständig definiert,[304] es finden sich in § 1 KAGB nur Abgrenzungen zwischen Privatanlegern, semiprofessionellen und professionellen Anlegern.[305] Die dem KAGB zugrundeliegende Richtlinie 2011/61/EU kann hier jedoch ergänzend zur Auslegung des Anlegerbegriffes herangezogen werden. In Artikel 4 Abs. 1 aj) der Richtlinie wird der Kleinanleger als „*Anleger, bei dem es sich nicht um einen professionellen Anleger handelt*" definiert. In Abs. 1 ag) wird professioneller Anleger als „*jeder Anleger, der im Sinne von Anhang II der Richtlinie 2004/39/EG als ein professioneller Kunde angesehen wird*" definiert. Kunde i.S. der Richtlinie 2004/39/EG ist „*jede natürliche oder juristische Person, für die eine Wertpapierfirma Wertpapierdienstleistungen und/oder Nebendienstleistungen erbringt*". Zu klären ist, ob die Fondsgesellschaft für den Treuhandkommanditisten Wertpapierdienstleistungen erbringt. Denn bei dem Treuhandkommanditisten handelt es sich nicht um eine (im Normalfall juristische) Person, die für sich selbst im Rahmen eigener Vermögensverwaltung eine Anlage tätigen möchte, vielmehr bedient sich die Fondsgesellschaft des Treuhandkommanditisten, um eine alternative Anlageform neben der direkten Beteiligung als Kommanditist zur Verfügung zu stellen. Die Fondsgesellschaft erbringt somit nicht „*für*", sondern ‚mit' dem Treuhandkommanditisten Wertpapierdienstleistungen. Es ist deshalb zweifelhaft, ob es sich bei dem Treuhandkommanditisten um einen „Anleger" im Sinne des KAGB handelt, der dem Anlegerschutzkonzept, das als Ziel der Richtlinie[306] und dem KAGB[307] zugrunde liegt, unterworfen werden muss.

---

304 *Könnecke* in: Baur/Tappen, Investmentgesetze, § 152 Rn. 5.

305 § 1 Abs. 19 Nr. 31 bis 33 KAGB.

306 Richtlinie 2011/61/EU, Erwägungsgrund (94).

307 BT-Drucks. 17/12294 S. 1.

Darüber hinaus ist allerdings noch ungeklärt, ob der fehlende Anlegerstatus des Treuhandkommanditisten ihn von dem Hinweis- und Zustimmungserfordernis ausnimmt. Auszugehen ist bei der Auslegung von § 152 Abs. 2 KAGB zuerst vom Wortlaut der Norm.[308] Dieser ist deutlich. Zwar spricht die Überschrift von § 152 KAGB von *„Anleger"*. Der Normtext in Abs. 2 selbst spricht dann aber von *„Kommanditist"*. Es wäre also unschädlich, wenn der Treuhandkommanditist kein „Anleger" ist. Auch wird die zusätzliche Zustimmung des mittelbaren Anlegers gefordert, nicht zum Beispiel die Zustimmung anstelle des Kommanditisten. Für eine Abweichung von diesem deutlichen Wortlaut, der ein Hinweis- und Zustimmungserfordernis auch des Treuhandkommanditisten fordert, liegen keine Anhaltspunkte vor. Auch die Gesetzesbegründung spricht davon, dass die Rückzahlung *„auch der Zustimmung des betroffenen Anleger-Treugebers bedarf"*[309]. Dies ist auch dem Sinn und Zweck nach geboten. Bei den Treuhandkommanditisten handelt es sich um selbstständige, von der Fondsgesellschaft verschiedene Rechtsträger[310], die den Gläubigern unmittelbar haften und deshalb trotz des Freistellungs- und Erstattungsanspruches gegen die Treugeber-Anleger ein eigenes Risiko, zum Beispiel des Ausfalls eines Treugeber- Anlegers, tragen. Auch sie bedürfen deshalb des Schutzes von § 152 Abs. 2 KAGB.[311]

Festzuhalten ist somit, dass nach dem KAGB auch der Treuhandkommanditist auf die Folgen der Einlagenrückgewähr hinzuweisen ist und seine Zustimmung zu der Rückzahlung einzuholen ist.[312]

---

308 *Rüthers/Fischer/Birk*, Rechtstheorie: Mit juristischer Methodenlehre, S. 437 Rn. 743.

309 BT-Drucks. 17/12294 S. 250.

310 Zum Beispiel der Steuerberater der Fonds-Gesellschaft oder eine ihm nahestehende Gesellschaft.

311 Die Konstellation ist auch von der eines „normalen" (semi-)professionellen Anlegers zu unterscheiden, welchem ein Treuhandkommanditist durchaus ähnlich ist. Denn im Gegensatz zu einem unmittelbar beteiligten Anleger, bei dem ein Verhältnis zwischen Fonds und Anleger besteht, werden Auszahlungen bei Treuhandbeteiligungen oft direkt an den Treugeber-Anleger getätigt, also ebenfalls im Verhältnis Fonds und Anleger. Dadurch wird der Treuhandkommanditist übergangen, er hat nicht die gleichen Einwirkungsmöglichkeiten wie ein direkt beteiligter Anleger. Deshalb kann hier keine Parallele zu den weniger strengen und anlegerschützenden Regelungen für (semi-)professionelle Anleger im KAGB gezogen werden.

312 *Paul* in: Weitnauer, KAGB, § 152 Rn. 15; *Könnecke* in: Baur/Tappen, Investmentgesetze, § 152 Rn. 76, 79.

b) Folgen eines Verstoßes gegen § 152 Abs. 2 KAGB

Davon ausgehend ist als nächstes zu untersuchen, welche Folgen ein Verstoß gegen die Hinweis- und Zustimmungsregelungen in § 152 Abs. 2 KAGB hat.[313] Weder in § 152 KAGB noch in den übrigen Regelungen des KAGB findet sich eine ausdrückliche Rechtsfolge für einen Verstoß gegen die Hinweis- und Zustimmungsregelungen.[314] Auch die Regierungsbegründung zum KAGB enthält keine Hinweise, ob und gegebenenfalls wie der Gesetzesgeber die Rechtsfolge eines solchen Verstoßes regeln wollte. In Betracht kommen deshalb mehrere Lösungsansätze.

Vorab ist klarzustellen, dass die sogleich diskutierten Rechtsfolgen für einen Verstoß gegen die Hinweis- und Zustimmungspflicht ebenso gelten wie für einen Verstoß gegen die Hinweispflicht oder die Zustimmungspflicht alleine.[315] Für die Zustimmungspflicht ergibt sich ein Rechtsfolgenerfordernis aus ihrer Natur, für die Hinweispflicht aus dem Ziel der Hinweis- und Zustimmungspflicht. Denn nur wenn der Anleger positiv weiß, wozu er gerade seine Zustimmung gibt, kann diese einen Wert für den Anlegerschutz haben.

aa) Nichtigkeit

Eine mögliche Rechtsfolge von § 152 Abs. 2 KAGB könnte die Nichtigkeit der Einlagenrückgewähr sein. Die Nichtigkeit könnte sich zunächst aus der Norm des § 152 Abs. 2 KAGB selbst ergeben. Dabei wäre von der Nichtigkeit das in § 152 Abs. 2 KAGB normierte Handeln, mithin die Rückgewähr der Einlage oder die Ausschüttung, erfasst.

Aus dem Wortlaut von § 152 Abs. 2 KAGB ergibt sich eine Nichtigkeit nicht direkt.[316] Jedoch könnte eine Auslegung von § 152 Abs. 2 KAGB ergeben, dass dessen Rechtsfolge die Nichtigkeit sein muss.

Der Wortlaut von § 152 Abs. 2 KAGB steht einer solchen Auslegung nicht entgegen. Bei dem Zustimmungserfordernis wird von *„darf nur […] mit Zustimmung erfolgen“* gesprochen, bei der Hinweispflicht von *„ist […] darauf hinzuweisen“*.

---

313 Dies ist auch für die später behandelte Haftung der Treugeber-Anleger von Bedeutung.

314 *Könnecke* in: Baur/Tappen, Investmentgesetze, § 152 Rn. 81; so auch *Servatius*, ZfIR 2014, S. 134, 142, für den nicht *„deutlich [wird], welche Bedeutung die Zustimmung hat“*.

315 So auch *Könnecke* in: Baur/Tappen, Investmentgesetze, § 152 Rn. 81.

316 Siehe soeben unter b).

Diese Formulierungen deuten auf ein Verbot hin.[317] Auch missbilligt die Regelung nicht nur die Art und Weise des Zustandekommens der Einlagenrückgewähr, sondern den Inhalt beziehungsweise den (wirtschaftlichen) Erfolg des Geschäfts.[318] Eine reine Missbilligung von Art und Weise läge zum Beispiel vor, wenn mit der Einlagenrückgewähr eine Meldepflicht des Fonds an die BaFin verbunden wäre.

Fraglich ist jedoch, ob eine Nichtigkeit dem Sinn und Zweck von § 152 Abs. 2 KAGB entspricht. Wie schon festgestellt, ist Sinn und Zweck des KAGB – auch in § 152 Abs. 2 – der Anlegerschutz.[319] Ob mit diesem Anlegerschutzziel eine Nichtigkeitssanktion vereinbar ist, zeigt sich bei einem Blick auf die Folgen einer eventuellen Nichtigkeit. Im Falle der Nichtigkeit wäre die Auszahlung unwirksam. Das würde dazu führen, dass die Auszahlungssumme vom Treugeber[320] an die Gesellschaft zurückfließt.[321] Dies käme einer persönlichen Haftung, zumindest von der summenmäßigen Belastung, gleich. Nur wenn der Treugeber der Gesellschaft nachweisen könnte, dass diese unter einem wissentlichen Verstoß gegen die Hinweis- und Zustimmungspflicht ausgezahlt hätte, könnte der Anleger ausnahmsweise eine Rückzahlung verweigern. Im Ergebnis bürdet dies dem Anleger erhebliche Unsicherheiten auf, wirtschaftlich entspricht die Nichtigkeit der Einlagenrückgewähr der Außenhaftung aufgrund von Einlagenrückgewähr. Von Anlegerschutz kann dabei kaum noch die Rede sein, dies kann somit nicht Ziel des Gesetzgebers gewesen sein, als er § 152 Abs. 2 KAGB geschaffen hat. Eine Nichtigkeit ist somit nicht mit dem Sinn und Zweck von § 152 Abs. 2 KAGB vereinbar.

Darüber hinaus könnte sich eine Nichtigkeit noch aus § 134 BGB ergeben. Danach ist ein Rechtsgeschäft, das gegen ein gesetzliches Verbot verstößt, nichtig, wenn sich nicht aus dem Gesetz ein anderes ergibt.

Für die Anwendbarkeit von § 134 BGB müsste zunächst ein Rechtsgeschäft vorliegen. Ein Rechtsgeschäft setzt mindestens eine Willenserklärung voraus und

317 Zur ähnlichen Problematik im Rahmen des § 134 BGB: *Wendtland* in: Bamberger/Roth, Beck'scher Online Kommentar BGB, § 134 Rn. 9.

318 Zur ähnlichen Problematik im Rahmen des § 134 BGB: *Ellenberger* in: Palandt, Palandt, § 134 Rn. 8.

319 BT-Drucks. 17/12294 S. 1.

320 Über den Freistellungs- und Erstattungsanspruch treffen die wirtschaftlichen Folgen auch bei Zahlung des Treuhänders den Treugeber.

321 Zum Beispiel weil die (im absoluten Regelfall stattfindende) Überweisung nichtig ist und deshalb der Treugeber schon keinen wirksamen Anspruch gegen seine Bank erlangt.

verfolgt den Zweck, eine privatrechtliche Rechtsfolge herbeizuführen.[322] Dabei muss die Rechtsfolge gerade aufgrund von Parteiwillen und nicht wegen einer gesetzlichen Folge eintreten.[323] Um ein Rechtsgeschäft handelt es sich daher bei einem Gesellschaftsvertrag oder bei Beschlüssen von Gesellschaften,[324] zum Beispiel bei einem Auszahlungsbeschluss. Nicht um ein Rechtsgeschäft handelt es sich jedoch bei bloßen faktischen Vorgängen wie einer Auszahlung von der Gesellschaft an die Gesellschafter oder Treugeber.

Eine Anwendbarkeit von § 134 BGB wäre somit nur möglich, wenn man auf das Verpflichtungsgeschäft, also zum Beispiel den Auszahlungsbeschluss, abstellt und dessen Nichtigkeit auf das Erfüllungsgeschäft, also die Auszahlung, durchschlagen lässt. Dies ist grundsätzlich möglich.[325]

Allerdings richtet sich hier die Sanktion des § 152 Abs. 2 KAGB gegen das Erfüllungsgeschäft. Verboten sind nicht generell Auszahlungen, die eine Einlagenrückgewähr darstellen. Diese sind im KG-Recht, abweichend vom GmbH-Recht[326] und Aktienrecht[327], nicht verboten.[328] Sie haben allein die Folge, dass die persönliche Haftung des Kommanditisten wieder auflebt. Das KAGB stellt ausdrücklich auf die konkrete „*Rückgewähr*" und nicht die Verpflichtung hierzu ab. Denn erst in dem Moment, in dem ohne Zustimmung ausgezahlt wird, unterfällt die Auszahlung der Regelung des § 152 Abs. 2 KAGB und wird ‚verwerflich'. Der Gesellschafter beziehungsweise Anleger soll grundsätzlich weiterhin die Möglichkeit haben, seinen Anspruch auf Auszahlung geltend zu machen. Nur weil die konkrete Auszahlung ohne Hinweis bzw. Zustimmung erfolgt, soll ihm nicht der gesamte Auszahlungsanspruch verloren gehen.

Festzuhalten bleibt damit, dass eine Nichtigkeit der Auszahlung wegen eines Verstoßes gegen § 152 Abs. 2 KAGB nicht in Betracht kommt. Diese Rechtsfolge würde dem gesetzgeberischen Ziel des § 152 Abs. 2 KAGB zuwider laufen.[329]

---

322 *Wolf/Neuner,* Allgemeiner Teil des bürgerlichen Rechts, S. 311.

323 *Wolf/Neuner,* Allgemeiner Teil des bürgerlichen Rechts, S. 311.

324 *Sack/Seibl* in: von Staudinger, BGB, § 134 Rn. 10 f.; *Armbrüster* in: Rixecker et al., MüKo BGB, § 134 Rn. 23.

325 *Ellenberger* in: Palandt, Palandt, § 134 Rn. 13; *Armbrüster* in: Rixecker et al., MüKo BGB, § 134 Rn. 10.

326 §§ 30, 31 GmbHG.

327 §§ 57, 62 AktG.

328 Vgl. *Schmidt,* JuS 2013, S. 846, 847.

329 So im Ergebnis auch *Lorenz* in: Weitnauer, KAGB, § 127 Rn. 5. Die Nichtigkeit als Rechtsfolge wird auch bei einem Verstoß gegen die Rechtsformpflicht des KAGB mit dem Argument des Anlegerschutzes abgelehnt, vgl. *Casper,* ZHR 2015, S. 53.

bb) *Außenhaftung mit Schadensersatz gegen die Fondsgesellschaft*

Als mögliche Rechtsfolge kommt auch in Betracht, dass ein Verstoß gegen die Hinweis- und Zustimmungspflichten die vom HGB in § 172 Abs. 4 angeordnete Rechtsfolge der wiederauflebenden Außenhaftung unberührt lässt.[330] Damit haftet der Treuhänder zwar nach außen, ihm könnte dann aber ein Schadensersatzanspruch gegen die Geschäftsführung des Fonds beziehungsweise den Fonds selbst zustehen.

---

330 *Strohn* in: Ebenroth et al., HGB, § 172 Rn. 21; *Könnecke* in: Baur/Tappen, Investmentgesetze, § 152 Rn. 82; *Oetker* in: Oetker, HGB, § 172 Rn. 62 *Freitag*, NZG 2013, S. 329, 335; diesen Literaturstimmen ohne eigene Begründung folgend LG Rottweil, Urteil vom 31.08.2016–1 S 31/16; *Casper*, ZHR 2015, S. 67 f.; *O. Zander* in: Derleder/Knops/Georg, Deutsches und europäisches Bank- und Kapitalmarktrecht – Band 2, S. 962 Rn. 29; *Casper* in: Staub/Canaris/Schäfer, HGB, § 161 Rn. 271, der allerdings davon ausgeht, dass der Freistellungsanspruch bei mittelbarer Beteiligung ohne Zustimmung des Treugebers nicht entsteht, und deshalb keine Haftung des Treugebers vorliegt, wenn dieser nicht zugestimmt hat, *Casper* in: Staub/Canaris/Schäfer, HGB, § 161 Rn. 273. Dem ist nicht zuzustimmen, vielmehr fehlt es, wie sogleich dargestellt wird, schon an einer Außenhaftung des Treuhänders. *Casper* differenziert zum einen bei fehlender Zustimmung des Anlegers unzulässig zwischen unmittelbar (Haftung) und mittelbar (keine Haftung) beteiligten Anlegern. Zum andern würdigt er das Treuhandverhältnis nicht ausreichend, da der Treuhänder ein berechtigtes Interesse daran hat, von den wirtschaftlichen Wirkungen der Beteiligung freigestellt zu werden. Stimmen sowohl Treuhänder als auch Treugeber der Einlagenrückgewähr nicht zu, würde der Treuhänder haften, er hätte aber keinen Freistellungsanspruch gegen den Treugeber, was seinen berechtigten Interessen widerspricht und ihm ein Risiko aufbürdet, das der Treugeber zu tragen hat. Auch daran zeigt sich, dass eine Außenhaftung nicht zielführend ist und eine Haftungsfreiheit des Treugebers besser über eine fehlende Außenhaftung des Treuhänders umgesetzt werden sollte. Stimmt der Treuhänder zu, der Treugeber aber nicht, haftet der Treuhänder und hat keinen Freistellungsanspruch gegen den Treugeber, was dem Gesetzeswortlaut *„bedarf [...] zusätzlich der Zustimmung"* zuwider läuft. Für § 127 Abs. 2 KAGB, der sich auf die offene Investment-KG bezieht, sonst aber wortgleich mit § 152 Abs. 2 KAGB ist: *Lorenz* in: Weitnauer, KAGB, § 127 Rn. 5; *Eichhorn*, WM 2016, S. 115 f. Ähnlich wohl auch *Klebeck/Kunschke* in: Beckmann/Scholtz/Flachmann, Investment, IN 405 § 127 Rn. 40, § 152 Rn. 71, die die Zustimmung als Einwilligung sehen und deshalb eine schwebende Unwirksamkeit der Einlagenrückgewähr für möglich halten, diese Unwirksamkeit dann aber nur im Innenverhältnis zur Gesellschaft gelten lassen wollen.

Für diese Ansicht sprechen zwei Argumente: zum einen die fehlende explizite Regelung hinsichtlich der Rechtsfolgen in § 152 Abs. 2 KAGB[331], zum andern der Gläubigerschutz[332].

In Bezug auf die fehlende Regelung der Rechtsfolgen geht *Lorenz* für § 127 KAGB davon aus, dass „*Abs. 2 [. . .] die Rechtsfolgen einer Einlagenrückgewähr nicht [modifiziert]* ".[333] Er geht des Weiteren davon aus, dass man annehmen müsse, dass es sich bei § 127 Abs. 2 KAGB nicht um ein gesetzliches Verbot handelt. Dem ist jedoch nicht zuzustimmen. Wie soeben gezeigt wurde,[334] gebietet der Anlegerschutz, dass es sich bei § 152 Abs. 2 KAGB um ein gesetzliches Verbot handeln muss. Daran ändert auch die Tatsache, dass aus diesem nicht die Nichtigkeit der Auszahlung folgt, nichts. Auch der Schluss, dass eine (und so ist das gesetzliche Verbot bei *Lorenz* wohl zu interpretieren) fehlende Nichtigkeit automatisch bedeutet, dass die Haftung wegen Einlagenrückgewähr unberührt bleibt, ist nicht zwingend. Denn die Nichtigkeit ist nur deshalb nicht Rechtsfolge von § 152 Abs. 2 KAGB, weil sie dem Anlegerschutz aufgrund der mit ihr verbundenen Rechtsfolgen nicht gerecht werden kann. Daraus eine Sperrwirkung und unbedingte Geltung der Haftung wegen Einlagenrückgewähr zu folgern, verbietet der Anlegerschutz als Zweck des KAGB. Vielmehr nimmt auch *Lorenz* nicht an, dass der fehlenden Nichtigkeit der Wille des Gesetzgebers zugrunde liegt, dass keine Rechtsfolge eintreten soll. Er geht von einer gesellschaftsrechtlichen Haftung der Geschäftsführung beziehungsweise des Fonds aus und begründet dies damit, dass die Norm handelsrechtliche Regelungen zur KG modifiziert und zivilrechtliche Wirkung zwischen den Beteiligten hat.[335] Er misst also § 127 Abs. 2 KAGB ebenfalls eine nicht im Gesetz erwähnte Rechtsfolge zu. Damit ist aber fraglich, ob dies die vom Gesetzgeber gewollte Rechtsfolge darstellt oder nicht doch eine Modifikation der Rechtsfolgen der Einlagenrückgewähr geboten ist.

Das zweite Argument, der Gläubigerschutz, liegt der Regelung des § 172 Abs. 4 HGB zugrunde. Es soll die Fähigkeit der Gesellschaft zur Gläubigerbefriedigung erhalten und ein Ausgleich für die Minderung des Gesellschaftsvermögens geschaffen werden.[336] Würde die Außenhaftung der Kommanditisten für erhaltene

---

331 *Lorenz* in: Weitnauer, KAGB, § 127 Rn. 5.

332 *Könnecke* in: Baur/Tappen, Investmentgesetze, § 152 Rn. 82; *Freitag*, NZG 2013, S. 329, 335; *Eichhorn*, WM 2016, S. 115 f.

333 *Lorenz* in: Weitnauer, KAGB, § 127 Rn. 5.

334 Zum Charakter von § 152 Abs. 2 KAGB als Verbotsgesetz siehe oben ab S. 45.

335 *Lorenz* in: Weitnauer, KAGB, § 127 Rn. 5.

336 BGH, Urteil vom 13.02.1967 - II ZR 158/65 = NJW 1967, 1321; *Strohn* in: Ebenroth et al., HGB, § 172 Rn. 19.

Auszahlungen nicht wieder aufleben, wäre dieses Gleichgewicht empfindlich gestört und das Vertrauen der Gläubiger in Investment-KGen könnte dadurch geschmälert werden. Eine Abweichung vom System des HGB muss deshalb gut begründet und abgewogen werden.

Als Gegenpol zum Gläubigerschutz kommt der Anlegerschutz in Betracht.[337] Dieser ist Leitmotiv der Richtlinie[338] und des KAGB[339]. Das KAGB will beim Anlegerschutz *„einen einheitlichen hohen Standard erreichen“*[340] und *„bezweckt eine nachhaltige und langfristige Stärkung [. . .] des Anlegerschutzes“*[341]. Neben der Schaffung eines geschlossenen Regelwerks für Investmentfonds und ihre Manager und einem Beitrag zur Verwirklichung des europäischen Binnenmarktes finden sich in der Regierungsbegründung keine weiteren Leitmotive.[342] Dadurch wird deutlich, dass es dem Gesetzgeber bei den Regelungen des KAGB hauptsächlich um die *„Perfektionierung des Anlegerschutzes“*[343] ging. Konkret für die Regelungen des § 152 Abs. 2 KAGB sollte der Anleger vor einer Außenhaf tung geschützt werden[344] und eine Außenhaftung sollte nur im Ausnahmefall und nur mit dem Willen der Anleger eintreten können.[345] *Casper* spricht davon, dass *„es das erklärte Ziel des KAGB [ist], die Haftung des Kommanditisten in der geschlossenen Publikumsinvestment-KG möglichst weit gehend zurückzufahren.“*[346]

Letztendlich muss entschieden werden, ob der Anlegerschutz im KAGB so stark sein soll, dass er eines der Grundprinzipien des HGB, den Gläubigerschutz, verdrängen kann.[347] Dass dies grundsätzlich vom Gesetzgeber als möglich angese-

---

337 *Zetzsche*, AG 2013, S. 613, 625.

338 Richtlinie 2011/61/EU, Erwägungsgrund (94).

339 BT-Drucks. 17/12294 S. 1.

340 BT-Drucks. 17/12294 S. 2, S. 187.

341 BT-Drucks. 17/12294 S. 2, S. 193.

342 BT-Drucks. 17/12294 S. 2.

343 *Emde/Dreibus*, BRK 2013, S. 89, 102, die davon sprechen, dass *„der Gedanke auf der Hand liegt“*.

344 *Könnecke* in: Baur/Tappen, Investmentgesetze, § 152 Rn. 129; *Freitag*, NZG 2013, S. 330.

345 *Könnecke* in: Baur/Tappen, Investmentgesetze, § 152 Rn. 51.

346 *Casper*, ZHR 2015, S. 69.

347 So auch *Wallach*, ZGR 2014, S. 289, 321 f., der grundsätzlich einen Vorrang des Anlegerschutzes sieht; auch *Casper* geht davon aus, dass *„man die gesellschaftsrechtlichen Vorschriften zur Investment-KG im Lichte der Regelungsziele des KAGB auszulegen [habe]“*, *Casper*, ZHR 2015, S. 47; ebenso *Veith*, der *„eine klare gesetzgeberische Wertung – Gläubigerschutz wird durch Anlegerschutz verdrängt“* sieht, *Veith*, BKR 2015, S. 236.

hen wird, zeigt die Regelung des § 152 Abs. 6 KAGB.[348] In dieser wird die Haftung des Kommanditisten nach seinem Ausscheiden aus der Gesellschaft dahingehend geregelt, dass er für sämtliche Verbindlichkeiten der Investment-KG nicht mehr haftet.[349] Dies schließt auch eine vor dem Ausscheiden wiederaufgelebte Haftung (gleich aus welchem Grunde!) nach § 172 Abs. 4 HGB aus.[350] Nimmt man den Gesetzgeber beim Wort, umfasst dies bis zur Schwelle der evidenten Rechtsmissbräuchlichkeit auch die bewusste Auszahlung unter die Haftsumme mit Zustimmung des Kommanditisten. Wenn der Gesetzgeber sogar dieses Verhalten grundsätzlich als schutzwürdig einstuft, muss auch ein Kommanditist, dessen Haftung ohne sein Wissen, da ohne Hinweis und Zustimmung, wiederaufgelebt ist, in derselben Art und Weise geschützt werden. Man muss somit davon ausgehen, dass der Gesetzgeber auch hier den Vorrang des Anlegerschutzes, den er doch als oberstes Ziel des KAGB ausgerufen hat, gewahrt sehen und eine Modifikation des § 172 Abs. 4 HGB durch § 152 Abs. 2 KAGB zulassen wollte.[351] Sofern *Lorenz*[352] und *Eichhorn*[353] zu § 127 Abs. 2 KAGB eine andere Meinung vertreten, kann darauf hingewiesen werden, dass § 127 KAGB für die *offene* Investment-KG gilt, an der sich nur professionelle sowie semi-professionelle Anleger beteiligen dürfen.[354] Diese sind aber weniger schutzwürdig als private Anleger, die sich an der *geschlossenen* Investment-KG beteiligen dürfen. Ob dies im Rahmen von § 127 KAGB eine von § 152 Abs. 2 KAGB abweichende Auslegung rechtfertigt, kann hier offen bleiben, ist aber im Hinblick auf die Schutzwürdigkeit der semi-professionellen Anleger und im Interesse einer einheitlichen Auslegung der wortgleichen Regelungen zumindest fraglich.

Darüber hinaus muss man sich fragen, wie die Anleger geschützt wären, wenn sie, unter Bevorzugung des Gläubigerschutzes, einer Außenhaftung unterworfen

---

348 Dass dort der Anlegerschutz den Gläubigerschutz verdrängt, meint auch *Wiedemann*, NZG 2013, S. 1041, 1043.

349 *Könnecke* in: Baur/Tappen, Investmentgesetze, § 152 Rn. 140.

350 *Paul* in: Weitnauer, KAGB, § 152 Rn. 36; *Könnecke* in: Baur/Tappen, Investmentgesetze, § 152 Rn. 140; *Klebeck/Kunschke* in: Beckmann/Scholtz/Flachmann, Investment, IN 405 § 152 Rn. 109.

351 Anders *Könnecke* in: Baur/Tappen, Investmentgesetze, § 152 Rn. 82, der es aufgrund fehlender Kenntnis der Gläubiger vom konkreten Vorliegen einer Zustimmung als unangemessen betrachtet, den Gläubigern das Risiko eines „*Kommunikationsmangels*“ aufzuerlegen.

352 *Lorenz* in: Weitnauer, KAGB, § 127 Rn. 5.

353 *Eichhorn*, WM 2016, S. 115 f.

354 Vgl. §§ 91 Abs. 2, 125 Abs. 2 KAGB; BT-Drucks. 17/12294 S. 242; *Möllers/Seidenschwann*, Das neue Kapitalanlagegesetzbuch (KAGB), S. 8.

wären. Sie hätten dann einen Anspruch gegen die Geschäftsführer des Fonds[355] und, zum Beispiel über § 31 BGB analog,[356] gegen den Fonds selbst. Diese Ansprüche dürften aber in einem erheblichen Teil der Fälle nicht werthaltig sein.[357] Denn wenn das Problem der direkten Außenhaftung der Anleger virulent wird, ist nicht selten die Gesellschaft schon in eine Schieflage geraten. Dass die Anleger sich dann bei den Geschäftsführern oder dem Fonds befriedigen können, ist unwahrscheinlich. Damit bürdet man im Ergebnis wieder den Anlegern die finanzielle Belastung einer unterbliebenen Hinweis- und Zustimmungspflicht auf, was mit dem angestrebten Anlegerschutz nicht vereinbar wäre.

Schlussendlich ist fraglich, inwiefern der Gläubigerschutz durch den Ausschluss einer Haftung wegen Einlagenrückgewähr wirklich einschneidend beeinträchtigt ist. Denn die Bevorzugung des Anlegerschutzes gilt ausschließlich für Investment-KGen. Für andere Rechtsformen gilt die Regelung nicht. Dass potentielle Gläubiger mit einer Investment-KG kontrahieren, ist für sie jedoch offensichtlich, da deren Firma gemäß §§ 134 Abs. 1, 157 KAGB die Bezeichnung offene beziehungsweise geschlossene Investmentkommanditgesellschaft oder eine allgemein verständliche Abkürzung enthalten muss. Damit können sich potentielle Gläubiger über die Haftungsstruktur (und deren Risiken) im Voraus informieren und abschätzen, ob sie das Risiko eines verminderten Gesellschaftsvermögens ohne Ausgleich durch persönliche Haftung eingehen möchten.[358]

Eine Haftung aus Einlagenrückgewähr gemäß § 172 Abs. 4 HGB scheitert somit, entsprechend dem Willen des Gesetzesgebers, bei einem Verstoß gegen die Hinweis- und Zustimmungspflicht am Anlegerschutz.[359]

---

355 *Lorenz* in: Weitnauer, KAGB, § 127 Rn. 5.

356 *Freitag*, NZG 2013, S. 329, 335.

357 So auch *Zetzsche*, AG 2013, S. 613, 625 Fn. 164.

358 So auch *Freitag*, NZG 2013, S. 329, 330 im Zusammenhang mit der Nichtigkeit des Gesellschaftsvertrages bei Verstoß gegen den Rechtsformzwang des KAGB; ebenso *Casper*, ZHR 2015, S. 64, der bei einem Verstoß gegen das Verbot der Sacheinlage (vgl. § 152 Abs. 7 KAGB) davon ausgeht, dass eine Haftung der Anleger im Außenverhältnis ausgeschlossen sei, da eine Haftung zum einen dem Anlegerschutz widersprechen würde und zum andern die Gläubiger aufgrund des Sacheinlageverbots nicht berechtigt von einer Haftung der Anleger ausgehend dürften. Ebenso verhält es sich mit der Hinweis- und Zustimmungspflicht, diese schließt es aus, dass die Gläubiger berechtigt von einer Haftung der Anleger bei Verstoß gegen diese Pflicht ausgehen dürfen.

359 *Zetzsche*, AG 2013, S. 613, 625; *Servatius* in: Henssler/Strohn, Gesellschaftsrecht, Anhang Publikumsgesellschaft Rn. 185; *Hoffert* in: Moritz/Klebeck/Jensch, KAGB, § 152 Rn. 56; *Mohr*, Die offene Investmentkommanditgesellschaft, S. 133.

cc) Keine Außenhaftung der Kommanditisten

Nachdem soeben gezeigt wurde, dass eine den Kommanditisten[360] einer Haftung aussetzende Lösung bei einem Verstoß gegen die Hinweis- und Zustimmungspflichten aufgrund des Anlegerschutzes ausscheidet, bleibt als Folge eines solchen Verstoßes nur eine Haftungsfreiheit des Kommanditisten.[361] Er darf sich auf das Behaltendürfen einer nicht mit einem Hinweis und einem Zustimmungserfordernis verbundenen Auszahlung verlassen. Er muss weder die erhaltenen Auszahlungen der Fondsgesellschaft zurückzahlen, noch haftet er den Gläubigern im Rahmen einer Außenhaftung.

Das ist unproblematisch in den Fällen, in denen ein unmittelbar beteiligter Anleger der Einlagenrückgewähr nicht zugestimmt hat, sowie in den Fällen, in denen sowohl Treuhänder als auch Treugeber nicht zugestimmt haben. Problematisch ist es hingegen, wenn der Treuhänder der Einlagenrückgewähr zustimmt, der Treugeber aber nicht. Fraglich ist, ob hier der Treuhänder nach außen haftet oder nicht. Die Antwort auf diese Frage ergibt sich aus dem Gesetz: Nach § 152 Abs. 3 S. 3 KAGB bedarf es im Falle der mittelbaren Beteiligung für *„die Rückgewähr der Einlage“*[362] *„zusätzlich“* der Zustimmung des Treugebers. Ohne seine Zustimmung löst damit die Einlagenrückgewähr keine Außenhaftung beim Treuhänder aus.[363] Dies ist aus Anlegerschutzgesichtspunkten auch nachvollziehbar, denn so wird der Treugeber von vornherein nicht der Problematik ausgesetzt, ob er den Treuhänder von einer unter Zustimmung des Treuhänders, nicht aber des Treugebers entstandenen Außenhaftung freizustellen hat. Sofern nur der Treugeber, nicht aber der Treuhänder zugestimmt hat, entsteht weder eine Außenhaftung noch (logischerweise) ein Freistellungsanspruch des Treuhänders. Auch hier macht das Wort *„zusätzlich“* klar, dass eine alleinige Zustimmung des Treugebers nicht ausreichend für eine die Außenhaftung begründende Einlagenrückgewähr sein kann.

Um den Gläubigern ein gewisses Maß an Schutz zu bieten, muss man einen Schadensersatzanspruch der Gläubiger gegen die Geschäftsführung des Fonds so-

---

360 Und damit im Endeffekt den Anleger.

361 *Zetzsche*, AG 2013, S. 613, 625; *Servatius* in: Henssler/Strohn, Gesellschaftsrecht, Anhang Publikumsgesellschaft Rn. 185; *Hoffert* in: Moritz/Klebeck/Jensch, KAGB, § 152 Rn. 56; *Zeising*, DZWIR 2016, S. 301, 302; *Mohr*, Die offene Investmentkommanditgesellschaft, S. 133.

362 Und damit explizit nicht für die Haftung des Treugebers, sondern insgesamt für die Einlagenrückgewähr, also auch deren Wirksamkeit gegenüber dem Treuhänder.

363 Ähnlich auch *Casper* in: Staub/Canaris/Schäfer, HGB, § 161 Rn. 273, der allerdings bei fehlender Zustimmung eine Außenhaftung bejaht und deshalb nur den Freistellungsanspruch des Treuhänders entfallen lässt.

wie, zum Beispiel über § 31 BGB analog,[364] gegen den Fonds selbst annehmen[365]. Bei der konkreten Ausgestaltung eines solchen Schadensersatzanspruches ergeben sich zahlreiche Probleme. Unklar ist, welche Anspruchsgrundlage in Betracht kommt, denkbar sind hier Ansprüche aus Vertrag[366], eine (ungeschriebene) gesellschaftsrechtliche Haftung, § 823 Abs. 1 oder Abs. 2 BGB und § 826 BGB, jeweils mit der Problematik einer Außen- oder Innenhaftung. Aufgrund dieser unklaren Gesetzeslage mit vielfältigen und teilweise nicht unproblematischen Lösungsansätzen ist der Gesetzgeber aufgerufen, die Rechtsfolgen eines Verstoßes gegen die Hinweis- und Zustimmungspflicht gesetzlich zu regeln. Es handelt sich bei der Hinweis- und Zustimmungspflicht um einen zentralen Mechanismus zum Anlegerschutz, dessen Rechtsfolge verbindlich geregelt werden muss, um den Anlegern entsprechende Sicherheit zu geben. Der Gesetzgeber sollte, sofern er entsprechend seiner Intention im KAGB von keiner Außenhaftung der Kommanditisten ausgeht, auch einen Schadensersatzanspruch der Gläubiger normieren. Ein solcher ist zum einen geboten, um den Gläubigern Schutz zu bieten und ihnen eine Möglichkeit zur Befriedigung zu verschaffen, zum andern dient ein solcher Schadensersatzanspruch als Warnung und präventive Sicherstellung der Einhaltung der Hinweis- und Zustimmungspflicht. Um letztere Funktion zu erfüllen, muss deshalb der Geschäftsführer Anspruchsgegner sein. Er ist verantwortlich für die Einhaltung der Hinweis- und Zustimmungspflicht. Ihn einer persönlichen Haftung auszusetzen, stellt am besten sicher, dass er sich an die Vorgaben der Hinweis- und Zustimmungspflicht hält.

dd) Ergebnis

Wie soeben dargelegt, ist der Gesetzgeber aufgerufen, die Rechtsfolge der Hinweis- und Zustimmungspflicht aus § 152 Abs. 2 KAGB gesetzlich zu regeln. Es ist jedoch de lege lata aufgrund des mit dem KAGB verfolgten Anlegerschutzes geboten, § 152 Abs. 2 KAGB eine Modifikation der Haftung wegen Einlagenrückgewähr zu entnehmen. Den Kommanditisten trifft somit bei einer Auszahlung, die unter Verstoß gegen die Hinweis- und Zustimmungspflicht erfolgt ist, keine Haftung gegenüber der Gesellschaft oder den Gläubigern.

---

364 *Freitag*, NZG 2013, S. 329, 335.

365 Auch wenn der Schadensersatzanspruch gegen den Fonds wertlos sein dürfte. Eine Inanspruchnahme neben oder statt des Fonds durch die Gläubiger wird erst erfolgen, wenn dieser die geltend gemachte Forderung nicht mehr begleicht. Dann verfügt der Fonds aber in aller Regel über keine finanziellen Mittel mehr, ein Schadensersatzanspruch gegen den Fonds läuft damit praktisch leer.

366 Ein Anspruch aus Vertrag dürfte aber an einem notwendigen Schuldverhältnis und einer Pflicht(verletzung) scheitern, jedenfalls für zukünftige Gläubiger.

II. Haftung des Treugebers

Nachdem soeben die Haftung des Treuhänders als Kommanditist der Gesellschaft besprochen wurde, soll es nun um die Haftung des Treugeber-Anlegers gehen. Für eine Haftung des Treugeber-Anlegers sind zwei unterschiedliche Varianten denkbar: zum einen eine eigene Außenhaftung des Treugebers, zum andern die Haftung im Rahmen des Freistellungs- und Erstattungsanspruches des Treuhandkommanditisten für Haftung, deren sich dieser ausgesetzt sieht.

1. Außenhaftung des Treugebers

In der dieser Arbeit zugrundeliegenden Fallkonstellation, dass eine echte Treuhand an einem Gesellschaftsanteil begründet wurde, ist der Treuhänder dinglich Berechtigter an dem Gesellschaftsanteil. Als solcher ist er grundsätzlich vollumfänglich Träger der Mitgliedschaftsrechte und dementsprechend Gesellschafter.[367] Damit korrespondierend ist der Treuhänder auch Träger der Pflichten aus der Mitgliedschaft, insbesondere auch der Haftung.[368] Im Fall einer Publikumspersonengesellschaft werden dem Treugeber allerdings weitreichende Rechte an dem Anteil eingeräumt und er wird durch den Freistellungs- und Erstattungsanspruch der wirtschaftlich Berechtigte und Verpflichtete des Anteils. Als Konsequenz daraus stellt sich die Frage, ob es nicht geboten ist, den Treugeber einer eigenständigen Außenhaftung gleich eines unmittelbar beteiligten Gesellschafters zu unterwerfen. Fraglich ist, auf welcher Grundlage dies erfolgen könnte.

a) Haftung nach §§ 171 Abs. 1, 172 Abs. 4 HGB

Zunächst könnte der Treugeber direkt der Haftung nach §§ 171 Abs. 1, 172 Abs. 4 HGB unterfallen. Nach dem Wortlaut der Vorschriften[369] gelten diese nur für Kommanditisten.[370] Mangels Gesellschafterstellung handelt es sich bei den Treugebern um keine Kommanditisten. Wie schon dargelegt,[371] rechtfertigt auch ihre Verzahnung mit der Gesellschaft (Rechteübertragung, wirtschaftliche Berechti-

---

367 Vgl. dazu nur *Schmidt* in: Schmidt, MüKo HGB, vor § 230 Rn. 57 m.w.N.

368 Vgl. nur BGH, Urteil vom 10.11.1951 - II ZR 111/50 = NJW 1952, 178; BGH, Urteil vom 30.06.1980 - II ZR 219/79 = NJW 1980, 2708, 2709; *Schmidt* in: Schmidt, MüKo HGB, vor § 230 Rn. 58 sowie *Wertenbruch* in: Ebenroth et al., HGB, § 105 Rn. 155 jeweils m.w.N.

369 § 171 Abs. 1 HGB: „*Der Kommanditist haftet [...]*" sowie § 172 Abs. 4 HGB: „*Soweit die Einlage eines Kommanditisten zurückbezahlt wird [...]*".

370 *Hausbeck*, Haftung der Kapitalanleger, S. 109.

371 Zur materiellen Gesellschafterstellung der Treugeber siehe oben ab S. 25.

gung) keine andere Betrachtungsweise, denn die Verzahnung soll sich nach dem ausdrücklichen Willen der Parteien nur auf das Innenverhältnis beziehen; der Treugeber hat keine materielle Gesellschafterstellung inne. Eine direkte Anwendung der §§ 171 Abs. 1, 172 Abs. 4 HGB scheidet somit mangels Kommanditistenstellung der Treugeber aus.[372]

b) Haftung nach §§ 171 Abs. 1, 172 Abs. 4 HGB analog

Eine Haftung des Treugebers könnte sich jedoch aus §§ 171 Abs. 1, 172 Abs. 4 HGB analog ergeben. Dahinter steht der Grundgedanke, dass der Treugeber als wirtschaftlich Berechtigter und Verpflichteter mit Mitwirkungsrechten eine *„herausgehobene und einem Direktgesellschafter entsprechende Stellung"*[373] innehat, damit wahrer Gesellschafter ist und ihn deshalb auch eine entsprechende Haftung treffen soll.

Begründet wird dies damit, dass es der Rechtsordnung immanent sei, dass den Treugebern für ihre Vorteile in Form von Mitgliedschaftsrechten auch Nachteile, im Konkreten die unmittelbare Außenhaftung, gegenüberstehen müssten (Gleichlauf oder Einheit von Herrschaft und Haftung).[374]

---

372 **Ebenso** BGH, Urteil vom 11.11.2008 - XI ZR 468/07 = NZG 2009, 57 Rn. 19–21; BGH, Urteil vom 12.02.2009 - III ZR 90/08 = NZG 2009, 380 Rn. 35; BGH, Urteil vom 24.07.2012 - II ZR 297/11 = NZG 2012, 1024 Rn. 21; *Blaurock*, Unterbeteiligung und Treuhand an Gesellschaftsanteilen, S. 214; *Wagner* in: Assmann/Schütze, Handbuch des Kapitalanlagerechts, § 17 Rn. 295; *Tebben*, Der Treuhandkommanditist, S. 161, 166. **Anders** das OLG Frankfurt, Urteil vom 30.11.2004–24 U 55/03 = BeckRS 2004, 18502; *Lenders*, Treuhand am Gesellschaftsanteil, S. 293, der von einer Gesellschafterstellung des Treugebers ausgeht und dementsprechend eine Haftung von Treuhänder und Treugeber entsprechend der jeweiligen Gesellschaftsform annimmt. Diese Haftung soll *„faktisch modifiziert "* und damit faktisch nachrangig, rechtlich jedoch gleichrangig sein, da die Gläubiger oft nicht von den Treugebern wüssten, was in einer Publikumspersonengesellschaft wohl nicht zutreffen dürfte; ebenfalls für eine unmittelbare Außenhaftung aufgrund Gesellschafterstellung der Treugeber *Menkel*, NZG 2014, S. 1253, 1255.

373 *Pfeifle/Heigl*, WM 2008, S. 1485, 1489.

374 *Kindler*, ZIP 2009, S. 1146, 1147; *Kindler*, FS Schmidt, S. 871, 876; *Schiemann*, FS Zöllner, S. 503, 511; *Blaurock*, Unterbeteiligung und Treuhand an Gesellschaftsanteilen, S. 213; *Wiedemann*, NZG 2013, S. 1041, 1045, sieht zwar einen Gleichlauf von Herrschaft und Haftung, folgert aus diesem aber nur, dass eine *„unmittelbare Mitbestimmung"* der Treugeber ohne Außenhaftung nicht möglich ist; zum Gleichlauf von Herrschaft und Haftung ausführlich *Wiedemann*, Gesellschaftsrecht Band I, S. 543.

Das OLG Schleswig[375] folgert dem ähnlich aus der Übertragung der Mitgliedschaftsrechte eine Erhebung des Treugebers in eine Quasi-Gesellschafterstellung und die Reduzierung des Treuhänders auf eine Mittlerposition. Aufgrund seiner organisatorischen Einbindung in den Fonds müsse der Treugeber analog § 128 HGB[376] haften, er könne sich nicht auf seine nur formale Rechtsstellung als Unterbeteiligter[377] zurückziehen.

Gegen die Schlussfolgerung, dass aus der Übertragung von Mitgliedschaftsrechten eine Außenhaftung folgen müsse, lassen sich einige Argumente anführen. Zum einen wurde schon oben[378] festgestellt, dass das Abspaltungsverbot bei der Treuhand in Publikumspersonengesellschaften keine Koppelung von Mitgliedschaft und Mitgliedschaftsrechten vorschreibt, Mitgliedschaftsrechte können an die Treugeber übertragen werden.[379] Daraus folgt aber auch, dass in die entgegengesetzte Richtung keine Bindung besteht.[380] Das Innehaben von Mitgliedschaftsrechten setzt ebensowenig eine Mitgliedschaft voraus.[381] Entgegen der Ansicht der Befürworter eines Gleichlaufs von Herrschaft und Haftung gibt es einen solchen im deutschen Recht nicht.[382] Zu Recht weist *Blau-*

375 OLG Schleswig, Urteil vom 24.05.2007–5 U 38/06 = BKR 2007, 415, 417 f.

376 Für einen Fonds, der als GbR organisiert ist.

377 Das OLG Schleswig spricht in seiner Entscheidung von einer Unterbeteiligung, dem liegt aber eine Beteiligung eines Anlegers über einen Treuhänder an einem Immobilienfonds zugrunde. Auch führt das OLG für die Klassifizierung dieser Gestaltungsform als Unterbeteiligung Rechtsprechung des BGH an, die sich mit der Zulässigkeit der treuhänderischen Beteiligung an einer Kommanditgesellschaft auseinandersetzt. In der Folge spricht das OLG uneinheitlich von Unterbeteiligung sowie von Treuhänder, Treugeber und Treuhandverhältnis. Jedenfalls ist die vom OLG Schleswig bemühte Argumentation unabhängig von der Einordnung als Unterbeteiligung beziehungsweise Treuhandbeziehung gültig.

378 Zum Abspaltungsverbot oben ab S. 21.

379 *Armbrüster,* Die treuhänderische Beteiligung an Gesellschaften, S. 420; *Armbrüster,* ZIP 2009, S. 1885.

380 Ähnlich *Westermann* in: Erman, BGB, § 705 Rn. 27a, für den die Einbindung der Treugeber in die gesellschaftsrechtliche Treuepflicht nicht auch in anderer Hinsicht zu einer Behandlung der Treugeber als vollgültige Gesellschafter führt.

381 *Blaurock,* Unterbeteiligung und Treuhand an Gesellschaftsanteilen, S. 216, der ausgeprägte Mitverwaltungsrechte und wirtschaftliche Berechtigung nicht für eine unmittelbare Haftung ausreichen lässt.

382 BGH, Urteil vom 17.03.1966 - II ZR 282/63 = NJW 1966, 1309; BGH, Urteil vom 11.11.2008 - XI ZR 468/07 = NZG 2009, 57 Rn. 22; BGH, Beschluss vom 01.03.2010 - II ZR 249/08 = NZG 2010, 823; *Servatius* in: Henssler/Strohn, Gesellschaftsrecht, Anhang Publikumsgesellschaft Rn. 99; *Weipert* in: Ebenroth et al., HGB, § 164 Rn. 27;

rock darauf hin, dass mit der Anerkennung der Einmann-GmbH sowie der GmbH & Co. KG und der damit verbundenen Durchmischung von Kapital- und Personengesellschaftsrecht eine Absage an die Einheit von Herrschaft und Haftung erfolgt ist.[383] Konsequent zu Ende gedacht hieße dies zum Beispiel auch, dass ein oHG-Gesellschafter, der vertraglich von der Geschäftsführung befreit ist, keiner unbeschränkten Außenhaftung unterliegen dürfte, da es ihm an der Herrschaft fehlen würde.[384] Vielmehr lässt sich an diesem Beispiel erkennen, dass die Einheit von Herrschaft und Haftung im HGB typisiert Einzug gefunden hat und von der formellen Ausgestaltung der Gesellschaftsverhältnisse abhängig sein soll, nicht von der konkreten Machtlage in der Gesellschaft.[385] Aufgrund dieser typisierten Ausgestaltung führt es deshalb nicht zu einer Haftung, wenn aufgrund von atypischen Gestaltungen ein Mehr an Herrschaft bei einer Person vorliegt.[386]

Davon geht im Ergebnis auch der Gesetzgeber aus, wie ein Blick in § 152 KAGB zeigt. Dort ist normiert, dass der mittelbar beteiligte Anleger im Innenverhältnis wie ein direkt beteiligter Anleger gestellt ist. Ihm sind also dieselben Mitgliedschaftsrechte wie einem Kommanditisten einzuräumen. Nach der Argumentation der Befürworter einer Außenhaftung müsste dies eine solche zur Folge haben. Davon geht der Gesetzgeber aber gerade nicht aus. Er hat eine solche als Rechtsfolge nicht normiert. Würde er eine Außenhaftung annehmen, ist davon auszugehen, dass er dies normiert hätte, da § 152 KAGB ansonsten ganz der Haftungsmini-

---

Schmidt, Gesellschaftsrecht, S. 1552; *Armbrüster*, Die treuhänderische Beteiligung an Gesellschaften, S. 420 f.; *Krenzel*, Treuhand an Kommanditanteilen, S. 150; *Wiesner*, FS Ulmer, S. 673, 678; *Blaurock*, NZG 2010, S. 974, 975; auf den Einzelfall abstellend, den Gleichlauf von Herrschaft und Haftung de lege lata nicht zwingend ansehend *Roth* in: Baumbach/Hopt, HGB, § 171 Rn. 4; darüber hinaus merkt *Beuthien*, ZGR 1974, S. 26, 48 zu Recht an, dass Herrschaft und Haftung hier nicht auseinanderfallen, sondern formale und wirtschaftliche Gesellschafterstellung, da der Treugeber der Haftung in Form einer Innenhaftung (beziehungsweise sogar einer faktischen Außenhaftung) unterliegt.

383 *Blaurock*, Unterbeteiligung und Treuhand an Gesellschaftsanteilen, S. 215; ebenso BGH, Urteil vom 17.03.1966 - II ZR 282/63 = NJW 1966, 1310; *Wiesner*, FS Ulmer, S. 673, 678.

384 *Rasner*, Die atypische stille Gesellschaft, S. 131; *Blaurock*, Unterbeteiligung und Treuhand an Gesellschaftsanteilen, S. 216.

385 So auch *Rasner*, Die atypische stille Gesellschaft, S. 131, der von einer *„starren Form"* des Grundprinzips von Zusammenhang zwischen Herrschaft und Haftung spricht; *Blaurock*, NZG 2010, S. 974.

386 BGH, Urteil vom 17.03.1966 - II ZR 282/63 = NJW 1966, 1309.

mierung des Anlegers dient. Das Trennungsprinzip gilt im Außenverhältnis nach wie vor, die Außenhaftung trifft nur den Treuhänder.[387]

Ein weiteres Argument für eine Außenhaftung der Treugeber ist, dass diese in der offenen Treuhand wie sichtbare Gesellschafter auftreten würden, ein Erst-Recht-Schluss von Scheingesellschaftern zu den Treugebern läge nahe.[388] Die Treugeber könnten, ähnlich der Scheingesellschafter, den Rechtsschein erzeugt haben, Gesellschafter einer Gesellschaft zu sein, und könnten deshalb einer Rechtsscheinhaftung unterliegen. Zusätzlich wird noch darauf abgestellt, dass ansonsten eine Ungleichbehandlung von gleichwertigen Gesellschaftergruppen (unmittelbar und mittelbar beteiligte Gesellschafter) entstehen würde.[389] *Pfeifle/Heigl* bejahen eine unmittelbare Außenhaftung aus *„praktischen Erwägungen“* und betrachten diese *„aufgrund des Gleichbehandlungsgrundsatzes als erforderlich“*.[390] Sie stellen hauptsächlich auf die Schwierigkeiten der Gläubiger bei der Durchsetzung ihrer Forderungen gegen die Treugeber sowie auf eine Parallele zu den Fällen der Hintermänner/Strohmänner im Gesellschaftsrecht ab.

Dem ist jedoch entgegenzuhalten, dass hier schon keine gleichwertigen Gesellschaftergruppen vorliegen. Die mittelbar beteiligten Anleger mögen zwar eine Vielzahl beziehungsweise nach dem KAGB die gleichen Rechte wie ein unmittelbar beteiligter Gesellschafter haben. Dies gilt aber nur im Innenverhältnis. Im Außenverhältnis sind nach wie vor zwei unterschiedliche Arten von Anlegern vorhanden. Dies zeigt sich schon an der Handelsregistereintragung der unmittelbaren Gesellschafter, die für die mittelbar Beteiligten eben gerade nicht stattfindet. Aus der fehlenden Eintragung ergibt sich auch, dass die mittelbar Beteiligten bei einer offenen Treuhand nicht wie sichtbare Gesellschafter auftreten.[391] Auch das Argument der erschwerten Durchsetzung der Forderungen gegen die mittelbar Beteiligten ist in diesem Zusammenhang nicht überzeugend. Zum einen ist die Durchsetzung oft mit keinerlei praktischen Schwierigkeiten verbunden. Die Treuhänder treten, gegen Zusicherung der Gläubiger, den Treuhänder nicht in Anspruch zu nehmen, ihren Freistellungs- beziehungsweise Erstattungsanspruch oftmals bei

387 *Paul* in: Weitnauer, KAGB, § 152 Rn. 6.

388 *Schiemann*, FS Zöllner, S. 503, 511; *Kindler* in: Koller et al., HGB, § 105 Rn. 21, der beim Auftreten des Treugebers nach außen eine Rechtsscheinhaftung für möglich hält; *Ulmer* in: Staub/Canaris/Schäfer, HGB, §§ 105 Rn. 102, 106 Rn. 17; *Blaurock*, Unterbeteiligung und Treuhand an Gesellschaftsanteilen, S. 216.

389 *Pfeifle/Heigl*, WM 2008, S. 1485, 1491.

390 *Pfeifle/Heigl*, WM 2008, S. 1485, 1491.

391 *Blaurock*, Unterbeteiligung und Treuhand an Gesellschaftsanteilen, S. 216; *Tebben*, Der Treuhandkommanditist, S. 166.

erstem Anfragen der Gläubiger, also ohne dass ein Titel erstritten werden muss, an diese ab.[392] Zum andern besteht kein schutzwürdiges Interesse der Gläubiger an einer Durchsetzung gegenüber den mittelbar beteiligten Treugebern.[393] Denn wie schon oben dargelegt,[394] dürfen die Gläubiger nur auf den im Handelsregister eingetragenen Gesellschafter als Schuldner vertrauen.[395] Darüber hinausgehende Möglichkeiten zur Befriedigung ihrer Forderungen, also die Abtretung des Freistellungs- beziehungsweise Erstattungsanspruches, sind als ‚Bonus' zu sehen. Für solche nicht schutzwürdigen ‚Boni' muss den Gläubigern aber kein unmittelbarer Anspruch eingeräumt werden. Auch bei den Fällen der Hintermänner beziehungsweise Strohmänner liegt ein Unterschied vor. In den von Befürwortern der Außenhaftung der Treugeber angeführten Konstellationen benutzen die Hintermänner die Strohmänner, um zum Beispiel die gesetzlichen Vorschriften der Kapitalerhaltung zu umgehen. Dabei bedienen sie sich jedoch keiner rechtlich anerkannten Instrumente unter Inkaufnahme aller sich daraus ergebenden Konsequenzen. Davon unterscheidet sich der Fall der Publikumspersonengesellschaft, da wie bereits dargestellt[396] die Treuhand ein anerkanntes Rechtsinstitut darstellt, das die Beteiligten in diesen Fällen nicht zur Umgehung einer konkreten Vorschrift nutzen, sondern dessen sie sich bedienen und dessen Folgen sie akzeptieren. Dass diese Folgen der Treuhand durch vertragliche Regelungen modifiziert sind, indem dem Treugeber weitreichende Rechte eingeräumt werden, ist ebenso rechtlich möglich, nicht verwerflich und ändert nichts an der grundsätzlichen Zulässigkeit der Treuhand und deren rechtlicher Betrachtung.[397] Dass die Treugeber aber für die Wahl einer an sich zulässigen rechtlichen Gestaltungsform ‚bestraft' werden, indem sie zusätzlich einer unmittelbaren Außenhaftung ausgesetzt werden, ist nicht gerechtfertigt.[398]

---

392 *Tebben*, Der Treuhandkommanditist, S. 171.

393 BGH, Urteil vom 11.11.2008 - XI ZR 468/07 = NZG 2009, 57 Rn. 22; *Tebben*, Der Treuhandkommanditist, S. 169; *Hausbeck*, Haftung der Kapitalanleger, S. 115.

394 Siehe S. 46.

395 Ebenso *Casper* in: Staub/Canaris/Schäfer, HGB, § 161 Rn. 253; *Hausbeck*, Haftung der Kapitalanleger, S. 115; *Zinger*, BB 2014, S. 458, 459; *Casper*, ZHR 2015, S. 73; anders *Schäfer*, ZHR 2013, S. 619, 637, der davon ausgeht, dass die Gläubiger darauf vertrauen, dass die Kapitalgrundlage von den Anlegern gestellt wird. *Schäfer* stellt aber nicht die entscheidende Frage, ob die Gläubiger auf diesen Umstand auch berechtigt vertrauen dürfen, was wie hier dargelegt nicht der Fall ist.

396 Siehe S. 51.

397 *Tebben*, Der Treuhandkommanditist, S. 166.

398 So auch *Armbrüster*, ZIP 2009, S. 1885, der davon ausgeht, dass, „*sofern mit der treuhänderischen Beteiligung rechtmäßige Ziele verfolgt werden, diesen im Rahmen der gesellschaftsrechtlichen Gestaltungsfreiheit Rechnung zu tragen*" ist.

Ein weiterer Unterschied liegt darin, dass der Strohmann, sofern er die Auszahlung nicht veranlasst hat und diese direkt an den Hintermann geleistet wird, nicht für die Auszahlung haftet.[399] Würde man dort keine Haftung des Hintermannes annehmen, wäre das System der Kapitalerhaltung gestört, da unter Umgehung der eigentlichen Kapitalerhaltung eine Zahlung ohne Ausgleich aus der Gesellschaft entnommen worden wäre. Dies ist bei der hier besprochenen Konstellation nicht der Fall. Es haftet immer der Treuhänder als im Handelsregister eingetragener Gesellschafter für rückständige Einlagen oder Einlagenrückgewähr.

Dies entspricht auch dem Willen der Beteiligten, dass die Treugeber nur im Innenverhältnis den unmittelbaren Gesellschaftern gleichgestellt sein sollen. Anders als *Schäfer*[400], der einen solchen Willen in den Verträgen nicht explizit erwähnt findet, enthalten die Vertragswerke dafür allerdings sehr wohl Anhaltspunkte,[401] zumal im Lichte der gefestigten Rechtsprechung über den Gehalt einer mittelbaren Beteiligung eine solche Regelung entbehrlich erscheint, da für den Rechtsanwender klar ist, dass ein mittelbar Beteiligter nicht unmittelbar haftet. Dass aus dem Ziel, den Treugeber wirtschaftlich für die Beteiligung einstehen zu lassen, resultiert, dass eine Innenhaftung nicht gewollt sei,[402] leuchtet nicht ein. Der Treugeber kann auch über eine Innenhaftung in Form eines Freistellungs- und Erstattungsanspruches die wirtschaftlichen Folgen der Beteiligung tragen. Dass eine Außenhaftung, wie *Schäfer* sie vorschlägt, gerade nicht dem Willen der Beteiligten entspricht, zeigt sich aber spätestens bei deren Umsetzung: *Schäfer* nimmt eine Haftung des Treuhänders an, solange dieser den Gläubigern nicht Namen und Anschrift der Treugeber zur Geltendmachung der Haftung herausgibt.[403] Einer solchen Herausgabe steht aber das ausdrückliche Anonymitätsinteresse der Treugeber entgegen.[404] Anders als bei dem Anspruch der Gesellschafter auf Kenntnis ihrer Mitgesellschafter steht dem kein schützenswertes und das Anonymitätsinteresse der Treugeber übersteigendes Gläubigerinteresse entgegen. Der

---

399 *Fastrich* in: Baumbach/Hueck, GmbHG, § 31 Rn. 12; *Heidinger* in: Michalski et al., GmbHG, § 31 Rn. 23; *Altmeppen* in: Altmeppen/Roth, GmbHG, § 30 Rn. 35; *Fleischer* in: Henssler/Strohn, Gesellschaftsrecht, § 31 GmbHG Rn. 12.

400 *Schäfer*, ZHR 2013, S. 619, 637 f.

401 Vgl. dazu zum Beispiel *United Investors*, Fondsprospekt Deutsche S&K Sachwerte Nr. 2: „*[…]hält im Außenverhältnis die Treuhänderin die Beteiligung […] im Innenverhältnis handelt die Treuhänderin […] jedoch ausschließlich im Auftrag und für Rechnung des Treugebers*".

402 *Schäfer*, ZHR 2013, S. 619, 637.

403 *Schäfer*, ZHR 2013, S. 619, 640 f.

404 Zum Anonymitätsinteresse der Treugeber siehe später auf S. 115.

Treuhänder würde regelmäßig die Daten aller Treugeber herausgeben, gleich ob dies vom Umfang her nötig ist und ob überhaupt ein Anspruch der Gesellschaft gegen den Treuhänder aufgrund der Beteiligung eines konkreten Treugebers wegen noch nicht erbrachter oder zurückgewährter Einlage besteht, um sich vollständig von der (eventuellen) Haftung zu befreien. Den Gläubigern bleibt der Weg über die Pfändung beziehungsweise Abtretung des Freistellungsanspruches des Treuhänders gegen den Treugeber, der weniger in das Anonymitätsinteresse der Treugeber eingreift, da der Gläubiger dort nur soweit nötig Ansprüche pfänden beziehungsweise sich abtreten lassen kann. Auch kann ein Treugeber nach Kenntnis von der Inanspruchnahme des Treuhänders diesem sofort den auf ihn entfallenden Betrag bezahlen und so eine Abtretung des Freistellungs- und Erstattungsanspruches gegen ihn abwenden und damit seine Anonymität wahren. Eine solche nur mittelbare Haftung entspricht also auch mehr dem Anonymitätsinteresse der Treugeber.

Die darüber hinaus bestehende Problematik, dass das Außenverhältnis nicht zur Disposition der Gesellschafter steht, stellt sich für *Schäfer* nicht, da durch die Außenhaftung der Treugeber nur eine „*Erleichterung der Rechtsabwicklung zugunsten der Gläubiger* " erfolge, zu der keine Zustimmung der Gläubiger erforderlich sei.[405] *Schäfer* lässt bei dieser Argumentation aber die Nachteile für die Treugeber, namentlich deren Außenhaftung, außer Acht. Schon allein diese entziehen das Außenverhältnis der Dispositionsbefugnis der Gesellschafter, unabhängig davon, ob eine unmittelbare Außenhaftung wirklich eine ausschließliche Besserstellung der Gläubiger darstellt. In Betracht kommt dabei zum Beispiel die Subsidiarität der unmittelbaren Außenhaftung, die für den abgetretenen Freistellungs- beziehungsweise Erstattungsanspruch nicht besteht.[406] Unabhängig davon, ob nur eine Besserstellung vorliegt, ist fraglich, ob selbst bei einer Erleichterung in der Rechtsabwicklung beziehungsweise Besserstellung nicht die Dispositionsbefugnis über das Außenverhältnis trotzdem entfällt, da dies aus Gründen der Rechtssicherheit geboten ist. Denn was geschieht, wenn später festgestellt wird, dass die Erleichterung in Wahrheit eine Erschwerung darstellt, vielleicht auch nur in bestimmten Anwendungsfällen, wenn zum Beispiel dem jetzt unmittelbar haftenden Anleger dann andere Einreden zustehen? Darüber hinaus modifiziert das von *Schäfer* vorgeschlagene Konzept auch die Außenhaftung des Treuhänders: Diese soll entfallen, wenn der Treuhänder Namen und Anschrift der Treugeber

---

405 *Schäfer*, ZHR 2013, S. 619, 637.

406 Zur Subsidiarität des Freistellungs- beziehungsweise Erstattungsanspruches siehe sogleich ab S. 84.

an den Gläubiger weitergegeben hat.[407] Ein solcher Haftungsausschluss ist jedoch auf keinen Fall mit § 128 S. 2 HGB vereinbar.[408] Wie *Schäfer* aber selbst zutreffend feststellt, muss bei einer unmittelbaren Haftung, die auch die Treugeber trifft, eine Korrektur erfolgen. Ist eine solche Korrektur aufgrund zwingenden Gesellschaftsrechts nicht möglich, spricht das stark gegen eine unmittelbare Haftung der Treugeber. Damit bleibt festzuhalten, dass eine Innenhaftung dem Willen der Beteiligten entspricht und darüber hinaus eine Außenhaftung durch Vereinbarung nicht zur Disposition der Gesellschafter steht.

Eine unmittelbare Haftung analog §§ 171 Abs. 1, 172 Abs. 4 HGB ist somit abzulehnen.[409]

2. Haftung des Treugebers über einen Freistellungs- und Erstattungsanspruch des Treuhänders

Unabhängig von der (abzulehnenden) Möglichkeit der Außenhaftung trifft die Treugeber eine Haftung aus dem Treuhandverhältnis in Form eines Freistellungs- und Erstattungsanspruches. Wirtschaftlicher Hintergrund dieses Anspruches ist, dass der Treugeber wirtschaftlich Berechtigter aus der Beteiligung sein soll und dem Treuhänder keinerlei Nachteile verbleiben sollen. Zunächst soll dargestellt werden, auf welcher Grundlage der Treugeber dem Treuhänder haftet.

---

407 *Schäfer,* ZHR 2013, S. 619, 641.

408 *Zinger,* BB 2014, S. 458, 459.

409 **Ebenso** BGH, Urteil vom 11.11.2008 - XI ZR 468/07 = NZG 2009, 57 Rn. 19–21; BGH, Urteil vom 21.04.2009 - XI ZR 148/08 = NZG 2009, 779 Rn. 15; *Schmidt* in: Schmidt, MüKo HGB, Vor § 230 Rn. 58; *Hadding/Kießling* in: Soergel, BGB, § 705 Rn. 29; *Schäfer* in: Staub/Canaris/Schäfer, HGB, § 105 Rn. 103 (a.A. *Ulmer* in der Vorauflage § 105 Rn. 102); *Casper* in: Staub/Canaris/Schäfer, HGB, § 161 Rn. 251; *Bergmann* in: Herberger et al., Juris PK BGB, § 705 Rn. 9; *Armbrüster,* Die treuhänderische Beteiligung an Gesellschaften, S. 420; *Maulbetsch*, Beirat und Treuhand in der Publikumspersonengesellschaft, S. 168 f.; *Singhof/Seiler/Schlitt,* Mittelbare Gesellschaftsbeteiligungen, Rn. 544; *Wagner* in: Assmann/ Schütze, Handbuch des Kapitalanlagerechts, § 17 Rn. 295; *Wiesner,* FS Ulmer, S. 673, 681; *Hausbeck,* Haftung der Kapitalanleger, S. 114; *Tebben*, ZGR 2001, S. 586, 612; *Armbrüster,* ZIP 2009, S. 1885, 1890; *Wagner,* WM 2010, S. 1684, 1689; *Deutscher,* ZfIR 2012, S. 346, 347. **Für** eine unmittelbare Haftung: OLG Schleswig, Urteil vom 24.05.2007–5 U 38/06 = BKR 2007, 415, 417 f.; *Schäfer,* ZHR 2013, S. 619, 638, wobei unklar ist, ob §§ 171 Abs. 1, 172 Abs. 4 HGB unmittelbar oder analog angewendet werden sollen; *Kindler,* FS Schmidt, S. 871; *Schiemann*, FS Zöllner, S. 503, 511; *Pfeifle/Heigl*, WM 2008, S. 1485, 1492; *Kindler,* ZIP 2009, S. 1146; *Menkel*, NZG 2014, S. 1253, 1255; *Stari/Beuster,* DStR 2014, S. 271, 272; *Zeising*, DZWIR 2016, S. 551, 562.

a) *Grundlage Treuhandvertrag*

Die Verbindung von Treuhänder und Treugeber ist im Treuhandvertrag geregelt. Dieser Treuhandvertrag ist ein Auftragsverhältnis, das im Falle einer Publikumspersonengesellschaft im Regelfall nicht unentgeltlich ist[410], also eine entgeltliche Geschäftsbesorgung.[411] Jedenfalls finden die §§ 662 ff. BGB entweder direkt oder, im Falle der Entgeltlichkeit, aufgrund der Verweisung in § 675 BGB Anwendung. Daraus ergeben sich zwei Varianten, aus denen ein Freistellungs- und Erstattungsanspruch folgen kann.

b) *Positive Regelung im Treuhandvertrag*

Der Freistellungs- und Erstattungsanspruch kann zum einen auf einer expliziten Regelung im Treuhandvertrag basieren. Dort wird festgelegt, dass der Treugeber alle Verbindlichkeiten sowie Haftung aus Einlagenrückgewähr übernehmen muss. Eine solche Regelung lautet beispielsweise:

> „*§ 7 Freistellung der Treuhandkommanditistin*
> 1. *Der Treugeber stellt die Treuhandkommanditistin von allen Verbindlichkeiten frei, die bei pflichtgemäßer Erfüllung dieses Treuhandvertrages und des Gesellschaftsvertrages im Zusammenhang mit der Übernahme, dem Halten und der Verwaltung der übernommenen Kommanditbeteiligung stehen.*
> 2. *Werden an den Treugeber Ausschüttungen vorgenommen, während der Kapitalanteil der Treuhandkommanditistin durch Verlust unter den Betrag der Haftsumme herabgemindert ist oder durch Ausschüttung unter den Betrag der Haftsumme herabgemindert ist (§ 172 Abs. 4 HGB), lebt die Freistellungsverpflichtung des Treugebers bis zu der Höhe wieder auf, bis zu der die anteilige Haftung der Treuhandkommanditistin durch die an den Treugeber vorgenommenen Ausschüttungen wieder auflebt.*“[412]

c) *Fehlende Regelung im Treuhandvertrag*

Sofern der Treuhandvertrag jedoch keine Freistellungs- und Erstattungsverpflichtung des Treugebers vorsieht, ergibt sich eine solche aus den gesetzlichen Vorschriften. Die Erstattungspflicht des Treugebers resultiert dabei aus § 670 BGB,

---

410 *Schlitt/Bortfeldt* in: Reichert, GmbH & Co. KG, § 40 Rn. 43.

411 BGH, Urteil vom 26.10.1993 - XI ZR 42/93 = NJW 1994, 262, 263; *Schmidt* in: Schmidt, MüKo HGB, Vor § 230 Rn. 51; *Wertenbruch* in: Ebenroth et al., HGB, § 105 Rn. 154; *Roth* in: Baumbach/Hopt, HGB, § 105 Rn. 35; *Heermann* in: Rixecker et al., MüKo BGB, § 675 Rn. 108; *Sprau* in: Palandt, Palandt, § 675 Rn. 27; *Watermeyer/Knobbe* in: Prinz/Bärwaldt, Beck'sches Handbuch der Personengesellschaften, § 17 Rn. 39.

412 *SHB Innovative Fondskonzepte AG*, SHB Fürstenfeldbruck Fondsprospekt.

der für den Auftrag, und aufgrund der Verweisung in § 675 Abs. 1 BGB auch für die entgeltliche Geschäftsbesorgung, regelt, dass der Auftraggeber (Treugeber) dem Beauftragten (Treuhänder) Aufwendungsersatz leisten muss. Macht der Treuhänder Aufwendungen zum Zwecke der Ausführung des Auftrags, die er für erforderlich halten darf, so ist der Treugeber zum Ersatz verpflichtet. Für den Haftungsfall steht dem Treuhänder ein solcher Anspruch zu, aus der Gesamtschau des Treuhandvertrages ergibt sich nichts anderes.[413] Der Freistellungs- und Erstattungsanspruch liegt gerade in der Natur des Treuhandverhältnisses, nach der der Treugeber die wirtschaftlichen Folgen der Beteiligung zu tragen hat. Er ist das *„Spiegelbild des Treugeberanspruches auf den wirtschaftlichen Nutzen des Treuguts"*.[414] Aus diesem Erstattungsanspruch erwächst aufgrund von § 257 S. 1 BGB ein Freistellungsanspruch.[415]

d) Ergebnis

Festzuhalten bleibt, dass es sich bei dem Freistellungs- und Erstattungsanspruch um keine Haftung im technischen Sinne handelt. Es handelt sich vielmehr um eine durchgereichte Haftung. Dabei wird eine Haftung im technischen Sinne, die des Treuhänders, wirtschaftlich an den Treugeber weitergereicht. Dies wird vom Treugeber aber wie eine eigene Haftung wahrgenommen, daher wird sie hier auch als Haftung bezeichnet.

Im Rahmen dieses Freistellungs- und Erstattungsanspruches ist der Treugeber grundsätzlich für alle Zahlungen, die der Treuhänder wegen des von ihm gehaltenen Gesellschaftsanteils leisten muss, einstandspflichtig. Darunter fallen auch Zahlungen, die der Treuhänder aufgrund seiner Haftung aus §§ 171 Abs. 1, 172 Abs. 4 HGB zu leisten hat.

---

413 BGH, Urteil vom 18.10.2012 - III ZR 150/11 = NZG 2013, 229; BGH, Urteil vom 24.07.2012 - II ZR 297/11 = NZG 2012, 1024 Rn. 20; BGH, Urteil vom 11.10.2011 - II ZR 242/09 = NZG 2011, 1432 Rn. 35; BGH, Urteil vom 22.03.2011 - II ZR 271/08 = NZG 2011, 588; BGH, Urteil vom 05.05.2010 - III ZR 209/09 = NZG 2010, 790 Rn. 11; *Wertenbruch* in: Ebenroth et al., HGB, § 105 Rn. 163; *Wertenbruch*, NZG 2013, S. 285, 286.

414 *Tebben*, Der Treuhandkommanditist, S. 170.

415 § 257 S. 1 BGB: *„Wer berechtigt ist, Ersatz für Aufwendungen zu verlangen, die er für einen bestimmten Zweck macht, kann, wenn er für diesen Zweck eine Verbindlichkeit eingeht, Befreiung von der Verbindlichkeit verlangen"*.

3. Subsidiarität des Freistellungs- und Erstattungsanspruches erforderlich?

Fraglich ist, unter welchen Voraussetzungen der eben aufgezeigte Freistellungs- und Erstattungsanspruch vom Treuhänder geltend gemacht werden kann. In Fällen der Haftung von Gesellschaftern für Gesellschaftsschulden gibt es oftmals besondere Voraussetzungen für die Geltendmachung von Ansprüchen. Dies sei für den Fall eines unmittelbar Beteiligten dargestellt:

Ausgangslage ist, dass der unmittelbar Beteiligte von einem Gläubiger des Fonds für Gesellschaftsverbindlichkeiten in Anspruch genommen werden soll oder sogar schon in Anspruch genommen worden ist. Er hat dann einen Freistellungsanspruch gegen den Fonds. Dieser ergibt sich aus §§ 257 S. 1 BGB, 161 Abs. 2, 110 Abs. 1 HGB. Nach § 110 Abs. 1 HGB steht dem Gesellschafter ein Anspruch auf Aufwendungsersatz zu, der auch für eine Inanspruchnahme aus der persönlichen Haftung nach §§ 161 Abs. 2, 128 HGB greift.[416] Bei drohender Inanspruchnahme des unmittelbaren Gesellschafters steht diesem ein Freistellungsanspruch nach § 257 S. 1 BGB zu.[417] Der Freistellungsanspruch ist primär gegenüber der Gesellschaft geltend zu machen. Eine Inanspruchnahme der Mitgesellschafter kommt nur subsidiär in Betracht.[418] Sofern der Gesellschaft keine freien Mittel zur Befriedigung des Gesellschafters zur Verfügung stehen[419] oder sie eine Freistellung aus sonstigen Gründen abgelehnt hat,[420] kann sich der Gesellschafter aus § 426 Abs. 1 BGB an seine Mitgesellschafter wenden und Befriedigung verlangen.[421]

---

416 BGH, Urteil vom 02.07.1962 - II ZR 204/60 = NJW 1962, 1863; *Roth* in: Baumbach/Hopt, HGB, § 128 Rn. 25.

417 Vgl. zum Beispiel *Schmidt* in: Schmidt, MüKo HGB, § 128 Rn. 35.

418 BGH, Urteil vom 02.07.1962 - II ZR 204/60 = NJW 1962, 1863, 1864; BGH, Urteil vom 02.07.1979 - II ZR 132/78 = NJW 1980, 339, 340; BGH, Urteil vom 15.01.1988 - V ZR 183/86 = NJW 1988, 1375, 1376; *Hillmann* in: Ebenroth et al., HGB, § 128 Rn. 33; *Schmidt,* Gesellschaftsrecht, S. 1437. Daran ändert das Urteil des BGH vom 08.10.2013 - II ZR 310/12 = NZG 2013, 1334, entgegen der Ansicht von *Wagner,* NZG 2014, S. 408, 409, nichts. In dem Urteil verneint der BGH eine grundsätzliche Verpflichtung eines KG-Gesellschafters, für Drittgläubigerforderungen primär die KG in Anspruch nehmen zu müssen. Eine Übertragbarkeit auf den Innenausgleich der Gesellschafter verneint der BGH explizit, BGH, Urteil vom 08.10.2013 - II ZR 310/12 = NZG 2013, 1334 Rn. 35.

419 BGH, Urteil vom 02.07.1979 - II ZR 132/78 = NJW 1980, 339.

420 *Wagner,* GWR 2013, S. 7, 10.

421 Dieser Anspruch besteht aber nur pro rata, vgl. BGH, Urteil vom 15.10.2007 - II ZR 136/06 = NJW-RR 2008, 256, 257; *Schmidt,* Gesellschaftsrecht, S. 1436 f., und

Für einen mittelbar Beteiligten stellt sich die Lage in der Praxis jedoch anders dar. Nach dem BGH[422] kann der Treuhänder sofort bei seiner Inanspruchnahme durch einen Gläubiger den Freistellungs- und Erstattungsanspruch an die entsprechenden Gläubiger der Gesellschaft abtreten.

Damit ergibt sich für den mittelbar beteiligten Treugeber ein Nachteil im Vergleich zu unmittelbar beteiligten Gesellschaftern.[423] Denn während ein unmittelbar beteiligter Gesellschafter von seinen Mitgesellschaftern erst in Anspruch genommen werden kann, nachdem eine Befriedigung bei der Gesellschaft erfolglos geblieben ist *(subsidiär)*, kann der Treuhänder direkt auf den mittelbar beteiligten Gesellschafter zugreifen *(primär)*.

Zu klären ist, ob diese Ungleichbehandlung aufgrund der Stellung des mittelbar beteiligten Treugebers gerechtfertigt ist oder eine Angleichung an die unmittelbaren Gesellschafter stattfinden muss, die Geltendmachung oder Abtretung des Freistellungs- und Erstattungsanspruches also subsidiär zu der Inanspruchnahme der Gesellschaft und eventuell der Mitgesellschafter des Treuhänders ist.[424]

---

ist auf die Komplementäre sowie die Kommanditisten, deren Haftung noch nicht vollständig aufgrund geleisteter Einlage ausgeschlossen ist, beschränkt, vgl. *Schmidt*, Gesellschaftsrecht, S. 1567.

422 So zum Beispiel BGH, Urteil vom 11.10.2011 - II ZR 242/09 = NZG 2011, 1432, in dem der BGH das System der wirtschaftlichen Außenhaftung des Treugebers beschreibt, aber nicht auf die Subsidiarität eingeht. Ebenso OLG München, Urteil vom 05.10.2010–20 U 1940/10 = BeckRS 2010, 24643; *Wagner*, NZG 2012, S. 58, 60.

423 *Wagner*, WM 2013, S. 1445, 1447; *Wagner*, NZG 2012, S. 58, 60.

424 *Eden*, Treuhandschaft an Unternehmen und Unternehmensanteilen, S. 65; *Tebben*, Unterbeteiligung und Treuhand an Gesellschaftsanteilen, S. 290; *Singhof/Seiler/Schlitt*, Mittelbare Gesellschaftsbeteiligungen, Rn. 576; *Markwardt*, Rechtsgeschäftliche Treuhandverhältnisse bei Personalhandelsgesellschaften, S. 74, der die Verpflichtung zur subsidiären Geltendmachung dem Treuhandvertrag entnimmt; *Krenzel*, Treuhand an Kommanditanteilen, S. 56 f., der grundsätzlich von einer Subsidiarität ausgeht, es im Falle einer KG aber als nicht sachgerecht einstuft, wenn der Treuhänder sich bei bestehenden Einlagerückständen (also bei geschmälerter Haftsumme) zuerst an die Gesellschaft halten müsse, da die Gesellschaft mit der Einlageforderung aufrechnen könne; *Pfeifle/Heigl*, WM 2008, S. 1485, 1486; *Grage*, RNotZ 2006, S. 251, 267; *Schaub*, DStR 1996, S. 65, 67; *Breuer*, MittRhNotK 1988, S. 79, 89, ebenfalls unter Berufung auf den Treuhandvertrag; *Beuthien*, ZGR 1974, S. 26, 48 sowie *Wagner* in: Assmann/Schütze, Handbuch des Kapitalanlagerechts, § 17 Rn. 276, *Wagner*, GWR 2013, S. 7, 11, *Wagner*, NZG 2012, S. 58, 60, 61, *Wagner*, ZNotP 2011, S. 291, 292, der bemängelt, dass der BGH den Aspekt der Subsidiarität in seinen Entscheidungen völlig außer Acht lässt.

a) *Gründe für die subsidiäre Haftung der unmittelbaren Gesellschafter*

Zur Entscheidung, ob die Treugeber auch subsidiär haften sollen, ist zuerst festzustellen, aus welchen Gründen die unmittelbaren Gesellschafter untereinander nur subsidiär haften und primär eine Befriedigung bei der Gesellschaft selbst suchen müssen. Der BGH geht in seiner Grundsatzentscheidung[425] zur subsidiären Haftung der Mitgesellschafter davon aus, dass Gesellschaftsverbindlichkeiten in erster Linie aus der Gesellschaftskasse zu bezahlen sind und sich der einzelne Gesellschafter deshalb auch zuerst an die Gesellschaftskasse zu halten hat. Es fehle sonst dem Erstattungsanspruch gegenüber den Mitgesellschaftern an der Rechtfertigung.[426] Dem ist die Literatur gefolgt.[427] Für eine Übertragung des Subsidiaritätserfordernisses auf die Treugeber ist es jedoch notwendig, umfassend die Gründe für die Annahme eines Subsidiaritätserfordernisses in Bezug auf die unmittelbaren Gesellschafter zu kennen. Es lassen sich zwei Begründungsansätze unterscheiden.

Zum einen ist der Begründungsansatz des BGH zu nennen, der darauf abstellt, dass Gesellschaftsverbindlichkeiten primär von der Gesellschaft zu begleichen seien. Dieser basiert darauf, dass die Gesellschaft eigene Verbindlichkeiten eingehen kann, die strikt von der persönlichen Haftung der Gesellschafter für diese Verbindlichkeiten zu trennen sind.[428] Dies ergibt sich schon aus § 124 HGB, der bestimmt, dass die oHG (und nicht deren Gesellschafter) Verbindlichkeiten eingehen kann. Daneben besteht eine Haftung der Gesellschafter für diese Gesellschaftsverbindlichkeiten. Wird ein Gesellschafter von einem Gläubiger persönlich in Anspruch genommen, hat er einen Erstattungsanspruch aus § 110 HGB. Bei dem Erstattungsanspruch handelt es sich ebenfalls um eine Schuld der Gesellschaft, sie ist Anspruchsgegner. Auch für diese ist die Gesellschaft einstandspflichtig. Die Mitgesellschafter sind nicht Schuldner des Aufwendungsersatzanspruches.[429] Ansonsten würde das Prinzip des § 707 BGB umgangen, nach dem kein Gesellschafter verpflichtet ist, während des Bestehens der Ge-

425 BGH, Urteil vom 02.07.1962 - II ZR 204/60 = NJW 1962, 1863, 1864.

426 BGH, Urteil vom 02.07.1962 - II ZR 204/60 = NJW 1962, 1863, 1864; BGH, Urteil vom 15.01.1988 - V ZR 183/86 = NJW 1988, 1375, 1376.

427 In der Mehrheit, ohne weitere Ausführungen zu einer Begründung zu machen, vgl. *Schmidt* in: Schmidt, MüKo HGB, § 128 Rn. 34; *Steitz* in: Henssler/Strohn, Gesellschaftsrecht, § 128 Rn. 33; *Hillmann* in: Ebenroth et al., HGB, § 128 Rn. 33; *Roth* in: Baumbach/Hopt, HGB, § 128 Rn. 37; *Schmidt* in: Schlegelberger/Geßler, HGB, § 128 Rn. 34; Davon abweichend unter Verweis auf die Drittgeschäfte *Habersack* in: Staub/Canaris/Schäfer, HGB, § 128 Rn. 47.

428 *Schäfer* in: Rixecker et al., MüKo BGB, § 705 Rn. 310a.

429 *Bergmann* in: Ebenroth et al., HGB, § 110 Rn. 29.

sellschaft zusätzlich zu seiner Einlage weitere Beiträge zu der Gesellschaft zu leisten.[430] Der Rückgriff des in Anspruch genommenen Gesellschafters auf seine Mitgesellschafter nach § 426 BGB dient der gerechten Verteilung einer zufälligen Inanspruchnahme eines einzelnen Gesellschafters und soll nicht die Rangfolge oder Verantwortlichkeit für die (Gesellschafts-)Verbindlichkeit verändern. Die Mitgesellschafter sollen nicht zusätzliche ‚Gläubiger' des in Anspruch genommenen Gesellschafters sein, sondern diesem im Falle der Nichtbefriedigung durch die Gesellschaft zum Ausgleich bereitstehen. Dies ergibt sich auch aus der Systematik des Gesetzes. Das Gesetz geht in § 124 HGB davon aus, dass eine Gesellschaft eigene Verbindlichkeiten eingehen kann. Für diese ist auch nur die Gesellschaft einstandspflichtig, ansonsten wäre die Anordnung der persönlichen Haftung der Gesellschafter in § 128 HGB sinnlos. Gleichzeitig gibt das Gesetz den in Anspruch genommenen Gesellschaftern einen Erstattungsanspruch in § 110 HGB. Dieser richtet sich aber ausschließlich gegen die Gesellschaft. Einen solchen expliziten Ausgleichsanspruch gegen die Mitgesellschafter sieht das Gesetz nicht vor. Es geht also davon aus, dass primär die Gesellschaft die Aufwendungen des in Anspruch genommenen Gesellschafters zu ersetzen hat. Der Ausgleich unter den Mitgesellschaftern aus § 426 BGB ist bloßer Reflex der Möglichkeit der zufälligen Inanspruchnahme der Gesellschafter durch den Gläubiger,[431] was sich schon daraus ergibt, dass für Sozialansprüche bei laufender Gesellschaft kein Ausgleich unter den Gesellschaftern stattfindet.[432] Anders ist es bei Dritten, die aus dem Gesellschaftsverhältnis beziehungsweise dem Gesellschaftsvertrag fremden Gründen eine Einstandspflicht für Gesellschaftsverbindlichkeiten eingehen. Sie tun dies aus freien Stücken und neben der Gesellschaft, nicht wie Gesellschafter als Ausfluss ihrer gesetzlich vorgeschriebenen persönlichen Haftung.

Zum andern ergibt sich ein weiterer Begründungsansatz aus der Haftung der Mitgesellschafter für Drittforderungen im Rahmen von § 128 HGB für den Fall, dass der Gläubiger selbst Gesellschafter ist. Die Treue- und Rücksichtnahmepflicht des Gesellschafter-Gläubigers gebietet es ihm, zuerst die Gesellschaft für seine

---

430 BGH, Urteil vom 02.07.1962 - II ZR 204/60 = NJW 1962, 1863, 1864.

431 BGH, Urteil vom 02.07.1962 - II ZR 204/60 = NJW 1962, 1863, 1864; *Habersack* in: Staub/Canaris/ Schäfer, HGB, § 128 Rn 48.

432 BGH, Urteil vom 02.07.1962 - II ZR 204/60 = NJW 1962, 1863, 1864; BGH, Urteil vom 17.12.2001 - II ZR 382/99 = NZG 2002, 232; *Bergmann* in: Ebenroth et al., HGB, § 110 Rn. 29; *Schäfer* in: Staub/Canaris/ Schäfer, HGB, § 110 Rn. 32; *Roth* in: Baumbach/Hopt, HGB, § 128 Rn. 27; *Schmidt* in: Schmidt, MüKo HGB, § 128 Rn. 34; *Boesche* in: Oetker, HGB, § 128 Rn. 38; *Hillmann* in: Ebenroth et al., HGB, § 128 Rn. 11 f.

Forderung in Anspruch zu nehmen.[433] Inhalt dieser unter den Mitgesellschaftern bestehenden Treuepflicht ist es, die willkürliche Schädigung der Mitgesellschafter zu unterlassen und bei ihrer Rechtsausübung das gegenüber den anderen Mitgesellschaftern schonendste Mittel zu wählen.[434] Dazu gehört im Rahmen der Drittgläubigerforderungen von Gesellschaftern auch, nicht direkt die Gesellschafter für Forderungen in Anspruch zu nehmen; der Gesellschafter-Gläubiger muss hier den Extraschritt der Gesellschaftsinanspruchnahme in Kauf nehmen.

Zu klären ist, inwiefern diese Argumentation auch auf die Treugeber anwendbar ist. Es ergeben sich mehrere Begründungsansätze, die zu einer Subsidiarität in Bezug auf die Treugeber führen könnten.

b) Subsidiarität aus einer Gesamtschuldnerstellung

Eine Subsidiarität könnte sich aus einer Einbindung der Treugeber in das Gesamtschuldnerverhältnis der unmittelbaren Gesellschafter ergeben. Denn bei der Verbindlichkeit der Gesellschaft gegenüber dem Gläubiger handelt es sich um eine Gesellschaftsverbindlichkeit. Für diese ist primär die Gesellschaft einstandspflichtig. Nur wenn von dieser keine Befriedigung zu erlangen ist, haften die Mitgesellschafter. Diese Ersatzansprüche der Gesellschafter untereinander basieren auf einem Gesamtschuldnerausgleich nach § 426 BGB. Wenn aber ein Dritter eine Haftung für Gesellschaftsverbindlichkeiten übernimmt, ist er kein Mitgesellschafter und haftet separat neben der Gesellschaft beziehungsweise den Gesellschaftern. Wäre der Dritte, hier der Treugeber, aber Mitgesellschafter i.S.d. Haftung für Gesellschaftsverbindlichkeiten, käme eine Subsidiarität in Frage. Eine solche Mitgesellschafterstellung könnte sich aus einer Einbeziehung der mittelbar beteiligten Treugeber in das Gesamtschuldnerverhältnis ergeben.

An diesem soll aber der mittelbar beteiligte Treugeber nicht teilhaben,[435] da er kein „*echter* “[436] Mitgesellschafter sei. Der Treuhänder nehme den Treugeber nicht als Mitgesellschafter, sondern als seinen Auftraggeber auf Aufwendungsersatz in Anspruch. Diese beiden Aufwendungsersatzansprüche stünden sich selbstständig gegenüber und könnten unabhängig voneinander geltend gemacht

433 *Schmidt* in: Schlegelberger/Geßler, HGB, § 128 Rn. 20; *Habersack* in: Staub/Canaris/Schäfer, HGB, § 128 Rn. 26; *Streitz* in: Henssler/Strohn, Gesellschaftsrecht, § 128 Rn. 10; *Schmidt* in: Schmidt, MüKo HGB, § 128 Rn. 20; *Schmidt*, Gesellschaftsrecht, S. 1412.

434 *Schäfer* in: Staub/Canaris/Schäfer, HGB, § 105 Rn. 326.

435 OLG Stuttgart, Urteil vom 10.05.2011–6 U 44/10 = BeckRS 2012, 09831.

436 OLG München, Urteil vom 05.10.2010–20 U 1940/10 = BeckRS 2010, 24643.

werden.[437] Eine Analogie scheide aus, da Treuhänder und Treugeber gerade keine Gesamtschuldner seien, da der Treugeber nicht direkt aus § 128 HGB hafte.[438]

Zu klären ist damit, ob die mittelbar beteiligten Treugeber, entweder direkt oder analog, am Gesamtschuldnerausgleich der unmittelbaren Gesellschafter teilnehmen. Dies könnte dann eine Subsidiarität der Inanspruchnahme des Treugebers zur Folge haben.[439]

Das Verhältnis der Gesellschafter untereinander als Gesamtschuldner ergibt sich aus § 128 Abs. 1 S. 1 HGB.[440] Dies entspricht auch den Voraussetzungen in § 421 S. 1 BGB. Danach muss sich der Anspruch gegen mehrere Schuldner richten, der Gläubiger darf die Leistung lediglich einmal fordern, es muss Identität des Leistungsinteresses bestehen und Gleichstufigkeit im Sinne einer Tilgungsgemeinschaft vorliegen.[441] Alle diese Voraussetzungen sind hier erfüllt. Der Anspruch des Gläubigers richtet sich gegen alle persönlich haftenden Gesellschafter, er darf die Leistung nur einmal fordern, die Pflichten der Schuldner entsprechen demselben Leistungsinteresse des Gläubigers, nämlich der Befriedigung seiner Forderung, und die Leistung eines Gesellschafters hat Tilgungswirkung für die anderen Gesellschafter.

Die mittelbar beteiligten Treugeber könnten somit auf zwei verschiedene Arten direkt am Gesamtschuldnerausgleich teilnehmen. Sie könnten nach der Zuweisung des § 128 Abs. 1 S. 1 HGB Gesamtschuldner sein oder die Voraussetzungen des § 421 S. 1 BGB erfüllen.

aa) Gesamtschuldnerstellung aus § 128 HGB

Um nach § 128 Abs. 1 S. 1 HGB Gesamtschuldner zu sein, müsste es sich bei den mittelbar beteiligten Treugebern um ‚Gesellschafter' handeln.[442] Wie oben

---

437 OLG Stuttgart, Urteil vom 10.05.2011-6 U 44/10 = BeckRS 2012, 09831.

438 So die Argumentation des OLG München, Urteil vom 05.10.2010–20 U 1940/10 = BeckRS 2010, 24643.

439 Konkret geht es um eine Subsidiarität des Freistellungsanspruches des Treuhänders gegenüber dem Aufwendungsersatzanspruch des Treuhänders gegen die Gesellschaft und seine Mitgesellschafter, so zum Beispiel auch die Argumentation des beklagten Anlegers im Fall des OLG Stuttgart, Urteil vom 10.05.2011-6 U 44/10 = BeckRS 2012, 09831.

440 *„Die Gesellschafter haften für die Verbindlichkeiten der Gesellschaft den Gläubigern als Gesamtschuldner persönlich"*.

441 Vgl. zu den Merkmalen *Grüneberg* in: Palandt, Palandt, § 421 Rn. 3 ff.

442 So zum Beispiel *Habersack* in: Staub/Canaris/Schäfer, HGB, § 128 Rn. 9, wohl allerdings noch unter Verweis auf die Meinung der Vorauflage, die dort angegebenen Fußnoten verweisen auf eine Kommentierung im Werk, die eine Außenhaftung und

schon dargelegt, ist dies jedoch nicht der Fall.[443] Die Treugeber sind zwar mit der Gesellschaft verzahnt und werden Quasi-Gesellschafter. Dies bezieht sich jedoch nur auf das Innenverhältnis; der Treugeber hat keine materielle Gesellschafterstellung inne. Dies gilt auch für den Fall der Gesamtschuldnerhaftung. Zwar handelt es sich bei dem Regress um Fragen des Innenverhältnisses,[444] bei denen grundsätzlich eine Gleichstellung in Betracht kommt, allerdings hat die Gesamtschuldnerstellung ihren Ursprung in einer Außenhaftung, bei der durch die im Gesellschafts- und Treuhandvertrag angelegte Verzahnung im Innenverhältnis keine Gleichstellung erfolgen kann. Darüber hinaus wurde oben[445] eine Außenhaftung des mittelbar beteiligten Treugebers abgelehnt. Das Gesetz knüpft in § 128 Abs. 1 S. 1 HGB die Gesamtschuldnerstellung aber gerade an die Außenhaftung.[446] Mangels Gesellschafterstellung sowie Außenhaftung sind die mittelbar beteiligten Treugeber somit nicht nach § 128 Abs. 1 S. 1 HGB Teil der Gesamtschuldner.

bb) Gesamtschuldnerstellung aus §§ 421 ff. BGB

Eine Gesamtschuldnerstellung auch der Treugeber könnte sich aber aus der Anwendung der allgemeinen Regelungen der §§ 421 ff. BGB ergeben. Dazu müssten die Voraussetzungen einer Gesamtschuld vorliegen. Erste Voraussetzung ist, dass die Ansprüche gegen die unmittelbar beteiligten Gesellschafter und die Ansprüche gegen die mittelbar beteiligten Treugeber dem gleichen Gläubiger zustehen.[447] Der Anspruch aus § 128 HGB steht dem Wortlaut der Vorschrift nach den Gläubigern der Gesellschaft zu. Der Freistellungsanspruch gegen den mittelbar beteiligten Treugeber steht dagegen dem Treuhänder zu. Die Abtretbarkeit beziehungsweise Abtretung der Freistellungsansprüche an die Gesellschaftsgläubiger könnte jedoch eine andere Sichtweise rechtfertigen. Denn sobald der Treuhänder seinen Freistellungsanspruch an die Gläubiger abtritt, wandelt sich

---

damit eine Gesellschafterstellung der Treugeber im Sinne von § 128 HGB verneint; anders *Ulmer* in: Staub/Canaris/Schäfer, HGB (4. Auflage), § 105 Rn. 102 in der Vorauflage.

443 Zur (abzulehnenden) materiellen Gesellschafterstellung der Treugeber siehe oben S. 25, zur Haftung der Treugeber aufgrund Gesellschafterstellung siehe oben S. 53.

444 *Schmidt* in: Schmidt, MüKo HGB, § 128 Rn. 37.

445 Zur Außenhaftung der Treugeber siehe oben ab S. 53.

446 So zum Beispiel *Roth* in: Baumbach/Hopt, HGB, § 128 Rn. 21, für den die Gesamtschuldner aus den nach § 128 HGB haftenden Gesellschaftern bestehen; *Schmidt* in: Schmidt, MüKo HGB, § 128 Rn. 8.

447 BGH, Urteil vom 11.11.1993 - VII ZR 66/92 = NJW 1994, 443; *Bydlinski* in: Rixecker et al., MüKo BGB, § 421 Rn. 4; *Schulze* in: Schulze/Dörner, BGB, § 421 Rn. 2.

dieser in einen Zahlungsanspruch und steht dem Gläubiger zu. Damit wäre für die Haftung aus § 128 HGB und für den Freistellungsanspruch (in Form eines Zahlungsanspruches) der gleiche Gläubiger gegeben. Dieses Argument greift allerdings nicht, da damit eine ‚als-ob' Betrachtung angestellt wird. Denn die übergreifende Frage ist, ob eine Subsidiarität der Freistellungs- und Erstattungsansprüche der Treuhänder einer Geltendmachung beziehungsweise Abtretung dieser Ansprüche entgegensteht, solange der Treuhänder nicht eine Befriedigung bei der Gesellschaft erfolglos angestrebt hat, und ob er dann diese Ansprüche nur pro rata geltend machen oder abtreten darf. Diese Frage ist der tatsächlichen Abtretung aber vorgelagert. In dem Moment, in dem die Abtretung erfolgt, spielt eine Subsidiarität keine Rolle mehr, denn dann hat der Gläubiger Zugriff auf den Anspruch und kann aus diesem gegebenenfalls vollstrecken. Was mit dem Freistellungsanspruch nach einer (gegebenenfalls subsidiären) Abtretung geschieht, beziehungsweise ob eine solche zulässig ist, ist eine andere Frage und gesondert zu betrachten.[448] In dem Moment, in dem sich die Frage der Subsidiarität stellt, steht der Freistellungsanspruch dem Treuhänder zu. Eine (Gleich-)Stellung des Treuhänders mit dem Gesellschaftsgläubiger aufgrund des späteren Gläubigerwechsels, der durch eine schuldrechtliche Abtretungsvereinbarung erfolgt, ist nicht möglich. Das zukünftige Schicksal des Anspruches kann nicht auf dessen aktuelle Erscheinungsform abfärben. Somit stehen die Ansprüche gegen unmittelbar beteiligte Gesellschafter und mittelbar beteiligte Treugeber unterschiedlichen Gläubigern zu. An der fehlenden Gläubigeridentität scheitert eine direkte Einbindung der Treugeber in die Gesamtschuldnerstellung der unmittelbar beteiligten Gesellschafter.

cc) Gesamtschuldnerstellung aus § 128 HGB oder §§ 421 ff. BGB analog

Da der Treugeber nicht direkt an dem Gesamtschuldnerausgleich partizipiert, kommt nur eine analoge Anwendung der Vorschriften über die Gesamtschuld auf seine Freistellungs- und Erstattungsverpflichtung in Betracht. Eine solche analoge Anwendung hat das OLG München[449] mit der Begründung abgelehnt, dass eine völlig unterschiedliche Ausgangsposition vorliege, da Treuhänder und Treugeber gerade keine Gesamtschuldner seien, da der Treugeber nicht direkt aus § 128 HGB hafte. Diese Argumentation ist aber zumindest zur Ablehnung einer Analogie wenig zielführend. Letztendlich verneint das OLG München eine Analogie mit der Begründung, dass die Tatbestandsvoraussetzungen der gesetzlichen Regelung

448 Zur Abtretung des Freistellungsanspruches später ab S. 80.
449 OLG München, Urteil vom 05.10.2010–20 U 1940/10 = BeckRS 2010, 24643.

nicht erfüllt sind. Die Frage, die sich bei einer analogen Anwendung der §§ 421 ff. BGB auf den Treugeber stellt, ist aber gerade, ob er trotz seiner fehlenden direkten Haftung in den Kreis der Gesamtschuldner aufgenommen werden sollte. Es ist für eine analoge Anwendung gerade keine gleiche (und damit vom gesetzlichen Tatbestand geregelte), sondern nur eine vergleichbare Lage Voraussetzung.

Zunächst muss für eine Analogie eine Regelungslücke bestehen. Dies ist hier der Fall, weder § 128 HGB noch §§ 421 ff. BGB sind auf den Freistellungs- und Erstattungsanspruch des Treuhänders gegen den Treugeber anwendbar. Diese Regelungslücke ist auch planwidrig. Denn Publikumspersonengesellschaften beurteilen sich nach den allgemeinen Regelungen über Personengesellschaften im HGB. Speziell für Publikumspersonengesellschaften gedachte gesetzliche Regelungen existieren, bis auf das KAGB,[450] nicht.[451] Das erst nach dem Inkrafttreten des HGB auftretende Problem der modernen Publikumspersonengesellschaft ist bei der Schaffung des HGB nicht bedacht worden. Auch nach dem Auftreten von Publikumspersonengesellschaften wollte der Gesetzgeber deren Regelung, jedenfalls in gesellschaftsrechtlicher Hinsicht, der Rechtsprechung überlassen,[452] weswegen er auch selbst bei deren Aufkommen trotz dahingehender Überlegungen keine Regelungen getroffen hat.[453] Erkennt der Gesetzgeber, dass eine Regelungsbedürftigkeit besteht, und überlässt diese bewusst der Rechtsprechung, liegt eine Planwidrigkeit vor.[454] Aber auch im Hinblick auf die Entwicklung der wirtschaftlichen Verhältnisse, die eine Regelung des Bereiches Publikumspersonengesellschaft erforderlich macht, der früher aufgrund von Unbedeutsamkeit ungeregelt bleiben konnte, liegt aufgrund der geänderten Verhältnisse eine Planwidrigkeit vor.[455] Damit ist die Lücke der Ausfüllung, auch in Form einer Analogie, offen.

Als abschließendes Kriterium muss eine vergleichbare Interessenlage bestehen. Diese setzt sich zusammen aus einem analogiefähigen Rechtsgedanken, der sich aus der analog anzuwendenden Vorschrift ergibt, sowie einem Sachverhalt, der geeignet ist, diesem Rechtsgedanken unterworfen zu werden.

---

450 Eventuelle Auswirkungen des KAGB auf das Vorliegen einer Subsidiarität sollen hier vorerst noch ausgeblendet und erst später ab S. 76 betrachtet werden.

451 *Gummert/Horbach* in: Gummert/Breithaupt, Münchener Handbuch des Gesellschaftsrechts Band 2, § 61 Rn. 2; *Schmidt,* Gesellschaftsrecht, S. 1667.

452 *Krieger,* FS Stimpel, S. 312.

453 Zur gesetzlichen Regelung der Publikumspersonengesellschaften siehe oben S. 5.

454 *Sprau* in: Palandt, Palandt, Einleitung Rn. 55; *Pawlowski,* Methodenlehre für Juristen: Theorie der Norm und des Gesetzes, S. 211.

455 *Larenz/Canaris,* Methodenlehre der Rechtswissenschaft, S. 197.

Bei § 128 HGB ist Rechtsgedanke die Sicherstellung der Grundlage des Kredits der Gesellschaft sowie die Kreditsicherung der Gläubiger.[456] Die Gläubiger sollen anhand der im Handelsregister eingetragenen Gesellschafter eine Bewertung der Kreditsituation der Gesellschaft vornehmen können und darauf ihre Entscheidung, ob sie Geschäfte mit der Gesellschaft tätigen, stützen können. Im Falle von wirtschaftlichen Schwierigkeiten der Gesellschaft können die Gläubiger dann auf die persönlich haftenden Gesellschafter zugreifen. Den Gläubigern soll dadurch ein einfacher Zugriff auf die Gesellschafter ermöglicht werden. Die Haftung der Gesellschafter ist deshalb auch als Gesamtschuld ausgestaltet. Die Gläubiger sollen sich um die interne Verteilung von Lasten und Verlusten nicht kümmern müssen,[457] ihnen soll freier Zugriff auf alle Gesellschafter gegeben sein.

Ob aus Gründen des einfachen, problemlosen Gläubigerzugriffes eine analoge Anwendung auf Treugeber möglich ist, erscheint zweifelhaft. Denn die Gläubiger sind nur soweit von § 128 HGB geschützt, wie sie berechtigt auf einen Gesellschafterzugriff vertrau en dürfen. Die Treugeber sind aber gerade nicht in das Handelsregister eingetragen und den Gläubigern somit nicht bekannt, zumindest aber dürfen die Gläubiger von den Treugebern nicht als unmittelbare Kreditsicherer der Gesellschaft ausgehen.[458] Darüber hinaus besteht keine Außenhaftung der Treugeber, eine Gesamtschuldnerstellung würde den Gläubigern insoweit keine Vorteile verschaffen, sondern zur Folge haben, dass der mittelbar beteiligte Gesellschafter Gesamtschuldner ist, aber dem Gläubiger nicht haftet.[459] Die davon abzugrenzende Frage des Innenausgleiches der Gesellschafter (und gegebenenfalls der Treugeber), mithin Regressgedanken im Innenverhältnis, lassen sich § 128 HGB dagegen nicht entnehmen. Doch dies wäre für die hier diskutierte Frage ausschlaggebend. Eine analoge Anwendung von § 128 HGB mit der Folge, dass die Treugeber Gesamtschuldner werden, scheidet daher aus.

---

456 *Kindler* in: Koller et al., HGB, §§ 128, 129 Rn. 1; *Roth* in: Baumbach/Hopt, HGB, § 128 Rn. 1.

457 *Schmidt* in: Schmidt, MüKo HGB, § 128 Rn. 18.

458 Siehe dazu schon die Argumentation zur Handelsregistereintragung, oben ab S. 45.

459 Das meint wohl auch das OLG München, Urteil vom 05.10.2010–20 U 1940/10, wenn es davon spricht, dass der Treugeber gerade nicht aus § 128 HGB hafte. Eine Analogie scheidet nicht schon deshalb aus, weil der Treugeber nicht direkt der gesetzlichen Anordnung einer Gesamtschuld in § 128 HGB unterfällt, vielmehr fehlt es am Sinn, einen nicht der Außenhaftung unterliegenden mittelbar beteiligten Gesellschafter in ein Gesamtschuldverhältnis einzubeziehen, da er dem Gläubiger mangels eines Anspruches nicht haftet.

Dies gilt ebenso für eine analoge Anwendung der §§ 421 ff. BGB. Eine Einbindung des mittelbar beteiligten Gesellschafters in das Gesamtschuldverhältnis widerspricht der Natur der Gesamtschuld. Denn ohne Außenhaftung gegenüber dem Gläubiger kann keine Gesamtschuld bestehen. Auf eine spätere Gläubigerstellung aus einem abgetretenen Anspruch kann, wie oben schon dargelegt,[460] nicht abgestellt werden. Denn die Frage der Subsidiarität stellt sich gerade zeitlich vor der Abtretung.

dd) Ergebnis

Da der Treugeber nicht in das Gesamtschuldnerverhältnis einbezogen wird, kann sich daraus auch keine Subsidiarität ergeben. Eine Subsidiarität könnte aber aus anderen Gründen geboten sein. In Betracht kommt hier ein Geltendmachungs- beziehungsweise Abtretungsverbot aus einer Auslegung des Treuhandvertrages dahingehend, dass eine subsidiäre Geltendmachung vereinbart wurde. Darüber hinaus ist eine Subsidiarität nach Treu und Glauben aus der Gleichstellung und dem damit einhergehenden Grundsatz, dass weder eine Bessernoch eine Schlechterstellung des Treugebers erfolgen darf, aus einer eventuellen Treuepflicht des Treuhänders gegenüber dem Treugeber sowie aus der Regelung des § 152 Abs. 1 S. 2 KAGB denkbar.

c) Subsidiarität aus dem Treuhandvertrag

In Betracht kommt, dass der Treuhänder aus der Treuhandabrede verpflichtet ist, den Treugeber erst dann in Anspruch zu nehmen, wenn er zuvor die Gesellschaft erfolglos in Anspruch genommen hat.[461] Denn die Rechte und Pflichten des Treuhänders gegenüber dem Treugeber ergeben sich aus dem Treuhandvertrag, daneben kommt Vertragsrecht und Auftragsrecht zur Anwendung.[462] Eine ausdrückliche Regelung zur Subsidiarität wird im absoluten Regelfall im Treuhandvertrag nicht enthalten sein,[463] sie könnte sich aber durch Auslegung der

460 Siehe S. 90.

461 *Eden*, Treuhandschaft an Unternehmen und Unternehmensanteilen, S. 65, der dies grundsätzlich annimmt, für die Einlage aber ohne Begründung beschränken will, jedenfalls beruft er sich für die Subsidiarität in der Vorauflage auf eine Auslegung der Treuhandabrede und beschränkt diese mit Blick auf die Einlage nicht, vgl. *Eden*, Treuhandschaft an Unternehmen und Unternehmensanteilen (2. Auflage), S. 57; *Markwardt*, Rechtsgeschäftliche Treuhandverhältnisse bei Personalhandelsgesellschaften, S. 74.

462 *Eden*, Treuhandschaft an Unternehmen und Unternehmensanteilen, S. 62.

463 Vgl. dazu zum Beispiel *Götze* in: Favoccia/Heidenhain, Gesellschaftsrecht, III.12 § 3; auch in den vom Verfasser untersuchten Vertragswerken findet sich keine solche Klausel.

Treuhandabrede ergeben. Da es sich bei der Treuhandabrede um eine schuldrechtliche Vereinbarung handelt, ist sie der (ergänzenden) Auslegung nach § 157 BGB zugänglich.[464] Bei der (ergänzenden) Auslegung wird eine rechtsgeschäftliche Regelung nach Kriterien vervollständigt, die sich entweder an den Interessen der Vertragspartner im konkreten Fall oder an den für solche Rechtsgeschäfte typischen Gesichtspunkten orientieren.[465] Bei der Ermittlung des hypothetischen Willens der Beteiligten ist der schon bestehende Vertragsinhalt maßgeblich.[466] Es sind in erster Linie die im Vertrag vorhandenen Regelungen und Wertungen zu berücksichtigen.[467]

Im Fall einer Publikumspersonengesellschaft soll der Treugeber wirtschaftlich Berechtigter der Beteiligung sein. Der Treugeber soll im Innenverhältnis einem unmittelbar beteiligten Gesellschafter gleichgestellt werden und ihm werden umfangreich Rechte eingeräumt. Es soll eine weitestgehende Gleichstellung erfolgen, dem Treuhänder sollen nur die gesetzlich vorgeschriebenen, nicht übertragbaren Rechte verbleiben.[468] Dies spricht dafür, dass der Treugeber in allen Belangen gleich einem unmittelbaren Gesellschafter behandelt werden soll.

Auf der anderen Seite ist der in der Treuhandabrede enthaltene Freistellungs- beziehungsweise Erstattungsanspruch als allgemeiner Freistellungsanspruch ausgestaltet, also nicht auf die Freistellung für die Haftung des Treuhänders aus § 128 HGB beschränkt.[469] Er regelt eine vom Treuhänder gewünschte vollständige Freistellung des Treuhänders von sämtlichen Risiken und hat in dieser Form keine Parallele bei einer unmittelbaren Beteiligung.

Damit stehen sich zwei gegenläufige Interessen gegenüber. Für eine ergänzende Auslegung der Treuhandabrede ist jedoch notwendig, dass sich das Ergebnis der Auslegung als zwanglose Folge aus dem Gesamtzusammenhang des Vertrages

---

464 Dies gilt für Rechtsgeschäfte aller Art, vgl. BGH, Urteil vom 11.10.2005 - XI ZR 395/04 = NJW 2006, 54, 55.

465 *Busche* in: Rixecker et al., MüKo BGB, § 157 Rn. 26.

466 BGH, Urteil vom 25.06.1980 - VIII ZR 260/79 = NJW 1980, 2347.

467 BGH, Urteil vom 04.03.2004 - III ZR 96/03 = NJW 2004, 1590, 1592.

468 Vgl. zum Beispiel *SHB Innovative Fondskonzepte AG*, SHB Fürstenfeldbruck Fondsprospekt, „*Der Treugeber übernimmt hiermit alle Rechte und Pflichten der Treuhandkommanditistin aus dem Gesellschaftsvertrag mit Ausnahme der gesetzlich oder in dem Gesellschaftsvertrag ausschließlich für die Treuhandkommanditistin vorgesehenen Rechte und Pflichten*".

469 Vgl. zum Beispiel *SHB Innovative Fondskonzepte AG*, SHB Fürstenfeldbruck Fondsprospekt, „*[...] stellt [...] von allen Verbindlichkeiten frei[...]* " oder *Favoccia/Heidenhain*, Gesellschaftsrecht, III.12 § 3 „*[...] ersetzt der Treuhänderin alle Aufwendungen[...]* ".

ergibt.[470] Insbesondere dann, wenn verschiedene Gestaltungsmöglichkeiten in Betracht kommen, aber kein Anhaltspunkt dafür besteht, welche Regelung die Parteien getroffen hätten, ist eine ergänzende Vertragsauslegung als richterliche Rechtsschöpfung unzulässig.[471] So liegt aber hier der Fall. Es stehen sich zwei widerstreitende Interessen der Parteien gegenüber. Auf der einen Seite steht der Treugeber, der einem unmittelbaren Gesellschafter gleichgestellt werden soll und alle damit verbundenen Vorteile genießen möchte, auf der anderen Seite der Treuhänder, der sich möglichst umfangreich und einfach von sämtlichen Risiken der Beteiligung für den Treugeber freihalten möchte. Der Treugeber hat somit ein Interesse daran, erst nach der Gesellschaft für eine Haftung des Treuhänders nach § 128 HGB in Anspruch genommen zu werden. Auf der anderen Seite hat der Treuhänder ein Interesse daran, sofort und ohne Umwege seine Haftung beziehungsweise sein Haftungsrisiko auf den Treugeber abzuwälzen. Eine zwingende, dem Vertrag innewohnende Lösung dieses Spannungsverhältnisses ist nicht offensichtlich. Dazu kommt, dass der Treuhandvertrag von der Gesellschaft vorgegeben und nicht verhandelbar ist. Die Gesellschaft wird aber nicht den in ihrem Lager stehenden[472] Treuhänder damit belasten, erst die Gesellschaft in Anspruch nehmen zu müssen, zumal sich die Gesellschaft damit selbst einer zwingenden primären Inanspruchnahme aussetzen würde. Eine solche Regelung wird sie wohl kaum in den Treuhandvertrag aufnehmen. Es bleibt somit dabei, dass die Treuhandabrede keine Regelung hinsichtlich einer Subsidiarität treffen soll, es gilt weiterhin, was vom Gesetz vorgegeben ist.[473]

d) Subsidiarität aus der Stellung der Treugeber

Eine Subsidiarität könnte sich aus der Stellung der mittelbar beteiligten Treugeber als Quasi-Gesellschafter[474] ergeben. Der BGH hat für diese Fälle mehrfach entschieden, dass „*[…] der Anleger bei einer derartigen Vertragsgestaltung zwar grundsätzlich, soweit sich das nicht aus der Zwischenschaltung des Treuhänders unvermeidbar ergebe, nicht schlechter stehen dürfe, als wenn er selbst Kommanditist wäre, dass er aber auch nicht besser gestellt werden dürfe, als wenn er sich unmittelbar beteiligt hätte*“.[475]

---

470 BGH, Urteil vom 04.03.2004 - III ZR 96/03 = NJW 2004, 1590, 1592.

471 BGH, Urteil vom 06.04.2009 - II ZR 255/08 = NJW 2009, 1962, 1966.

472 *Zinger*, BB 2014, S. 458; *Bost/Halfpap* in: Lüdicke/Arndt, Geschlossene Fonds, S. 20; *Bälz*, ZGR 1980, S. 1, 10, 17; *Hopt*, Gutachten G zum 51. Deutschen Juristentag, S. 37.

473 Ob das Gesetz eine Subsidiarität vorschreibt, wird im Folgenden geklärt.

474 Zum Begriff des Quasi-Gesellschafters siehe oben S. 27.

475 So zuletzt BGH, Urteil vom 24.07.2012 - II ZR 297/11 = NJW 2013, 452 Rn. 34; ebenso „*[…] dass der Anleger zwar grundsätzlich, soweit sich das nicht aus der Zwi-*

Der BGH geht also von dem Grundsatz aus, dass der Anleger weder besser noch schlechter gestellt sein soll als der Kommanditist.[476] Ob damit vereinbar ist, dass der Treugeber primär neben der Gesellschaft in Anspruch genommen werden kann, ist fraglich und verdient genauere Betrachtung. Denn wie schon oben[477] aufgezeigt wurde, haftet der unmittelbar beteiligte Gesellschafter seinen Mitgesellschaftern nur subsidiär zu einer Inanspruchnahme der Gesellschaft, der Treugeber dem Treuhänder – und damit letztendlich durch Abtretung auch den Gläubigern – hingegen nach der Rechtsprechung des BGH primär neben der Gesellschaft.

Ob darin auch wirklich eine Schlechterstellung gegenüber den unmittelbaren Gesellschaftern liegt, könnte mit dem Argument verneint werden, dass – sofern[478] eine KG vorliegt –diese, wenn sie vom Treuhänder in Anspruch genommen wird, mit den ausstehenden Einlageforderungen gegen den Treuhänder (und damit im Ergebnis gegen die Treugeber) aufrechnen kann.[479] Dies führt dazu, dass der Treuhänder zwar in Bezug auf die Forderung des Gläubigers befriedigt ist. Der Treuhänder verliert jedoch einen entsprechenden Teil seines Freistellungsanspruches, den er gegen den Treugeber hat, weil dieser im Regelfall die Einlage noch nicht vollständig erbracht hat oder sie ihm zurückerstattet wurde und der Treuhänder deswegen einem Anspruch der Gesellschaft ausgesetzt ist. Dabei handelt es sich aber ebenfalls um eine Aufwendung des Treuhänders, für die der Treugeber erstattungspflichtig ist. Im Endeffekt ändert sich also nur der Grund der Zahlungsverpflichtung des Treugebers von Zahlung aufgrund von Gläubigerforderung zu Zahlung aufgrund von verlorenem Einlageanspruch des Treuhänders. Wirtschaftlich steht der Treugeber also auf den ersten Blick trotz einer subsidiären Inanspruchnahme gleich da.

schenschaltung des Treuhänders unvermeidbar ergibt, nicht schlechter stehen [darf], als wenn er selbst Kommanditist wäre; er darf aber auch nicht besser gestellt werden, als wenn er sich unmittelbar beteiligt hätte.", BGH, Urteil vom 22.03.2011 - II ZR 224/08 = BeckRS 2011, 09695, Rn. 27 und „*Wer sich nur mittelbar über einen Treuhandkommanditisten an einer Publikumsgesellschaft beteiligt, darf zwar grundsätzlich, soweit sich das nicht aus der Zwischenschaltung des Treuhänders unvermeidbar ergibt, nicht schlechter stehen, als wenn er selbst Kommanditist wäre; es gibt aber auch keinen Grund, ihn besser zu stellen, als wäre er unmittelbar beteiligt. Ihn trifft daher, wenn keine besonderen Verhältnisse vorliegen, auch das Anlagerisiko so, als ob er sich unmittelbar als Kommanditist beteiligt hätte.*", BGH, Urteil vom 17.12.1979 - II ZR 240/78 = NJW 1980, 1162, 1163.

476 *Schilling* in: Staub/Canaris/Schäfer, HGB, Anh. § 161 Rn. 3, vgl. zum Grundsatz der Gleichstellung auch *Kapitza*, Rechtsstellung der Treugeber, S. 43 ff.

477 Siehe S. 84.

478 Wie nach dem KAGB nur noch zulässig.

479 *Krenzel*, Treuhand an Kommanditanteilen, S. 57.

Auf eine solche Betrachtungsweise lässt sich das komplexe Gebiet des Freistellungs- und Erstattungsanspruches jedoch nicht reduzieren. Denn die Gesellschaft kann sich zum Beispiel entscheiden, nicht aufzurechnen, sondern die Forderung des Treuhänders auszugleichen (oder die Zahlung zu verweigern). Auch bestehen ungeklärte Rechtsfragen, würde ein Subsidiaritätserfordernis angenommen. Deshalb entfällt die Schlechterstellung nicht. Wenn von mehreren (Handlungs-)Möglichkeiten nur eine zu einer wirtschaftlichen Unbeachtlichkeit der fehlenden Subsidiarität führt, kann dies nicht pauschal eine Schlechterstellung entfallen lassen.

Darüber hinaus greift hier auch ein formales Argument: Unabhängig davon, ob eine fehlende Subsidiarität des Freistellungs- und Erstattungsanspruches zu einer Schlechterstellung führt, liegt schon in der Tatsache, dass der Freistellungs- und Erstattungsanspruch nicht subsidiär ist, eine Schlechterstellung. Denn damit hat diese Verpflichtung eine andere Qualität. Tatsächliche Betrachtungen können deshalb außen vor bleiben.

Damit steht fest, dass aufgrund des fehlenden Subsidiaritätserfordernisses eine Schlechterstellung des Treugebers vorliegt. Dies würde daher eigentlich, um diese Schlechterstellung auszugleichen, die Annahme einer Subsidiarität erfordern, sofern sich Gegenteiliges nicht aus der Zwischenschaltung des Treuhänders unvermeidbar ergibt.[480] Bei dieser Frage stehen sich die gleichen Interessen wie bei der Vertragsauslegung der Treuhandabrede gegenüber.[481] Auf der einen Seite steht das Interesse des Treugebers, wie ein unmittelbarer Gesellschafter behandelt zu werden, auf der anderen Seite das Interesse des Treuhänders, sich möglichst schnell, einfach und umfassend seines der Beteiligung des Treugebers entspringenden Haftungsrisikos zu entledigen. Im Gegensatz zur Ausgangslage bei der Vertragsauslegung hat hier jedoch eine Gleichstellung zu erfolgen, sofern sich nicht aus der Zwischenschaltung des Treuhänders ein Gegenteiliges ergibt. Bei dem Grundsatz der Besserbeziehungsweise Schlechterstellung ist also davon auszugehen, dass eine Besserbeziehungsweise Schlechterstellung nicht zulässig ist. Davon können sich jedoch Ausnahmen ergeben, wenn die Beteiligung über einen Treuhänder dies unvermeidbar erfordert. Es besteht also bei Vorliegen einer Besserbeziehungsweise Schlechterstellung eine Vermutung, dass diese nicht gerechtfertigt ist und unterbleiben muss.

---

480 Zu der Einschränkung des Besserbeziehungsweise Schlechterstellungsgrundsatzes: BGH, Urteil vom 24.07.2012 - II ZR 297/11 = NJW 2013, 452 Rn. 34.

481 Zu den widerstreitenden Interessen siehe oben ab S. 70.

Diese Vermutung wird jedoch in der vorliegenden Konstellation widerlegt. Der Treuhänder soll nur ein Zwischenglied in der wirtschaftlichen Beteiligung des Treugebers sein. Der Treuhänder soll von allen Belastungen der von ihm gehaltenen Beteiligung umfassend befreit werden; ihn soll kein Risiko aus der Beteiligung treffen. Der Treuhänder soll gerade nicht damit belastet werden, aufwendige Maßnahmen treffen zu müssen, um sich schadlos zu halten. Der Treuhänder hat den Treugeber als seinen Vertragspartner, dieser muss ihm für die aus der Beteiligung resultierenden Verbindlichkeiten einstehen. Damit wäre es unvereinbar, wenn der Treuhänder sich mit den anderen Beteiligten der Gesellschaft auseinandersetzen müsste und den sich daraus ergebenden Unsicherheiten ausgesetzt wäre.[482]

Darüber hinaus entspricht dies auch dem Ergebnis, das sich bei der ergänzenden Vertragsauslegung der Treuhandabrede ergibt. Dort wurde festgestellt, dass sich der Treuhandabrede ein Subsidiaritätserfordernis nicht entnehmen lässt.[483] Würde man hier annehmen, dass sich aus der Zwischenschaltung des Treuhänders etwas anderes ergibt, würde man durch die Hintertür doch eine ergänzende Auslegung durchführen. Denn in beiden Fällen geht es um die Interessen von Treuhänder und Treugeber im Lichte der Treuhandabrede. Im Interesse einer einheitlichen Rechtsauslegung müssen deshalb auch die Ergebnisse korrespondieren. Somit folgt auch aus dem Gleichstellungsgrundsatz des BGH kein Subsidiaritätserfordernis, da sich hier aus der Zwischenschaltung des Treugebers keine ungerechtfertigte Schlechterstellung ergibt.

e) Subsidiarität aus einer Treuepflicht

Ein Subsidiaritätserfordernis könnte aus einer Treuepflicht des Treuhänders gegenüber dem Treugeber folgen. Dies wird im Falle einer Haftung der Mitgesellschafter für Drittgläubigerforderungen im Rahmen des § 128 HGB als Argument für eine nur subsidiäre Inanspruchnahme der Mitgesellschafter angeführt.[484]

---

482 Zumindest bei ausschließlicher Betrachtung der Treuhandverbindung, auf die es hier ankommt. Gesondert davon ist es möglich, dem Treuhänder gesetzlich vorzuschreiben, dass er seinen Freistellungs- und Erstattungsanspruch nur subsidiär geltend machen kann.

483 Siehe oben ab S. 70.

484 So zum Beispiel *Schmidt* in: Schlegelberger/Geßler, HGB, § 128 Rn. 20; *Habersack* in: Staub/Canaris/ Schäfer, HGB, § 128 Rn. 26; *Streitz* in: Henssler/Strohn, Gesellschaftsrecht, § 128 Rn. 10; *Schmidt* in: Schmidt, MüKo HGB, § 128 Rn. 20; *Schmidt,* Gesellschaftsrecht, S. 1412.

Ob dementsprechend von einem Subsidiaritätserfordernis im Verhältnis Treuhänder zu Treugeber auszugehen ist, hängt von zwei Faktoren ab: zum einen davon, ob im Verhältnis Treuhänder zu Treugeber überhaupt eine Treuepflicht existiert, die den Treuhänder binden könnte, zum andern davon, ob diese Treuepflicht ein Subsidiaritätserfordernis zum Inhalt hat.

Grundsätzlich bestehen Treuepflichten zwischen der Gesellschaft und den Gesellschaftern sowie zwischen den Gesellschaftern untereinander.[485] Die dogmatische Grundlage der Treuepflicht ist umstritten, sie soll aus § 705 BGB, also dem Gesellschaftsvertrag, oder aus § 242 BGB, also aus dem Gesetz, resultieren.[486] Unstreitig ist jedoch, dass die Treuepflicht ihren Grund im Gesellschaftsvertrag, also in der mitgliedschaftlichen Verbindung beziehungsweise Einbindung der Gesellschafter hat.[487] Aus der bei der qualifizierten Treuhand erfolgten Einbindung der Treugeber in das Gesellschaftsverhältnis ergibt sich auch, dass der Treugeber der Treuepflicht unterliegt.[488] Diese wirkt nicht nur einseitig, die Treuepflicht hat eine „*doppelte Schutzrichtung*"[489]. Unterliegt der Treugeber der Treuepflicht, unterliegen im Gegenzug[490] die Mitgesellschafter der Treuepflicht gegenüber dem Treugeber.[491] Damit gelten auch für den Treuhänder Treuepflichten gegenüber dem Treugeber, denn auch er ist Mitgesellschafter der Gesellschaft.[492]

Auch steht der Freistellungs- und Erstattungsanspruch grundsätzlich der Prägung durch die Treuepflicht offen. Die damit freizustellenden beziehungsweise zu erstattenden Verpflichtungen des Treuhänders entstammen allesamt dem mitgliedschaftlichen Verhältnis. Als Korrelat dazu ist auch der Freistellungs- und Erstattungsanspruch dem mitgliedschaftlichen Bereich zuzuordnen.

Dabei darf natürlich nicht außer Acht bleiben, dass der Treuhänder und der Treugeber zusätzlich zu der eben festgestellten Treuepflicht und, anders als die unmittelbaren Mitgesellschafter untereinander, durch die Treuhandabrede ver-

---

485 *Schmidt* in: Schmidt, MüKo HGB, § 105 Rn. 188 m.w.N.

486 *Schäfer* in: Staub/Canaris/Schäfer, HGB, § 105 Rn. 228 m.w.N.

487 *Schäfer* in: Staub/Canaris/Schäfer, HGB, § 105 Rn. 228.

488 *Schmidt* in: Schmidt, MüKo HGB, Vor § 230 Rn. 78; *Schäfer* in: Staub/Canaris/Schäfer, HGB, § 105 Rn. 107; *Blaurock*, Unterbeteiligung und Treuhand an Gesellschaftsanteilen, S. 202; *Armbrüster*, Die treuhänderische Beteiligung an Gesellschaften, S. 360.

489 *Schmidt* in: Schmidt, MüKo HGB, § 105 Rn. 189.

490 Zumindest bei der offengelegten und gebilligten, also qualifizierten Treuhand.

491 *Schmidt* in: Schlegelberger/Geßler, HGB, Vorbem. § 335 Rn. 69; *Schmidt* in: Schmidt, MüKo HGB, Vor § 230 Rn. 78.

492 *Armbrüster*, Die treuhänderische Beteiligung an Gesellschaften, S. 330.

bunden sind. Dies modifiziert aber nur Umfang und Reichweite der Treuepflicht. Deren Inhalt ist die Wahrnehmung der Gesellschaftsinteressen, sie verpflichtet aber auch zur Rücksichtnahme bei der Ausübung von eigennützigen Rechten wie zum Beispiel von Vermögensrechten.[493] Der Treuepflichtige muss seine Interessen aber nicht hinter die der Mitgesellschafter zurücktreten lassen; er darf nur nicht willkürlich oder unverhältnismäßig schädigend handeln.[494] Dies ist hier aber nicht der Fall. Dem Treuhänder steht aus dem Treuhandvertrag ein Freistellungs-und Erstattungsanspruch zu. Dieser richtet sich, anders als die Haftung nach § 128 HGB im Falle einer Drittschuld eines Gesellschaftergläubigers, originär und primär gegen den Treugeber. Macht der Treuhänder ihn sofort geltend, handelt er nicht willkürlich oder unverhältnismäßig schädigend, da er nur sein Interesse, sich schnell und umfassend zu enthaften, durchsetzt. Dieses Interesse war dem Treugeber aufgrund der Abrede im Treuhandvertrag aber von vornherein bekannt, er hat sich sehenden Auges darauf eingelassen. Eine Treuepflicht, den Freistellungs- und Erstattungsanspruch nur subsidiär geltend zu machen, besteht damit nicht.

Eine dahingehende Pflicht ergibt sich auch nicht aus dem Treuhandverhältnis selbst, das besagt, dass der Treuhänder die Beteiligung im Interesse des Treugebers zu halten hat.[495] Zwar mag eine Subsidiarität im Interesse des Treugebers liegen, dem steht jedoch ein ebenso schützenswertes und berechtigtes Interesse des Treuhänders an einem unbelasteten, der Regelung von § 670 BGB beziehungsweise dem Treuhandvertrag entsprechenden Aufwendungsersatz entgegen.

f) Subsidiarität aus dem KAGB

Schlussendlich könnte das KAGB mit der in § 152 Abs. 1 S. 3 enthaltenen Gleichstellung der Treugeber im Innenverhältnis eine Subsidiarität vorschreiben. § 152 Abs. 1 S. 3 KAGB lautet:

> *„Bei mittelbarer Beteiligung über einen Treuhandkommanditisten hat der mittelbar beteiligte Anleger im Innenverhältnis der Gesellschaft und der Gesellschafter zueinander die gleiche Rechtsstellung wie ein Kommanditist."*

Der mittelbar beteiligte Anleger, also der Treugeber, ist somit wie ein unmittelbarer Kommanditist zu behandeln. Er soll so gestellt werden, als ob er direkt als Kommanditist beteiligt sei.[496] Dies gilt im Innenverhältnis gegenüber der Gesell-

493 *Roth* in: Baumbach/Hopt, HGB, § 109 Rn. 25.
494 *Kindler* in: Koller et al., HGB, § 105 Rn. 46.
495 *Sprau* in: Palandt, Palandt, § 662 Rn. 9.
496 BT-Drucks. 17/12294 S. 250.

schaft und unter den Gesellschaftern zueinander.[497] Von dem Innenverhältnis sind auch die Regress- und Freistellungsansprüche umfasst.[498] Wäre der Treugeber unmittelbar beteiligt, könnte er von seinen Mitgesellschaftern nur subsidiär in Anspruch genommen werden. Fraglich ist, ob § 152 Abs. 1 S. 3 KAGB hier anwendbar ist, da sich der Anspruch des Treuhänders auf Freistellung beziehungsweise Erstattung nicht aus dem Gesellschaftsvertrag, sondern aus dem Treuhandvertrag ergibt. Damit könnte eine Behandlung „*gleich*" einem unmittelbaren Gesellschafter daran scheitern, dass es keine vergleichbare Situation für einen unmittelbaren Gesellschafter gibt. Für die Rechtsverbindung Treuhänder–Treugeber gibt es bei unmittelbaren Gesellschaftern keine Parallele. Darüber hinaus basiert der Freistellungs-und Erstattungsanspruch auf einer schuldrechtlichen Treuhandabrede, nicht wie § 128 HGB beziehungsweise §§ 421 ff. BGB, insbesondere § 426 BGB, auf dem Gesetz.

Dem steht der Anlegerschutzgedanke des KAGB gegenüber.[499] Dem mittelbar beteiligten Anleger sollen keine Nachteile durch seine mittelbare Beteiligung entstehen. Wird er aber vor der Gesellschaft vom Treuhänder für eine (aus Sicht des Treuhänders) Gesellschaftsschuld in Anspruch genommen, könnte dies einen solchen Nachteil darstellen, insbesondere, wenn man auch dem Treugeber einen Aufwendungsersatzanspruch gegen die Gesellschaft nach § 110 HGB zuerkennt.[500] Dann könnte der Treugeber, sobald er vom Treuhänder in Anspruch genommen wird, wieder Freistellung beziehungsweise Erstattung von der Gesellschaft verlangen, was über Umwege einer Subsidiarität gleichkäme.

Gegen eine Subsidiarität spricht jedoch zum einen in rechtlicher Hinsicht, dass es sich bei dem Freistellungs- und Erstattungsanspruch des Treuhänders nicht um einen der Haftung der unmittelbaren Gesellschafter „*gleichen*" Anspruch handelt. Dieser ergibt sich aus dem Treuhandvertrag, ist schuldrechtlich begründet und dient, anders als die Haftung der unmittelbaren Gesellschafter, nicht der Bonitätsverbesserung oder dem Einstand der Gesellschafter für Gesellschaftsschulden, sondern der Befreiung des Treuhänders von Verbindlichkeiten und Risiko einer Beteiligung, die er nicht im eigenen (wirtschaftlichen) Interesse hält. Insofern ist keine ausreichend gleiche Basis gegeben, auf deren Grundlage eine Gleichstellung von unmittelbar und mittelbar Beteiligten erfolgen kann.

---

497 *Paul* in: Weitnauer, KAGB, § 152 Rn. 9.

498 *Schmidt* in: Schmidt, MüKo HGB, § 128 Rn. 37.

499 Vgl. dazu Richtlinie 2011/61/EU, Erwägungsgrund (94); BT-Drucks. 17/12294 S. 1; *Möllers/ Seidenschwann*, Das neue Kapitalanlagegesetzbuch (KAGB), Rn. 12; *Emde/ Dreibus*, BRK 2013, S. 89, 102.

500 So *Paul* in: Weitnauer, KAGB, § 152 Rn. 9.

Darüber hinaus spricht zum andern in tatsächlicher Hinsicht gegen eine Gleichstellung, dass diese dem Treugeber wenig zusätzlichen Schutz bietet. Denn eine Inanspruchnahme der Treugeber erfolgt im Regelfall erst bei Schieflage der Gesellschaft. Die Gesellschaft wird sich bemühen, den in ihrem Lager stehenden[501] Treugeber so lange wie möglich von einer Inanspruchnahme freizuhalten, indem sie selbst ihre Verbindlichkeiten begleicht. Denn obwohl der Treuhänder einen Anspruch gegen den Treugeber hat, trägt er das Ausfallrisiko des Anspruches, muss diesen geltend machen und gegebenenfalls gerichtlich durchsetzen sowie sich mit Einwendungen des Treugebers auseinandersetzen. Selbst bei Inanspruchnahme des Treuhänders wird das Näheverhältnis zwischen Gesellschaft und Treuhänder dazu führen, dass die Gesellschaft – wenn möglich – die Verbindlichkeit begleicht. Erst wenn ihr dies nicht mehr möglich ist, wird sie den Treuhänder damit belasten, Ansprüche gegen seine Treugeber geltend zu machen und gegebenenfalls abzutreten. Wenn der Treuhänder aber dann bei seiner Inanspruchnahme durch Gläubiger erst die Gesellschaft in Anspruch nehmen muss, handelt es sich dabei um einen rein formalen Akt. Die Gesellschaft wird im Regelfall kein Vermögen mehr haben, aus dem sie die Forderung gegen den Treuhänder begleichen kann, und somit die Erstattung verweigern. Dann kann der Treuhänder aber die Treugeber selbst bei Annahme einer Subsidiarität in Anspruch nehmen. Dabei zeigt sich, dass der Treuhänder kaum zusätzlichen Schutz genießen würde, wenn eine Subsidiarität angenommen werden würde. Erfährt der Treugeber aber keinen oder kaum zusätzlichen Schutz, kann nicht mit dem Ziel des KAGB, dem Anlegerschutz, argumentiert werden. Somit folgt auch aus dem KAGB kein Subsidiaritätserfordernis.

g) Ergebnis

Im Ergebnis bleibt festzuhalten, dass der Freistellungs- und Erstattungsanspruch des Treuhänders gegenüber dem Treugeber keinem Subsidiaritätserfordernis unterliegt.[502] Der Treuhänder muss also bei einer Inanspruchnahme durch Gläubiger nicht zuerst Befriedigung bei der Gesellschaft suchen, er kann sofort auf

---

501 *Bost/Halfpap* in: Lüdicke/Arndt, Geschlossene Fonds, S. 20; *Zinger*, BB 2014, S. 458; *Bälz*, ZGR 1980, S. 1, 10, 17; *Hopt*, Gutachten G zum 51. Deutschen Juristentag, S. 37.

502 So auch der BGH, Urteil vom 24.07.2012 - II ZR 297/11 = NJW 2013, 452 Rn. 17. Dort gibt der BGH die Meinung des Berufungsgerichts wieder, „*Die Kl. [Treuhänderin] müsse nicht vorrangig andere Gesellschafter, insbesondere die A-GmbH, in Anspruch nehmen oder bei der Fondsgesellschaft nach § 110 HGB Rückgriff nehmen. Die Verfolgung der Freistellungsansprüche verstoße auch nicht gegen Treu und Glauben*“, und bescheinigt diesen Ausführungen, frei von Rechtsfehlern zu sein.

den Treugeber zugreifen. Dies ergibt sich primär aus dem Hintergrund der Verbindung Treuhänder–Treugeber, die eine umfassende und einfache Befreiung des Treuhänders von Verbindlichkeiten und Risiken aus der für den Treugeber gehaltenen Beteiligung vorsieht.[503] Dieser schuldrechtliche Anspruch des Treuhänders ist auch bei einer Interessenabwägung schutzwürdiger als ein Interesse des Treugebers an einer Subsidiarität.

Die Frage, die sich bei Annahme einer Subsidiarität gestellt hätte, ob der Einwand der Subsidiarität nur im Verhältnis Treuhänder–Treugeber besteht und dem Freistellungs- und Erstattungsanspruch bei Abtretung an den Gläubiger nicht weiter anhaften würde oder ob sich der Gläubiger nach Abtretung ein Subsidiaritätserfordernis entgegenhalten lassen müsste, kann somit dahingestellt bleiben. Es sei jedoch angemerkt, dass man mit Blick auf § 404 BGB wohl davon ausgehen muss, dass es sich bei der Subsidiarität um eine Einwendung im Sinne von § 404 BGB handelt[504], die sich der Gläubiger nach der Abtretung entgegenhalten lassen muss. Man wird aber ebenso davon ausgehen müssen, dass die Einwendung entfällt, sobald der Gläubiger erfolglos Befriedigung von der Gesellschaft verlangt hat, eventuell sogar schon, falls er vor Inanspruchnahme und Abtretung durch den Treuhänder erfolglos Befriedigung von der Gesellschaft verlangt hat.[505]

Im Ergebnis ebenso *Kapitza*, Rechtsstellung der Treugeber, S. 80, der darauf abstellt, dass eine Subsidiarität Sinn und Zweck der §§ 171, 172 Abs. 4 HGB widersprechen würde, die die Kapitalaufbringung und -erhaltung für die Gläubiger sichern sollen. Aufgrund der knappen Finanzierung der Fondsgesellschaft darf der Treuhänder diese nicht primär in Anspruch nehmen müssen, da die Gefahr des finanziellen Zusammenbruchs der Gesellschaft dabei besonders hoch sei. *Kapitza* verkennt allerdings, dass faktisch gesehen meist schon eine Schieflage der Gesellschaft besteht, wenn es um eine Inanspruchnahme der Treugeber geht. Darüber hinaus zeigt der Vergleich mit unmittelbar beteiligten Kommanditisten, für die §§ 171, 172 Abs. 4 HGB ebenfalls mit der gleichen Zielsetzung gelten, dass die finanzielle Belastung der Fondsgesellschaft kein Argument gegen eine subsidiäre Inanspruchnahme ist, denn die unmittelbaren Kommanditisten haften unstreitig nur subsidiär.

503 So auch *Löhnig*, Treuhand, S. 278 f., demzufolge die Regelung des § 670 BGB dem Schutz des Treugebers dient.

504 Einwendungen sind auch solche aus Treu und Glauben, *Rohe* in: Bamberger/Roth, Beck'scher Online Kommentar BGB, § 404 Rn. 5, und damit wohl auch die Subsidiarität.

505 Damit würde dann die Situation eintreten, dass der sich der Treuhänder zwar das Subsidiaritätserfordernis entgegenhalten lassen muss, da er es noch nicht erfüllt hat, der Gläubiger aber nicht, obwohl der Treuhänder dem Subsidiaritätserfordernis nie nachgekommen ist.

Möglich wäre aber auch, im Treuhandvertrag auf die dispositive[506] Regelung von § 404 BGB zu verzichten,[507] dann müsste sich der Gläubiger den Einwand der Subsidiarität wohl nicht entgegenhalten lassen.

Ebenfalls offen bleiben kann damit das Verhältnis zwischen den Ansprüchen des Treuhänders gegen seine Mitgesellschafter und seine Treugeber. Teilweise wird vertreten, dass der Treuhänder die Treugeber erst nach seinen unmittelbaren Mitgesellschaftern in Anspruch nehmen darf, also eine doppelte Subsidiarität besteht.[508] Eine solche Unterscheidung dürfte jedoch nicht zulässig sein. Damit würde der Treugeber besser gestellt als ein unmittelbar beteiligter Gesellschafter.

4. Umfang des Freistellungs- und Erstattungsanspruches

Somit ist geklärt, dass ein Freistellungs- und Erstattungsanspruch des Treuhänders besteht und dass dieser vom Treuhänder primär geltend gemacht werden kann. Zu klären ist noch der Umfang des Anspruches. Kann der Treuhänder vom jedem Treugeber Freistellung beziehungsweise Erstattung der gesamten Forderung, für die er vom Gläubiger in Anspruch genommen wird, verlangen oder nur anteilig (pro rata) entsprechend der Beteiligungssumme, die der Treuhänder für den Treugeber hält?

Ausgangspunkt dafür ist die Ausgestaltung des Aufwendungserstattungsanspruches. Dieser besteht nur für Aufwendungen, die sich aus dem Auftrag ergeben, die also *„[...] im Zusammenhang [...] mit der übernommenen Kommanditbeteiligung stehen“*.[509] Das ist dahingehend auszulegen, dass bei Inanspruchnahme des Treuhänders nur der Teil der Haftung des Treuhänders, der auf die Beteiligung des Treugebers entfällt, im Zusammenhang mit dessen Beteiligung steht.[510] Für die

506 RG, Urteil vom 20.04.1909 - III 302/08 = RGZ 71, 30, 32.

507 *Roth/Kieninger* in: Rixecker et al., MüKo BGB, § 404 Rn. 19.

508 *Eden*, Treuhandschaft an Unternehmen und Unternehmensanteilen (2. Auflage), S. 57; *Markwardt*, Rechtsgeschäftliche Treuhandverhältnisse bei Personalhandelsgesellschaften, S. 74; *Beuthien*, ZGR 1974, S. 26, 48, der einen Ausgleich *„[...]bei der Gesellschaft (§ 110 HGB) oder seinen Mitgesellschaftern (§ 426 BGB)[...]“* verlangt.

509 *SHB Innovative Fondskonzepte AG*, SHB Fürstenfeldbruck Fondsprospekt; Exemplarisch ebenfalls: *„Der Treugeber ist verpflichtet, die Treuhänderin [...] von allen Verbindlichkeiten [...] freizuhalten, die aus oder im Zusammenhang mit dem Treuhandverhältnis und/oder der für den Treugeber treuhänderisch gehaltenen und/oder verwalteten Beteiligung entstehen“*, *United Investors*, Fondsprospekt Deutsche S&K Sachwerte Nr. 2.

510 Sofern nicht schon im Treuhandvertrag eine klare Regelung enthalten ist, wie zum Beispiel im Fall BGH, Urteil 22.03.2011 - II ZR 100/09 = BeckRS 2011, 09689: *„[...]*

Inanspruchnahme des Treuhänders durch einen Gläubiger kann der Treuhänder den Freistellungs- und Erstattungsanspruch gegenüber dem Treugeber also nur pro rata geltend machen.[511] Zu berücksichtigen sind dabei allerdings nur die Treugeber, die die Einlage noch nicht geleistet oder wieder zurückerhalten haben, denn nur diese verursachen eine Außenhaftung des Treuhänders. Der Anteil der einzelnen Treugeber bestimmt sich deshalb auch nicht aus deren Nominalbeteiligung, sondern aus dem noch offenen Betrag der Einlage, also der Summe, mit der der Treuhänder aus dieser Beteiligung nach außen haftet.

Die Frage, ob der Treuhänder nur diesen anteiligen Freistellungsanspruch wegen seiner Inanspruchnahme an den Gläubiger abtreten darf oder auch den gesamten Freistellungsanspruch wegen noch nicht erbrachter oder zurückgewährter Einlage, ist eine andere Frage und wird bei der Abtretung behandelt.[512]

5. Faktische Außenhaftung durch Abtretung

Als Ergebnis der bisherigen Darstellung kann festgehalten werden, dass der Treugeber keiner unmittelbaren Außenhaftung unterliegt, stattdessen ist er dem Treuhänder zur Freistellung beziehungsweise Erstattung verpflichtet. Das bedeutet, dass die Gläubiger keinen Anspruch aus eigenem Recht gegen den Treugeber haben. In Betracht kommt jedoch eine Inanspruchnahme aus dem Freistellungs- und Erstattungsanspruch, wenn der Treuhänder diesen an den Gläubiger abgetreten hat. Dies geschieht im Regelfall durch Vereinbarung zwischen Treuhänder und Gläubiger. Darin verpflichtet sich der Gläubiger, den Treuhänder nicht in Anspruch zu nehmen, im Gegenzug tritt der Treuhänder seinen Freistellungsanspruch an den Gläubiger ab.[513] Eine solche Abtretung ist grundsätzlich auch zulässig, sie kann unter Ausschluss des Schuldners[514] zwischen dem alten und

---

hat der Treugeber den Treuhänder von dieser Haftung entsprechend seinem Anteil an der für ihn treuhänderisch gehaltenen Kommanditbeteiligung freizustellen“; ebenfalls: *„Der Treugeber trägt in Höhe der von ihm übernommenen Kommanditeinla ge zuzüglich Agio das anteilige wirtschaftliche Risiko der Fondsgesellschaft […]* “, *United Investors*, Fondsprospekt Deutsche S&K Sachwerte Nr. 2.

511 BGH, Urteil vom 28.01.1980 - II ZR 250/78 = NJW 1980, 1163, 1164; *Schmidt* in: Schmidt, MüKo HGB, Vor § 230 Rn. 75; *Schlegelberger/Geßler*, HGB, Vor § 335 Rn. 67; *Casper* in: Staub/Canaris/Schäfer, HGB, § 161 Rn. 254; *Bost/Halfpap* in: Lüdicke/Arndt, Geschlossene Fonds, S. 22; *Wagner*, NZG 2009, S. 733, 735.

512 Zur Abtretbarkeit allgemein siehe sogleich ab S. 106, zur Abtretbarkeit des gesamten Freistellungsanspruches siehe später ab S. 110.

513 Vgl. zum Inhalt einer solchen Abrede *Wagner*, NZG 2014, S. 408, 410.

514 *Grüneberg* in: Palandt, Palandt, § 398 Rn. 1.

dem neuen Gläubiger stattfinden.[515] Als Schutz des an der Abtretung nicht beteiligten Schuldners sieht § 399 BGB vor, dass die Abtretung ausgeschlossen werden kann.[516] Es ist deshalb zu prüfen, ob bei einer treuhänderischen Beteiligung an einer Publikumspersonengesellschaft die Abtretung der Freistellungs- und Erstattungsansprüche des Treuhänders gegen den Treugeber ausgeschlossen ist, also ein Abtretungsverbot besteht.

a) Abtretungsverbot wegen Inhaltsänderung

In Betracht kommt ein Abtretungsverbot aufgrund einer Inhaltsänderung der Forderung, § 399 Alt. 1 BGB. Dass ein Freistellungsanspruch seinen Inhalt ändert, wenn er abgetreten wird, hat schon das Reichsgericht entschieden,[517] dies wurde vom BGH bestätigt.[518] In der Rechtsprechung und Literatur ist allerdings ebenso anerkannt, dass eine Abtretung trotz Inhaltsänderung dann nicht gegen § 399 Alt. 1 BGB verstößt, wenn der Freistellungsanspruch an den Gläubiger abgetreten wird, auf dessen Forderung sich die Freistellungsverpflichtung bezieht.[519] Dem ist zuzustimmen, eine Inhaltsänderung im Sinne von § 399 BGB liegt nicht vor, da die Verpflichtung des Freistellungsschuldners nach wie vor auf Befriedigung des Gläubigers geht.[520] Ein Abtretungsverbot nach § 399 Alt. 1 BGB liegt somit mangels Inhaltsänderung nicht vor.[521]

---

515 Vgl. § 398 S. 1 BGB: „*Eine Forderung kann von dem Gläubiger durch Vertrag mit einem anderen auf diesen übertragen werden*".

516 *Rohe* in: Bamberger/Roth, Beck'scher Online Kommentar BGB, § 398 Rn. 1.

517 RG, Urteil vom 08.10.1912 - II 302/12 = RGZ 80, 183, 184; RG, Urteil vom 27.05.1938 - VII 16/38 = RGZ 158, 6, 12.

518 BGH, Urteil vom 22.01.1954 - I ZR 34/53 = NJW 1954, 795.

519 RG, Urteil vom 08.10.1912 - II 302/12 = RGZ 80, 183, 184; BGH, Urteil vom 22.01.1954 - I ZR 34/53 = NJW 1954, 795; BGH, Urteil vom 22.03.2011 - II ZR 271/08 = NZG 2011, 518 Rn. 14; *Grüneberg* in: Palandt, Palandt, § 399 Rn. 4; *Krüger* in: Rixecker et al., MüKo BGB, § 257 Rn. 9; *Roth/Kieninger* in: Rixecker et al., MüKo BGB, § 399 Rn. 16; *Rohe* in: Bamberger/Roth, Beck'scher Online Kommentar BGB, § 399 Rn. 7.

520 So auch schon RG, Urteil vom 08.10.1912 - II 302/12 = RGZ 80, 183, 184.

521 BGH, Urteil vom 18.10.2012 - III ZR 279/11 = BeckRS 2012, 22870 Rn. 18; BGH, Urteil vom 22.03.2011 - II ZR 271/08 = NZG 2011, 588 Rn. 14; OLG Köln, Beschluss vom 21.08.2008–18 U 63/08 = NZG 2009, 543, 544; OLG Stuttgart, Urteil vom 18.03.2010–14 U 50/09 = NZG 2010, 716, 717; *Henze/Notz* in: Ebenroth et al., HGB, Anh. nach § 177 Rn. 165; *Roth* in: Baumbach/Hopt, HGB, Anhang nach § 177a Rn. 80; *Armbrüster,* Die treuhänderische Beteiligung an Gesellschaften, S. 325; *Menkel*, NZG 2014, S. 1253.

b) Vertraglich vereinbartes Abtretungsverbot

In Betracht kommt, dass die Parteien vertraglich ein Abtretungsverbot vereinbart haben, § 399 Alt. 2 BGB. Ein ausdrückliches Abtretungsverbot dürfte im Regelfall in den Treuhandverträgen nicht enthalten sein.[522] Es ist jedoch auch eine stillschweigende Vereinbarung möglich,[523] was allerdings die Ausnahme ist, denn in der Regel hat der Ausschluss ausdrücklich zu erfolgen.[524] Einen solchen nimmt die Rechtsprechung auch nur zurückhaltend an.[525] Nach dem BGH setzt ein solches stillschweigendes Abtretungsverbot eine vertragliche Einigung über den Ausschluss der Abtretung voraus, dazu muss ein übereinstimmender innerer Wille vorliegen.[526] Mag ein Wille zum Abtretungsausschluss beim Treugeber grundsätzlich noch zu unterstellen sein, dürfte dies beim Treuhänder jedoch scheitern.[527] Dem Treuhänder wird kaum zu unterstellen sein, er wäre damit einverstanden, seine rechtliche Freiheit in Bezug auf seine Möglichkeiten, Haftung und Risiken von sich abzuwenden, einzuschränken. Die in der Praxis häufig genutzte Möglichkeit, dem Gläubiger den Freistellungsanspruch abzutreten und dafür keiner Haftung mehr ausgesetzt zu sein, wird dem Treuhänder ein zentrales Anliegen sein. Nur so kann er das Insolvenzrisiko des Treugebers auf den Gläubiger abwälzen.[528] Mangels eines inneren Willens des Treuhänders liegt keine stillschweigende Vereinbarung eines Abtretungsverbotes vor.

c) Abtretungsverbot aus § 242 BGB

Aber auch unabhängig vom Willen der Beteiligten könnte ein Abtretungsverbot bestehen. Zu denken ist an ein Abtretungsverbot aus den *„allgemeinen Außenschranken der Privatautonomie“*.[529] Bei diesen Schranken handelt es sich um die §§ 134, 138 und 242 BGB[530]. Anhaltspunkte für eine Sittenwidrigkeit sind nicht

522 *Hausbeck,* Haftung der Kapitalanleger, S. 134.

523 *Grüneberg* in: Palandt, Palandt, § 399 Rn. 8; *Roth/Kieninger* in: Rixecker et al., MüKo BGB, § 399 Rn. 34.

524 *Busche* in: von Staudinger, BGB, § 399 Rn. 54.

525 *Roth/Kieninger* in: Rixecker et al., MüKo BGB, § 399 Rn. 34.

526 BGH, Urteil vom 27.02.2007 - XI ZR 195/05 = NJW 2007, 2106 Rn. 14.

527 So auch *Hausbeck,* Haftung der Kapitalanleger, S. 137.

528 BGH, Urteil vom 18.10.2012 - III ZR 150/11 = NJW 2012, 862 Rn. 27; *Hausbeck,* Haftung der Kapitalanleger, S. 137.

529 *Busche* in: von Staudinger, BGB, Einl. zu §§ 398 ff. Rn. 44, § 399 Rn. 3.

530 *Grüneberg* in: Palandt, Palandt, § 399 Rn. 2.

ersichtlich, eine Nichtigkeit wegen Verstoßes gegen ein gesetzliches Verbot ist mangels eines einschlägigen Verbotsgesetzes[531] ebenfalls nicht gegeben.

In Betracht kommt jedoch ein Abtretungsverbot aus Treu und Glauben. Dies könnte sich aus einem Missbrauch der Abtretung ergeben.[532] Dazu müsste der Treuhänder kein eigenes schützenswertes Interesse an der Abtretung haben. Dies kann insbesondere der Fall sein, wenn die Abtretung den Schuldner unzumutbar beschwert.[533] Dabei ist auf die berechtigten Interessen der Beteiligten abzustellen.[534] Es ist aber nicht jedes Interessenungleichgewicht nach Treu und Glauben zu sanktionieren, sondern nur dann, wenn ein *„Festhalten an den formalen Rechtspositionen zu einem grob unbilligen und schlechthin unerträglichen Ergebnis"*[535] führen würde.

Grundsätzlich hat der Treuhänder ein Interesse an der Abtretbarkeit des Freistellungsanspruches. Er kann sich so einer eigenen Haftung durch Vereinbarung mit dem Gläubiger entziehen. Diesem könnte es jedoch an der Schutzwürdigkeit mangeln, da der BGH sich in seiner Rechtsprechung gegen eine Außenhaftung der Treugeber ausgesprochen hat,[536] durch die Abtretung aber eine faktische Außenhaftung herbeigeführt wird. Diese könnte als unzulässiges Substitut der unmittelbaren Außenhaftung deshalb nicht schützenswert sein. Dies hat der BGH jedoch mit ausdrücklichem Hinweis auf § 242 BGB abgelehnt.[537]

Dabei tritt ein deutlicher Wertungswiderspruch zutage. Auf der einen Seite postuliert der BGH, dass eine unmittelbare Außenhaftung der Treugeber nicht in Frage komme, diese seien *„keine echten Gesellschafter und [können] solchen auch nicht gleichgestellt werden"*.[538] Auf der anderen Seite erfolgt eine faktische Gleichstellung, indem die Treugeber einer faktischen Außenhaftung durch Abtretung des Freistellungsanspruches und dessen Umwandlung in einen Zahlungsanspruch

531 § 152 Abs. 1 S. 3 KAGB ist hier unabhängig von seiner Qualifizierung als Verbotsgesetz nicht einschlägig. Er gebietet eine Gleichstellung von unmittelbarem Anleger und Treugeber im Innenverhältnis. Mangels einer vergleichbaren Konstellation bei unmittelbaren Anlegern ist § 152 Abs. 1 S. 3 KAGB kein Regelungsgehalt in Bezug auf eine Abtretbarkeit des Freistellungsanspruches zu entnehmen.

532 Ähnlich wie der Missbrauch des Stimmrechts, vgl. *Grüneberg* in: Palandt, Palandt, § 242 Rn. 51.

533 *Grüneberg* in: Palandt, Palandt, § 399 Rn. 2.

534 BGH, Urteil vom 27.02.2007 - XI ZR 195/05 = NJW 2007, 2106 Rn. 15.

535 *Sutschet* in: Bamberger/Roth, Beck'scher Online Kommentar BGB, § 242 Rn. 80.

536 Vgl. nur BGH, Urteil vom 11.11.2008 - XI ZR 468/07 = NZG 2009, 57.

537 Vgl. BGH, Urteil vom 22.03.2011 - II ZR 271/08 = NJW 2011, 2351 Rn. 15, in dem der BGH die Abtretung des Freistellungsanspruches als zulässig erachtet.

538 BGH, Urteil vom 20.07.2010 - XI ZR 465/07 = NZG 2010, 991 Rn. 25.

den Forderungen der Gläubiger ausgesetzt sind. Für die Treugeber wird auch die Art und Herkunft der gegen sie gerichteten Ansprüche unerheblich sein, sie sehen vielmehr nur, dass sie dem Gläubiger direkt ausgesetzt sind.

Dieser Wertungswiderspruch kann jedoch de lege lata nicht verhindert werden. Denn grundsätzlich ist von der Abtretbarkeit einer Forderung auszugehen.[539] Die gesetzlich normierten Abtretungsausschlüsse greifen wie eben dargestellt nicht. Und die Schranke des § 242 BGB soll nur in besonders unbilligen, mit der Gerechtigkeit nicht zu vereinbarenden Fällen greifen, ein solcher korrigierender Eingriff muss die Ausnahme sein.[540]

Der BGH hat aber zu Recht festgestellt, dass der Treuhänder ein berechtigtes Interesse an der Abtretbarkeit des Freistellungsanspruches hat.[541] Denn der Treuhänder ist regelmäßig finanziell nur mit dem Mindestkapital einer GmbH ausgestattet.[542] Der Treuhänder kann deshalb im Regelfall die von den Gläubigern geltend gemachten Verbindlichkeiten nicht schultern.[543] Sofern der Treugeber die Freistellung des Treuhänders ablehnt, ist dieser einem erheblichen Insolvenzrisiko ausgesetzt. Dieses durch Abtretung abzuwenden, ist ein legitimes Interesse, „*die Wahrnehmung solcher Eigeninteressen gegenüber dem Vertragspartner ist nicht treuwidrig*".[544] Darüber hinaus ist der Treugeber im Ergebnis finanziell nicht belastet.[545] Er trägt so oder so die wirtschaftlichen Belastungen.

Eine Abtretung der Freistellungsansprüche verstößt somit nicht gegen Treu und Glauben, da ein schutzwürdiges Interesse des Treuhänders vorliegt.

d) Abtretungsverbot für Einlageforderung

Die eben angestellten Überlegungen gelten nur für den Freistellungsanspruch aufgrund einer konkreten Inanspruchnahme des Treuhänders durch einen Gläubiger. Darüber hinaus hat der Treuhänder im Regelfall einen weiteren Freistellungsanspruch gegen die Treugeber.

---

539 *Busche* in: von Staudinger, BGB, § 399 Rn. 1.

540 *Schubert* in: Rixecker et al., MüKo BGB, § 242 Rn. 438; *Sutschet* in: Bamberger/Roth, Beck'scher Online Kommentar BGB, § 242 Rn. 91.

541 BGH, Urteil vom 18.10.2012 - III ZR 150/11 = NJW 2013, 862 Rn. 27; ebenso *Stöber*, NZG 2011, S. 738, 740.

542 Die Treuhänder sind meist als GmbH oder GmbH & Co. KG organisiert.

543 BGH, Urteil vom 18.10.2012 - III ZR 150/11 = NJW 2013, 862 Rn. 27.

544 BGH, Urteil vom 18.10.2012 - III ZR 150/11 = NJW 2013, 862 Rn. 27.

545 *Hausbeck*, Haftung der Kapitalanleger, S. 139; ebenso OLG Karlsruhe, Urteil vom 06.08.2009–4 U 9/08 = BeckRS 2009, 23607, das „*schutzwürdige Interessen [des Treugebers] […] nicht tangiert*" sieht.

Dem liegt zugrunde, dass der Treuhänder regelmäßig nicht nur für einen Treugeber, sondern für alle an der Gesellschaft beteiligten Treugeber agiert.[546] Wird der Treuhänder von einem Gläubiger in Anspruch genommen, hat er deshalb pro rata einen Freistellungs- und Erstattungsanspruch gegen die Treugeber. Gleichzeitig und unabhängig von der Inanspruchnahme durch den Gläubiger hat er einen Freistellungsanspruch in Höhe der noch nicht erbrachten oder zurückgewährten Einlage,[547] der bei vielen Treugebern den Anteil des einzelnen Treugebers an der Forderung des Gläubigers übersteigen kann. Dieser Freistellungsanspruch ergibt sich aus dem Aufwendungsersatzanspruch, der entweder aus dem Treuhandvertrag oder § 670 BGB resultiert und der von § 257 BGB dahingehend erweitert wird, dass bei einer bestehenden Aufwendungsersatzverpflichtung der Ersatzberechtigte auch im Voraus Befreiung von einer schon übernommenen, aber noch nicht erfüllten Verpflichtung verlangen kann. § 257 BGB wird in diesem Zusammenhang so ausgelegt, dass der Freistellungsanspruch sofort mit Eingehung der Verbindlichkeit, von der freizustellen ist, fällig wird, unabhängig davon, ob die Verbindlichkeit ihrerseits bereits fällig ist, wobei es nicht darauf ankommt, ob die Verbindlichkeit demnächst oder erst in vielen Jahren fällig wird.[548] Damit könnte der Treuhänder in Betracht ziehen, dem Gläubiger diesen Freistellungsanspruch abzutreten, und zwar in seiner gesamten Höhe. Dies hätte den Vorteil, dass der Treuhänder die solventesten Treugeber aussuchen könnte und der Gläubiger sich an wenige einzelne Treugeber halten müsste. Dies würde zu einer wesentlich höheren Belastung der einzelnen Treugeber führen. Ein solches Vorgehen ist jedoch nicht zulässig.[549] Hier greift das Abtretungsverbot aus § 399 Alt. 1 BGB wegen Inhaltsänderung.[550] Denn die Forderung wird nicht an ihren Gläubiger (die Gesellschaft), sondern an einen Dritten abgetreten. Eine Abtretung ist dem Treuhänder somit nur in Höhe des auf den einzelnen Treugeber entfallenden Teils der vom Gläubiger konkret geltend gemachten Forderung möglich.

---

546 *Roth* in: Baumbach/Hopt, HGB, § 161 Rn. 4, Anh. nach § 177a Rn. 77; *Bost/Halfpap* in: Lüdicke/Arndt, Geschlossene Fonds, S. 20.

547 *Strohn* in: Ebenroth et al., HGB, § 171 Rn. 120.

548 BGH, Urteil vom 05.05.2010 - III ZR 209/09 = NZG 2010, 790 Rn. 20; *Grüneberg* in: Palandt, Palandt, § 257 Rn. 1; *Krüger* in: Rixecker et al., MüKo BGB, § 257 Rn. 8; *Rutschmann*, DStR 2010, S. 555, 557.

549 So auch *Casper* in: Staub/Canaris/Schäfer, HGB, § 161 Rn. 254, der beim Ausfall eines Treugebers ein Umlegen auf die anderen Treugeber für unzulässig hält.

550 BGH, Urteil vom 11.10.2011 - II ZR 242/09 = NZG 2011, 1432 Rn. 33.

6. Haftung für ausgefallene Treugeber

Ob die Treugeber neben ihrer Haftung aufgrund der Freistellungs- und Erstattungsverpflichtung noch eine andere Haftung treffen kann, ist nicht abschließend geklärt. In Betracht kommt eine Haftung für ausgefallene Mit-Treugeber.

Grundlage dafür könnte eine Verbindung der Treugeber untereinander sein. Denn welche Rechtsbeziehungen neben den Rechtsbeziehungen Treuhänder–Publikumsgesellschaft und Treuhänder–Treugeber bestehen, ist nicht abschließend geklärt. In Betracht kommt eine Innengesellschaft bürgerlichen Rechts (Innen-GbR). Es existieren im Gesellschafts- und im Treuhandvertrag keine expliziten Regelungen dahingehend. Eine GbR kann aber, mangels Schriftformerfordernisses, auch durch mündliche Absprache und sogar konkludent begründet werden.[551]

Für das Zustandekommen einer GbR sind grundsätzlich eine auf Dauer angelegte vertragliche Beziehung, ein gemeinsamer Zweck mit entsprechenden Förderpflichten sowie eine Treuebindung und der persönliche Charakter des Zusammenschlusses notwendig.[552] Der BGH geht vom Vorliegen einer GbR zwischen den Treugebern aus, wenn die folgenden Merkmale erfüllt sind:[553]

- Es muss ein gemeinsamer Zweck gefördert, nicht nur ein gemeinschaftlicher Zweck verfolgt werden.
- Im Treuhandvertrag werden nicht nur die vertikalen Rechtsbeziehungen zwischen Treugeber und Treuhänder geregelt, sondern auch die Rechtsbeziehungen zwischen den Treugebern untereinander.
- Es bestehen Anlegerversammlungen.

Auch hinsichtlich des Rechtsbindungswillens der Treugeber-Anleger sieht der BGH kein Problem.[554] Dieser ergibt sich nach dem BGH aus der Unterzeichnung der Beitrittserklärung und dem darin liegenden Abschluss des Treuhandvertrages.

Der dem Urteil des BGH zugrunde liegende Fall betraf einen Sachverhalt, bei dem im Treuhandvertrag eine Anlegerversammlung gebildet wurde. Diese

---

551 *Schäfer* in: Rixecker et al., MüKo BGB, § 705 Rn. 25 ff.

552 *Schäfer* in: Rixecker et al., MüKo BGB, Vor § 705 Rn. 5 ff.; *Schöne* in: Bamberger/Roth, Beck'scher Online Kommentar BGB, § 705 Rn. 8 ff.

553 BGH, Urteil vom 11.01.2011 - II ZR 187/09 = NZG 2011, 276; *Wagner*, GWR 2013, S. 7, 9.

554 BGH, Urteil vom 11.01.2011 - II ZR 187/09 = NZG 2011, 276; anders *Bälz*, ZGR 1980, S. 27, der einen Vertragsschluss für eine Verbindung zwischen den Treugebern untereinander für notwendig, aufgrund der Masse der Anleger aber für unrealistisch hält und davon ausgeht, dass im Regelfall angesichts der anonymen Vielzahl der Anleger überhaupt keine Verbindung zwischen den Treugebern besteht.

war zuständig für die Willensbildung unter den Treugeber-Anlegern und fasste einen Beschluss, wie der Treuhänder angewiesen werden sollte, in der Gesellschafterversammlung des Fonds abzustimmen. Darüber hinaus bestimmte die Anlegerversammlung auch zwei der drei Beiräte des Fonds. Sofern eine solche Konstruktion vorliegt, bei der die Treugeber-Anleger gemeinsam und untereinander zusammenwirken, um eine (einheitliche) Willensbildung gegenüber der Gesellschaft durchzuführen, ist ein gemeinsamer Zweck in der GbR gegeben.[555]

Fraglich ist, ob ein gemeinsamer Zweck auch dann angenommen werden kann, wenn die Treugeber-Anleger keine gemeinsame Willensbildung durchführen[556](zum Beispiel wenn der Treuhänder sein Stimmrecht gesplittet ausüben darf und deshalb jeder Treugeber eine eigene Weisung erteilt).[557]

Ein solcher gemeinsamer Zweck könnte dann darin liegen, dass die Anleger allesamt (wirtschaftlich gesehen) einen Teil an der Gesellschaft halten und ihr gegenüber zur Treue verpflichtet sind.[558] Fraglich ist jedoch, ob dies eine ausreichende gemeinsame Zweckverfolgung begründet und jeder Anleger eine solche Förderung von den anderen Anlegern verlangen kann.[559] Hier kann eine Parallele zu den Fällen gezogen werden, in denen ein einzelner Vermögensgegenstand gehalten und verwaltet werden soll. In diesen Fällen reicht das bloße Halten des Vermögensgegenstandes, hier also der Anlage, nicht aus, es muss ein darüber hinausgehender Zweck bestehen.[560] Ein solcher ist aber in der in dieser

555 So für einen Beirat beziehungsweise eine Vertreterversammlung, die die Rechte der Treugeber wahrnehmen, schon *Sauer,* Die Publikums-Kommanditgesellschaft, S. 45; ebenso *Priester,* ZIP 2011, S. 697, 700; anders *Krämer,* FS Blaurock, S. 225, 231, der selbst dann keine Innen-GbR sieht, da die Anleger keinen gemeinsamen, sondern nur einen gemeinschaftlichen Zweck verfolgen würden.

556 Dies ist der Regelfall, *Altmeppen,* ZIP 2011, S. 326, 327.

557 So *Henze/Notz* in: Ebenroth et al., HGB, Anh. B nach § 177a Rn. 11; *Singhof/Seiler/Schlitt,* Mittelbare Gesellschaftsbeteiligungen, Rn. 596, die davon ausgehen, dass es *„charakteristisch für solche Publikums- Treuhandgesellschaften [sei], dass die Anleger als Treugeber des einen Kommanditanteils keineswegs unverbunden nebeneinander stehen, sondern in einem mehrgliedrigen Gesellschaftsverhältnis – einer Gesellschaft bürgerlichen Rechts – zusammengefasst sind*"; *Eden,* Treuhandschaft an Unternehmen und Unternehmensanteilen, S. 327.

558 *Schlitt/Bortfeldt* in: Reichert, GmbH & Co. KG, § 40 Rn. 61.

559 *Schöne* in: Bamberger/Roth, Beck'scher Online Kommentar BGB, § 705 Rn. 64.

560 OLG Düsseldorf, Urteil vom 14.03.1973–3 W 27/73 = BB 1973, 1325; *Schöne* in: Bamberger/Roth, Beck'scher Online Kommentar BGB, § 705 Rn. 64; *Bergmann* in: Herberger et al., Juris PK BGB, § 705 Rn. 34, der eine *„gewollte und erklärte"* Bildung der Gesellschaft fordert.

Arbeit behandelten Konstellation (keine Verknüpfung der Treugeber untereinander im Treuhandvertrag durch zum Beispiel Anlegerversammlungen) nicht gegeben.[561] Die Treugeber sind nur an ihrer Anlage interessiert und wollen das Verwalten der Gesellschaft überlassen. Sie haben gerade kein Interesse daran, ihre Mittreugeber kennenzulernen und mit diesen umfangreiche Beziehungen einzugehen.[562] Zwar haben sie Stimm- und Kontrollrechte, diese üben sie aber alleine, nicht gemeinsam aus. Ein solcher Zweck müsste auch über die schon bestehenden Rechtsverbindungen hinausgehen,[563] was hier nicht der Fall ist[564], die Ausübung der dem Treugeber zustehenden Rechte ist im Gesellschaftsvertrag der Fondsgesellschaft geregelt, ebenso wie die Treuepflichten. Aufgrund dieser ebenfalls eine Innen-GbR anzunehmen, ist deshalb nicht möglich.[565]

Für den Fall, dass zwar keine den Treuhänder anweisende Anlegerversammlung angelegt ist, aber zum Beispiel eine informierende oder nur einen Beirat wählende Anlegerversammlung, kommt es auf die konkrete Ausgestaltung im Treuhandvertrag an. Es ist jedoch nicht auszuschließen, dass auch dann schon von der Rechtsprechung eine Innen-GbR angenommen wird.[566]

---

561 *Maulbetsch*, Beirat und Treuhand in der Publikumspersonengesellschaft, S. 144; *Wagner*, Die Massenkommanditgesellschaft als Mittel zur Vermögensbeteiligung der Arbeitnehmer, S. 89; das Vorliegen einer Innen-GbR in einem solchen Fall ebenfalls verneinend: OLG Stuttgart, Urteil vom 10.10.2012–14 U 13/12 = BeckRS 2013, 04352; AG Düsseldorf, Urteil vom 31.10.2012–47 C 3288/12 = BeckRS 2012, 24959.

562 Dies verkennen *Henze/Notz* in: Ebenroth et al., HGB, Anh. B nach § 177a Rn. 11 und *Singhof/Seiler/ Schlitt*, Mittelbare Gesellschaftsbeteiligungen, Rn. 596.

563 *Sprau* in: Palandt, Palandt, § 705 Rn. 33.

564 Ebenso für eine nicht-qualifizierte Treuhand, bei der aber gleichwohl einzelne Rechte an die Treugeber abgetreten wurden, OLG Hamburg, Urteil vom 17.05.2013–11 U 106/12 = BeckRS 2015, 01621.

565 So auch (ohne nähere Begründung) der BGH für eine zwar nicht als qualifizierte Treuhand zu wertende Konstellation, in der aber die Treugeber hinsichtlich der Erträge unmittelbaren Gesellschaftern gleichgestellt waren und darüber hinaus vom Treuhänder verlangen konnten, eine Stimmrechtsvollmacht ausgestellt zu bekommen, BGH, Beschluss vom 23.09.2014 - II ZR 374/13 = BeckRS 2015, 01517; ebenso für eine qualifizierte Treuhand BGH, Urteil vom 16.12.2014 - II ZR 277/13 = BeckRS 2015, 02167; ebenfalls eine Innen-GbR ablehnend: *Wagner* in: Assmann/Schütze, Handbuch des Kapitalanlagerechts, § 17 Rn. 312.

566 Wobei sich der Grund des BGH zur Annahme einer Innen-GbR in seinem Urteil vom 11.01.2011 - II ZR 187/09 = NZG 2011, 276, mit der neueren Rechtsprechung des BGH, Urteil vom 05.02.2013 - II ZR 134/11 = NZG 2013, 379, erledigt haben dürfte. Die im früheren Urteil aus der Innen-GbR hergeleiteten Auskunfts- und Informationsrechte leitet der BGH jetzt direkt aus der auf dem Gesellschaftsvertrag basierenden Vertrags-

In den Fällen, in denen eine Innen-GbR vorliegt, ist an eine Haftung der einzelnen Treugeber für den Ausfall ihrer Mit-Treugeber zu denken.[567] Dabei muss zuerst abgegrenzt werden, ob es sich bei der Innen-GbR wirklich um eine Innengesellschaft handelt oder ob nicht in Wirklichkeit eine Außengesellschaft vorliegt. Diese Abgrenzung ist entscheidend, denn eine Haftung kommt nur bei Außengesellschaften in Betracht. Eine reine Innengesellschaft unterliegt nicht der Außenhaftung, eine persönliche Haftung des Gesellschafters scheidet im Regelfall aus.[568] Dies liegt daran, dass die Innengesellschaft im absoluten Regelfall kein Gesamthandsvermögen bildet und nach Rechtsprechung und herrschender Literatur ein solches auch nicht bilden kann.[569] Es bestehen rein schuldrechtliche Beziehungen, die Gesellschafter treten als Einzelpersonen auf.[570] Eine gesellschaftsrechtliche Haftung für Verbindlichkeiten der Gesellschaft (die ohne Gesamthandsvermögen nicht bestehen) oder anderer Gesellschafter kommt somit nicht in Betracht.[571]

Für eine Abgrenzung zwischen Innen- und Außengesellschaft gibt es verschiedene Ansätze. Zum einen wird eine Abgrenzung anhand des Vorliegens von Gesellschaftsvermögen vorgenommen.[572] So soll eine Innengesellschaft vorliegen, wenn kein Gesamthandsvermögen vorhanden ist. Zum andern wird auf die Nichtteilnahme am Rechtsverkehr in Form von fehlenden Vertretungsregelungen im Gesellschaftsvertrag abgestellt.[573] Wie *Schöne* richtigerweise darlegt, ist das Kriterium des Gesamthandsvermögens jedoch zur Abgrenzung nicht tauglich, da umstritten ist, ob bei einer Innengesellschaft Gesamthandsvermögen vorliegen darf.[574] Vielmehr

beziehung zwischen den Gesellschaftern her, in die er explizit auch die Treugeber miteinbezieht. Das Bedürfnis zur Annahme einer Innen-GbR dürfte damit stark gesunken sein.

567 *Bost/Halfpap* in: Lüdicke/Arndt, Geschlossene Fonds, S. 39 f.

568 *Schäfer* in: Rixecker et al., MüKo BGB, § 705 Rn. 284; *Servatius* in: Henssler/Strohn, Gesellschaftsrecht, § 705 Rn. 9; *Ulmer/Schäfer* in: Ulmer/Schäfer, GbR, § 705 Rn. 284; *Schöne* in: Bamberger/Roth, Beck'scher Online Kommentar BGB, § 705 Rn. 163; *Sprau* in: Palandt, Palandt, § 705 Rn. 33.

569 *Schöne* in: Bamberger/Roth, Beck'scher Online Kommentar BGB, § 705 Rn. 138 m.w.N.

570 *Schäfer* in: Rixecker et al., MüKo BGB, § 705 Rn. 279.

571 *Schäfer* in: Rixecker et al., MüKo BGB, § 705 Rn. 284; *Schöne* in: Bamberger/Roth, Beck'scher Online Kommentar BGB, § 705 Rn. 163.

572 BGH, Urteil vom 21.12.1972 - II ZR 13/71 = WM 1973, 296, 297; *Schöne* in: Bamberger/Roth, Beck'scher Online Kommentar BGB, § 705 Rn. 135.

573 BGH, Urteil vom 23.06.1960 - II ZR 172/59 = NJW 1960, 1851, 1852.

574 *Schöne* in: Bamberger/Roth, Beck'scher Online Kommentar BGB, § 705 Rn. 135; ebenso *Schäfer* in: Rixecker et al., MüKo BGB, § 705 Rn. 277; *Servatius* in: Henssler/Strohn, Gesellschaftsrecht, § 705 Rn. 8.

ist das Kriterium der Nichtteilnahme am Rechtsverkehr dahingehend zu erweitern und zu präzisieren, dass es darauf ankommt, dass nach Zweck und Rechtsgestalt der Gesellschaft eine Rechtsträgerschaft nach außen angelegt ist.[575] Soll die Gesellschaft nicht Rechtsträger sein, liegt eine Innengesellschaft auch dann vor, wenn die Gesellschafter als solche nach außen gemeinsam auftreten,[576] erst ein Auftreten der Gesellschaft „*als solche*"[577] macht diese zur Außengesellschaft.

Im vorliegenden Fall ist anhand dieser Kriterien von einer Innengesellschaft auszugehen.[578] Zwar spricht der BGH streckenweise von einer „*(Innen)GbR*"[579], er benutzt aber überwiegend das Wort Innengesellschaft. Dem ist auch inhaltlich zuzustimmen. Zwar haben die Treugeber in einer eventuellen Innengesellschaft ein Organ in Form des Treuhänders,[580] ein solches schadet aber nicht.[581] Denn eine Teilnahme der Gesellschaft am Rechtsverkehr haben die Treugeber trotzdem nicht vereinbart. Die Gesellschaft dient der internen Willensbildung, die dann vom Treuhänder als Einzelperson, nicht stellvertretend oder im Namen der Gesellschaft, in die Fondsgesellschaft eingebracht wird.[582]

Somit handelt es sich bei der Gesellschaft der Treugeber untereinander um eine Innengesellschaft. In einer solchen bestehen aber wie dargelegt keine Gesellschaftsschulden und damit auch keine Haftung der Gesellschafter für solche. Es kommt höchstens eine persönliche Verpflichtung der Treugeber-Gesellschafter

---

575 So *Schmidt,* Gesellschaftsrecht, S. 1289; *Schäfer* in: Rixecker et al., MüKo BGB, § 705 Rn. 279; *Schöne* in: Bamberger/Roth, Beck'scher Online Kommentar BGB, § 705 Rn. 139; *Servatius* in: Henssler/Strohn, Gesellschaftsrecht, § 705 Rn. 7; *Westermann* in: Erman, BGB, Vor § 705 Rn. 27.

576 *Schmidt,* Gesellschaftsrecht, S. 1289.

577 *Schöne* in: Bamberger/Roth, Beck'scher Online Kommentar BGB, § 705 Rn. 139.

578 BGH, Urteil vom 11.01.2011 - II ZR 187/09 = NZG 2011, 276; so auch *Schmidt,* NZG 2011, S. 361 ff.; *Markwardt,* BB 2011, S. 643, 644; *Altmeppen*, ZIP 2011, S. 326, 327.

579 BGH, Urteil vom 11.01.2011 - II ZR 187/09 = NZG 2011, 276 Rn. 10.

580 BGH, Urteil vom 11.01.2011 - II ZR 187/09 = NZG 2011, 276 Rn. 13.

581 *Schnücking* in: Gummert/Butzer, Münchener Handbuch des Gesellschaftsrechts Band 1, § 3 Rn. 52; *Schöne* in: Bamberger/Roth, Beck'scher Online Kommentar BGB, § 705 Rn. 160.

582 Dieses Ergebnis ist unabhängig davon, ob der Treuhänder als Gesellschafter der Innengesellschaft angesehen wird, so das Berufungsgericht im Fall des BGH, Urteil vom 11.01.2011 - II ZR 187/09 = NZG 2011, 276 Rn. 11; *Henze* in: Ebenroth et al., HGB, § 177a Anh. B Rn. 9; *Schmidt,* NZG 2011, S. 361, 366, oder ob die Innengesellschaft auf die Treugeber beschränkt ist, so wohl *Bost/Halfpap* in: Lüdicke/Arndt, Geschlossene Fonds, S. 39. Denn in beiden Fällen treten nur die Treugeber als Einzelpersonen nach außen auf, die Innengesellschaft soll nur die Willensbildung leiten.

in Betracht.[583] Für eine solche liegen aber keine Anzeichen vor, die Treugeber gehen ihre Verpflichtungen aus dem Treuhandvertrag alleine für ihre eigene Person ein. Zwar kann man über einen vermögensmäßigen Zweck der Gesellschaft noch diskutieren,[584] eine persönliche Verpflichtung der einzelnen Treugeber-Gesellschafter für die Verbindlichkeiten der anderen Treugeber- Gesellschafter kann man jedoch nicht annehmen.

Damit bleibt nur die Möglichkeit, dass der Treuhänder ebenfalls Gesellschafter der Innengesellschaft ist[585] und einen Ausgleichsbeziehungsweise Regressanspruch gegen die Treugeber als Mitgesellschafter für gegenüber der Fondsgesellschaft eingegangene Verbindlichkeiten hat. Unklar ist aber, auf welcher Anspruchsgrundlage ein solcher Anspruch beruhen sollte.

Ein Anspruch nach § 426 BGB setzt ein Gesamtschuldverhältnis voraus. Ein solches besteht aber analog § 128 HGB nur für Gesellschaftsverbindlichkeiten, welche aber bei einer Innengesellschaft nicht vorhanden sind. Auch über diese gesetzliche Anordnung hinaus ist keine Gesamtschuld gegeben. Denn die Treugeber und der Treuhänder (!) schulden die Leistung nicht „*in der Weise, dass jeder die ganze Leistung zu bewirken verpflichtet [...] ist* "[586]. Der Treuhänder schuldet eine andere Leistung als die Treugeber. Er haftet den Gläubigern der Fondsgesellschaft gesellschaftsrechtlich direkt auf die gesamte Summe der auf seinen Gesellschaftsanteil entfallenden nicht bezahlten oder zurückgewährten Einlage, wohingegen die Treugeber schuldrechtlich nur für den auf sie entfallenden Anteil haften, und zwar nicht den Gläubigern, sondern dem Treuhänder. Damit fehlt es an „*eine[r]*"[587] Leistung ebenso wie an der Verpflichtung zur Bewirkung aufs Ganze. Spiegelbildlich liegt auch keine Gesamtgläubigerstellung für die Gegenleistung vor, wie dies bei gemeinschaftlicher Teilnahme der Innengesellschafter am Rechtsverkehr der Fall und für eine Gesamtschuld in diesem Fall auch notwendig ist.[588] Von Treuhänder und Treugeber ist nicht jeder berechtigt, die ganze Leistung zu fordern, der Schuldner (die Gesellschaft) ist auch nicht berechtigt, nach ihrem

583 *Gummert* in: Gummert/Butzer, Münchener Handbuch des Gesellschaftsrechts Band 1, § 18 Rn. 2.

584 So *Bost/Halfpap* in: Lüdicke/Arndt, Geschlossene Fonds, S. 39.

585 So das Berufungsgericht im Fall des BGH, Urteil vom 11.01.2011 - II ZR 187/09 = NZG 2011, 276 Rn. 11; *Henze* in: Ebenroth et al., HGB, § 177a Anh. B Rn. 9; *Schmidt*, NZG 2011, S. 361, 366.

586 Vgl. § 421 S. 1 BGB.

587 Vgl. § 421 S. 1 BGB.

588 *Schäfer* in: Rixecker et al., MüKo BGB, § 714 Rn. 10.

Belieben an Treuhänder oder Treugeber zu leisten.[589] Somit zeigt auch das Fehlen der Gesamtgläubigerstellung, dass keine Gesamtschuld vorliegt. Damit liegt auch kein Ausgleichsanspruch nach § 426 BGB vor.

Als Haftungsgrundlage denkbar wäre noch, dass die Treugeber zusammen den Treuhänder als geschäftsführenden Gesellschafter[590] beauftragt haben, die Verbindlichkeiten gegenüber der Fondsgesellschaft einzugehen, und deshalb ein Aufwendungsersatzanspruch aus § 713 BGB in Verbindung mit Auftragsrecht besteht. Ein solcher Anspruch, der im Übrigen primär gegen die Gesellschaft gerichtet ist, ist jedoch abzulehnen. Damit wird der Inhalt des Gesellschaftsvertrages der Innen-GbR überstrapaziert. Diese ist, wenn man ihre Existenz annimmt, allenfalls auf die gemeinsame Willensbildung gerichtet. Wie *Bost/Halfpap* zutreffend anmerken, ist das Eingehen von Verbindlichkeiten gegenüber der Fondsgesellschaft nicht mehr vom Gesellschaftszweck der Innengesellschaft gedeckt.[591] Der Gesellschaftszweck umfasst nur die Willensbildung in Bezug auf Stimm-, Kontroll- und Widerspruchsrechte, nicht dagegen vermögensmäßige Aspekte.[592] Dies ist auch für eine Haftung wegen Einlagenrückgewähr aufgrund eines in der Innengesellschaft gefassten Auszahlungsbeschlusses nicht anders zu bewerten. Denn die Gesellschafter wollen damit eine Auszahlung nur an sich selbst als einzelnen Treugeber, nicht an die Gesamtheit der Treugeber (womit dann eine Außengesellschaft gegeben wäre). Darüber hinaus ist § 713 BGB dispositiv[593] und der Ersatzanspruch nach §§ 713, 670 BGB auf den Verlustanteil des einzelnen Gesellschafters beschränkt[594], sodass davon ausgegangen werden muss, dass – zumindest konkludent[595]– eine Begrenzung der Haftung des einzelnen Gesellschafters auf seine Beteiligungsquote vereinbart und für Verbindlichkeiten, die

589 Vgl. der Wortlaut von § 428 BGB: *„Sind mehrere eine Leistung in der Weise zu fordern berechtigt, dass jeder die ganze Leistung fordern kann, der Schuldner aber die Leistung nur einmal zu bewirken verpflichtet ist (Gesamtgläubiger), so kann der Schuldner nach seinem Belieben an jeden der Gläubiger leisten.“*

590 *Schmidt*, NZG 2011, S. 361, 366.

591 *Bost/Halfpap* in: Lüdicke/Arndt, Geschlossene Fonds, S. 40; *Zeising*, DZWIR 2016, S. 301, 306.

592 Dies ist im Lichte der anderen Bestimmungen im Treuhandvertrag zu sehen: Im vom BGH entschiedenen Fall sah § 6 des Treuhandvertrages vor, dass die Treugeber den Treuhänder auch einzeln anweisen können und dieser dann sein Stimmrecht anteilig ausübt, vgl. BGH, Urteil vom 11.01.2011 - II ZR 187/09 = NZG 2011, 276.

593 Vgl. der Wortlaut von § 713 BGB: *„soweit sich nicht aus dem Gesellschaftsverhältnis ein anderes ergibt“*, ebenso *Schäfer* in: Rixecker et al., MüKo BGB, § 713 Rn. 2.

594 *Schäfer* in: Rixecker et al., MüKo BGB, § 713 Rn. 15.

595 Dies ist möglich, vgl. *Schäfer* in: Rixecker et al., MüKo BGB, § 713 Rn. 2.

auf die Beteiligung der anderen Anleger entfallen, eine Haftung ausgeschlossen ist. Daraus ergibt sich auch, dass eventuelle andere Anspruchsgrundlagen aus dem Gesellschaftsverhältnis ausscheiden. Denn wenn das Handeln des Gesellschafters nicht vom Gesellschaftszweck gedeckt ist, kann von vornherein keine Haftung der Mitgesellschafter bestehen. So zum Beispiel bei Auflösung oder sonstiger Beendigung der Gesellschaft: eine Schuldenbefreiung der einzelnen Gesellschafter ist in der Innengesellschaft grundsätzlich nicht durchzuführen.[596] Darüber hinaus mangelt es aber auch an gemeinschaftlichen Schulden, da die Eingehung einer Verbindlichkeit für die Gesellschaft oder die Gesamtheit der Gesellschafter nicht vom Gesellschaftszweck gedeckt ist.

Eine Haftung der Treugeber als Gesellschafter einer Innengesellschaft für ausgefallene Mit-Treugeber besteht somit nicht.

7. Regressmöglichkeiten des Treugebers

Tätigt der Treugeber eine Zahlung an den Gesellschaftsgläubiger, ist die Frage, ob ihm deshalb ein Regressanspruch gegen die Gesellschaft, Mitgesellschafter des Treuhänders beziehungsweise seine Mit-Treugeber zusteht. Es soll zuerst dargestellt werden, wie die Rechtslage vor dem Inkrafttreten des KAGB zu beurteilen war, und anschließend auf die durch das KAGB erfolgten Änderungen eingegangen werden.

a) Regressmöglichkeiten gegen die Gesellschaft

In Betracht kommt ein Aufwendungsersatzanspruch des Treugebers nach § 110 HGB. Dieser steht jedoch nach dem Gesetzeswortlaut dem „*Gesellschafter*" zu. Somit können nicht zum Gesellschafterkreis gehörende Dritte grundsätzlich keine eigenen Ansprüche aus § 110 HGB erlangen.[597] Der Treugeber könnte aber „*Gesellschafter*" im Sinne von § 110 HGB sein. Wie oben dargestellt,[598] handelt es sich bei dem Treugeber in Bezug auf das Abspaltungsverbot um ein Mitglied des Gesellschafterkreises. Dies könnte auch hier zutreffend sein. Eine Parallele könnte sich zu dem vom BGH entschiedenen Fall eines stillen Gesellschafters ergeben.[599] Dort war der Kläger als atypischer stiller Gesellschafter an einer KG beteiligt, an der er im Innenverhältnis wie ein Kommanditist gestellt werden sollte. Der Kläger

596 *Schäfer* in: Rixecker et al., MüKo BGB, § 730 Rn. 15; *Hadding/Kießling* in: Soergel, BGB, Vor § 730 Rn. 11.

597 *Schäfer* in: Staub/Canaris/Schäfer, HGB, § 110 Rn. 11.

598 Siehe oben ab S. 21.

599 BGH, Urteil vom 17.12.2001 - II ZR 382/99 = NZG 2002, 232.

bestellte in der Folgezeit eine Grundschuld an seinem Grundstück für einen der KG gewährten Kredit. Als die Bank später vom Kläger unter Androhung von Zwangsvollstreckung Zahlung verlangte, beglich dieser die Verbindlichkeiten der KG. Mit seiner Klage begehrte der Kläger Erstattung vom Komplementär sowie von der Gesellschaft. Für diesen Fall hat der BGH entschieden, dass dem Kläger ein Anspruch aus § 110 HGB gegen die Gesellschaft zusteht und er von dem Komplementär nach § 426 BGB Ausgleich verlangen kann. Den Anspruch des Klägers nach § 110 HGB hat der BGH damit begründet, dass jeder Gesellschafter von der Gesellschaft Ausgleich verlangen kann, wenn er ein Sonderopfer für sie erbracht hat.[600] Dabei kommt es nach dem BGH auf eine wirtschaftliche Betrachtungsweise an, eine Zahlung auf eine Schuld der KG ist nicht notwendig, vielmehr sei die Zahlung auf die Grundschuld der Erfüllung einer Gesellschaftsverbindlichkeit wie durch einen persönlich haftenden Gesellschafter gleichgestellt.[601]

Für den BGH macht es somit anscheinend keinen Unterschied, ob derjenige, der die Gesellschaftsverbindlichkeit begleicht, für diese auch persönlich aus einer gesellschaftsrechtlichen Verpflichtung haftet. Denn der (atypische) stille Gesellschafter haftet nicht für Verbindlichkeiten des Inhabers des Handelsgeschäfts nach §§ 128, 171 HGB.[602] Es scheint ausreichend zu sein, dass der Zahlende ein schuldrechtliches Interesse beziehungsweise eine Verpflichtung hat. Ebenso verhält es sich aber mit dem Treugeber. Dieser haftet auch nicht unmittelbar für die Gesellschaftsverbindlichkeiten, er hat aber aufgrund des Freistellungs- und Erstattungsanspruches ein Interesse an der Begleichung der Gesellschaftsverbindlichkeiten. Dementsprechend hat der BGH nun auch entschieden, dass Anspruchsberechtigte des § 110 HGB auch die Gesellschafter sind, die nur über einen Treuhänder beteiligt sind, wenn sie eine einem unmittelbaren Gesellschafter entsprechende Rechtsstellung erlangt haben.[603]

Dieser Argumentation ist in Bezug auf ein Treuhandverhältnis in Publikumspersonengesellschaften zuzustimmen. Der Treugeber befindet sich in einer ähnlichen Interessenlage wie ein unmittelbarer Gesellschafter. Er begleicht bei Zahlung an einen Gesellschaftsgläubiger Gesellschaftsschulden, für die primär die Gesellschaft einstandspflichtig ist. Dementsprechend muss ihm auch ein Recht zustehen, von der Gesellschaft Ersatz dieser Zahlungen zu verlangen.[604]

---

600 BGH, Urteil vom 17.12.2001 - II ZR 382/99 = NZG 2002, 232.

601 BGH, Urteil vom 17.12.2001 - II ZR 382/99 = NZG 2002, 232.

602 BGH, Beschluss vom 01.03.2010 - II ZR 249/08 = NZG 2010, 823.

603 BGH, Urteil vom 29.09.2015 - II ZR 403/13 = NZG 2015, 1353 Rn. 16.

604 So wohl auch *Wagner*, GWR 2013, S. 7, 11, der beanstandet, dass dem Treugeber keine dem unmittelbaren Gesellschafter vergleichbaren Regressmöglichkeiten offenstehen.

Darüber hinaus könnte dem Treugeber ein Anspruch aus abgetretenem Recht beziehungsweise ein Anspruch auf Abtretung des Rechts zustehen.[605] Der Treuhänder könnte einen Aufwendungsersatzanspruch nach § 110 HGB erwerben, wenn er seinen Freistellungsanspruch gegen den Treugeber an den Gläubiger abtritt. Dagegen spricht jedoch, dass es sich bei dieser Abtretung um keine Aufwendung im Sinne von § 110 HGB handelt. Aufwendungen sind vermögenswerte Opfer.[606] Dazu zählt zum Beispiel die Erfüllung von Gesellschaftsschulden nach § 128 HGB.[607] Eine solche Erfüllung hat der Treuhänder jedoch nicht vorgenommen. Die Abtretungsvereinbarung wird im Interesse des Gläubigers so ausgestaltet sein, dass sie keine Abtretung an Erfüllungs statt für die Gesellschaftsverbindlichkeit vorsieht, sondern eine Verpflichtung des Gläubigers, den Treuhänder nicht mehr in Anspruch zu nehmen. Diese Verpflichtung wird sich weder auf die Gesellschaft noch auf die übrigen Gesellschafter erstrecken. Damit besteht die Gesellschaftsverbindlichkeit nach wie vor. Auch stellt die Abtretung für den Treuhänder kein Vermögensopfer dar. Er befreit sich von Ansprüchen des Gläubigers im Austausch gegen seinen Freistellungsanspruch, was schlechtestenfalls ein wertneutrales Geschäft darstellt. Denn der Freistellungsanspruch besteht nur aufgrund der Gläubigerforderung, der Treuhänder verliert somit keine selbstständige Vermögensposition. Im Gegenteil – er bürdet dem Gläubiger das ansonsten bei ihm bestehende Ausfallrisiko des Freistellungs- und Erstattungsanspruches auf. Dieses Ergebnis wird dadurch bestärkt, dass ansonsten für eine Zahlung der Gesellschaftsverbindlichkeit zwei Aufwendungsersatzansprüche bestünden, jeweils beide in voller Höhe und nebeneinander. Deren Verhältnis zueinander bereitet jedoch Schwierigkeiten, wenn zum Beispiel die Gesellschaft voll an den Treuhänder leistet, dieser aber vor Zugriff des Treugebers auf die Summe insolvent wird. Es besteht somit ein eigener Anspruch des Treugebers auf Aufwendungsersatz gegen die Gesellschaft, der sich auf die gesamte Höhe der vom Treugeber erbrachten Zahlung erstreckt.[608]

---

605 Eine Geltendmachung als Zessionar ist möglich, vgl. *Schäfer* in: Staub/Canaris/Schäfer, HGB, § 110 Rn. 11.

606 *Roth* in: Baumbach/Hopt, HGB, § 110 Rn. 7; *Langhein* in: Schmidt, MüKo HGB, § 110 Rn. 11; *Schäfer* in: Staub/Canaris/Schäfer, HGB, § 110 Rn. 12.

607 BGH, Urteil vom 02.07.1962 - II ZR 204/60 = NJW 1962, 1863; *Langhein* in: Schmidt, MüKo HGB, § 110 Rn. 11.

608 Anders *Hadding*, FS Fleck, S. 71, 74, der einen Rückgriffsanspruch nur beim Treuhänder sieht, da der Treugeber nicht Gesellschafter sei. Ein Anspruch des Treugebers könne sich nur aus abgetretenem Recht herleiten, die Abtretung könne der Treugeber vom Treuhänder gemäß §§ 675, 667 BGB verlangen.

b) Regressmöglichkeiten gegen die Mitgesellschafter des Treuhänders

Bei den Regressmöglichkeiten des Treugebers gegen die Mitgesellschafter des Treuhänders, also die verbleibenden unmittelbaren Gesellschafter des Fonds, verhält es sich ähnlich wie bei dem Regress gegen die Gesellschaft. Der BGH wendet § 426 BGB auch auf den stillen Gesellschafter an, da dieser sich durch die Tilgung der Gesellschaftsverbindlichkeit einem persönlich haftenden Gesellschafter gleichstellt, obwohl die Anwendung von § 426 BGB gemäß § 128 HGB eine persönliche Haftung des Gesellschafters voraussetzt.[609] Auch hier entspricht die Interessenlage wie bei § 110 HGB der Treuhandschaft. Der Treugeber zahlt, ohne dazu im Außenverhältnis verpflichtet zu sein, auf eine Gesellschaftsverbindlichkeit und handelt damit wie ein persönlich haftender Gesellschafter. Dies rechtfertigt einen Ausgleichsanspruch nach § 426 BGB analog.[610]

Auch hier besteht kein Ausgleichsanspruch des Treuhänders, da dieser den Gläubiger nicht befriedigt hat.[611]

Dem Treugeber steht somit ebenfalls ein Anspruch gegen die Mitgesellschafter des Treuhänders zu.[612] Dieser Anspruch erstreckt sich auf die Höhe der insgesamt beglichenen Gläubigerforderung abzüglich des Anteils des Treuhänders und für den verbleibenden Teil pro rata gegen die einzelnen Gesellschafter, wobei jedem Treugeber davon nur der Teil entsprechend seines Anteils am Gesellschaftsanteil des Treuhänders zusteht.[613]

---

609 BGH, Urteil vom 17.12.2001 - II ZR 382/99 = NZG 2002, 232.

610 BGH, Urteil vom 29.09.2015 - II ZR 403/13 = NZG 2015, 1353 Rn. 17. Dem stehen nicht die im Rahmen des Subsidiaritätserfordernisses gefundenen Ergebnisse entgegen, denn die Ausgangslage ist hier eine andere. Während im Fall der Subsidiarität noch keine Leistungen erfolgt sind und der Treuhänder dem Gläubiger noch haftet, hat, wenn Ausgleichsansprüche gestellt werden, der Treugeber an den Gläubiger geleistet und es trifft den Treuhänder aufgrund des mit der Abtretung vereinbarten Inanspruchnahmeverbots kein wirtschaftliches Risiko mehr.

611 Befriedigung ist Erfüllung, Leistung an Erfüllungs statt, Aufrechnung oder Hinterlegung, vgl. *Gebauer* in: Soergel, Schuldrecht ; 3/3, §§ 328–432, § 426 Rn. 16.

612 Anders wieder *Hadding*, FS Fleck, S. 71, 74.

613 *Habersack* in: Staub/Canaris/Schäfer, HGB, § 128 Rn. 49; Ein Beispiel einer Berechnung eines solchen Aufwendungsersatzanspruches in dem Fall, dass der Gläubiger 10.000 Euro vom Treuhänder fordert, dieser drei Mitgesellschafter hat und alle vier jeweils 25 % der Gesellschaft halten, und der Treuhänder vier Treugeber hat, die alle mit 25 % am Treuhänder, also 6,25 % an der Fondsgesellschaft beteiligt sind, lautet wie folgt: Der Treuhänder tritt seine Freistellungsansprüche an den Gläubiger ab, dies darf er pro rata, also in Höhe von 2.500 Euro pro Treugeber. Die Treugeber bezahlen jeweils an den Gläubiger. Insgesamt wurden also 10.000 Euro Gesellschafts-

c) *Regressmöglichkeiten gegen Mit-Treugeber*

Ein Anspruch gegen die Mit-Treugeber des zahlenden Treugebers scheidet dagegen in der Regel aus. Ein vertraglicher Anspruch der Treugeber untereinander besteht nicht, da wie oben festgestellt selbst im Fall einer Innen-GbR deren Gesellschaftszweck keine vermögensmäßigen Verpflichtungen deckt.[614]

Ein Regressanspruch nach § 426 BGB scheidet ebenfalls aus, da es mangels unmittelbarer Außenhaftung der Treugeber an der dafür notwendigen Gesamtschuldnerstellung fehlt.[615] Darüber hinaus nimmt der BGH eine gesetzliche Haftung entsprechend § 426 BGB an.[616] Diese begründet er damit, dass sich § 426 BGB ein verallgemeinerungsfähiger Rechtsgrundsatz entnehmen lässt, dass mehrere auf gleicher Stufe haftende Personen untereinander zum Ausgleich verpflichtet sind.[617] Wie schon bei den Regressansprüchen gegen die Gesellschaft und die Mitgesellschafter des Treuhänders wird hier die mittelbare Beteiligung ausgeblendet und es wird auf deren wirtschaftliche Folgen abgestellt. Die Treugeber haben untereinander vereinbart, wie unmittelbare Gesellschafter gestellt zu werden und haben das mit ihrer Beteiligung verbundene wirtschaftliche Risiko der Gesellschaft übernommen.[618]

Diese Regressmöglichkeit dürfte aber selten zum Tragen kommen. Denn der Treugeber haftet für die Inanspruchnahme des Treuhänders nur pro rata basierend auf seinem Anteil am Gesellschaftsanteil des Treuhänders.[619] Diesen Teil hat er aber im Verhältnis zu den anderen Treugebern zu tragen, eine Befreiung davon kann er von den anderen Treugebern nicht fordern. Zwar haften die Treugeber insgesamt für die gesamte Gesellschaftsverbindlichkeit, da auch der Treuhänder im Außenverhältnis auf die gesamte Gesellschaftsverbindlichkeit und nicht nur auf seinen Anteil im Verhältnis der unmittelbaren Gesellschafter haftet. Den im

---

verbindlichkeiten beglichen, von denen der Treuhänder gegenüber seinen Mitgesellschaftern 25 %, also 2.500 Euro, zu tragen hat. Von den verbleibenden 7.500 Euro tragen die drei Mitgesellschafter jeweils ein Drittel, also 2.500 Euro. Davon steht jedem Treugeber ein Viertel, also 625 Euro zu. Jeder Treugeber kann also insgesamt dreimal 625 Euro, insgesamt 1.875 Euro, zurückfordern. Damit trägt er genau 6,25 % der 10.000 Euro Forderung, nämlich 625 Euro.

614 Zum Gesellschaftszweck der Innen-GbR siehe oben S. 89.

615 BGH, Urteil vom 29.09.2015 - II ZR 403/13 = NZG 2015, 1353 Rn. 20.

616 BGH, Urteil vom 29.09.2015 - II ZR 403/13 = NZG 2015, 1353; zustimmend *Wertenbruch*, NZG 2016, S. 401.

617 BGH, Urteil vom 29.09.2015 - II ZR 403/13 = NZG 2015, 1353 Rn. 26.

618 BGH, Urteil vom 29.09.2015 - II ZR 403/13 = NZG 2015, 1353 Rn. 22 f.

619 *Zeising*, DZWIR 2016, S. 301, 306.

Innenverhältnis auf die anderen unmittelbaren Gesellschafter entfallenden Anteil der Haftung kann der Treugeber aber von seinen Mit-Treugebern nicht einfordern. Die Mit-Treugeber sind schon über den Betrag hinaus belastet, den sie zu tragen hätten, wenn alle Anleger unmittelbar beteiligt und deshalb alle nur pro rata zum Ausgleich verpflichtet wären. Ein Ausgleichsanspruch des Treugebers gegen seine Mit- Treugeber besteht deshalb, wenn die Mit-Treuhänder ihren Anteil bezahlt haben, nicht. Anders stellt sich die Lage[620] dar, wenn die Gesellschaft zu ihrer Sanierung die Rückzahlung von Ausschüttungen von den Treugebern fordert und diese teilweise (treuwidrig) keine Zahlungen leisten. Hier wird die Forderung nicht (nach Abtretung) durch einen externen Gesellschaftsgläubiger geltend gemacht, sondern durch die Gesellschaft ohne Verpflichtung gegenüber dieser. Nur in Fällen, in denen die Mit-Treugeber nicht bezahlen, steht den zahlenden Treuhändern ein Regressanspruch zu.

Darüber hinaus stellt sich das von *Altmeppen*[621] aufgeworfene Problem, dass ein Regressanspruch nur dann bestehen soll, wenn der leistende Treugeber den Gesellschaftsgläubiger vollständig oder zumindest soweit befriedigt, dass dessen Forderung unter den Betrag der rückständigen Einlage des in Anspruch genommenen Mit-Treugebers absinkt. Denn nur dann sei eine Befreiung des Mit-Treugebers überhaupt eingetreten.[622] Gegen eine solche Betrachtung spricht aber zum einen, dass die Situation von mehreren, in unterschiedlicher Höhe haftenden mittelbar beteiligten Treugebern stark von der Grundform der Gesamtschuld abweicht, da die einzelnen Treugeber in völlig unterschiedlicher Höhe gesamtschuldnerisch haften. Zum anderen führt dies bei unterschiedlicher Höhe der rückständigen Einlage zu völlig unterschiedlichen Ergebnissen und nimmt Mit-Treugeber mit hohen ausstehenden Einlagen in die Pflicht, da diese schneller von der Haftung befreit werden als Mit-Treugeber mit nur geringen ausstehenden Einlagen.[623] Eine solche unterschiedliche Bewertung erscheint aber nicht sachgerecht. Es spricht

620 Wie in BGH, Urteil vom 29.09.2015 - II ZR 403/13 = NZG 2015, 1353.

621 *Altmeppen*, NJW 2016, S. 1761.

622 Haftet der Mit-Treugeber (über den Treuhänder) noch für 5.000 Euro, der Gesellschaftsgäubiger hat eine Forderung von 10.000 Euro und leistet der Regress suchende Treugeber 1.000 Euro an den Gesellschaftsgläubiger, hat dieser nach wie vor noch eine Forderung von 9.000 Euro. Diese übersteigt trotz Leistung von 1.000 Euro noch den Betrag von 5.000 Euro, für den der Mit-Treugeber einstehen muss, sodass dieser, trotz Leistung des Regress suchenden Treugebers, in gleicher Höhe wie zuvor haftet.

623 Im Beispiel oben: Ein Mit-Treugeber mit einer Haftung von 5.000 Euro wäre wie dargestellt nicht befreit, ein Mit-Treugeber mit einer Haftung von 10.000 Euro dagegen schon.

deshalb viel dafür, es ausreichen zu lassen, dass der in Anspruch genommene Mit-Treugeber in dem Moment, in dem er an den Regress suchenden Treugeber leistet, von seiner Haftung befreit wird.[624]

d) Regressmöglichkeiten nach dem KAGB

Schlussendlich ist zu klären, wie sich die in § 152 KAGB verankerte Gleichstellung im Innenverhältnis auf die Regressansprüche der Treugeber auswirkt. Nach § 152 Abs. 1 S. 3 KAGB hat der mittelbar beteiligte Anleger im Innenverhältnis der Gesellschaft und der Gesellschafter zueinander die gleiche Rechtsstellung wie ein Kommanditist. Ein Kommanditist hätte einen Anspruch nach § 110 HGB gegen die Gesellschaft und einen subsidiären Anspruch nach § 426 HGB gegen seine Mitgesellschafter.[625] Diese Ansprüche sind dem Treugeber ebenfalls einzuräumen.[626] Damit normiert das KAGB ausdrücklich die soeben dargelegten Ersatzansprüche des Treugebers, in Bezug auf die Gesellschaft und die unmittelbaren Gesellschafter besteht somit kein Unterschied zu der Rechtslage vor dem KAGB.[627]

III. Zwischenergebnis

Für die Haftung bei einer treuhänderischen Beteiligung an einer Publikumspersonengesellschaft kann folgendes Zwischenergebnis festgehalten werden:

1. Der Treuhänder ist grundsätzlich Träger der Rechte und Pflichten aus dem Gesellschaftsanteil. Damit trifft ihn auch eine unmittelbare Haftung. Bei der

---

624 Die Zahlung des Mit-Treugebers an den Regress suchenden Treugeber ermäßigt seine noch ausstehende Einlage und damit seine Haftung gegenüber allen Gesellschaftsgläubigern.

625 Vgl. nur *Roth* in: Baumbach/Hopt, HGB, § 128 Rn. 25 ff.

626 *Paul* in: Weitnauer, KAGB, § 152 Rn. 9.

627 Denn auch wenn man die Treugeber den unmittelbaren Gesellschaftern gleichstellt, berechnet sich ihr Regressanspruch wie folgt (entsprechend dem Beispiel in Fn. 474): Der Treuhänder wird ausgeblendet, es gibt drei Gesellschafter mit 25 % und vier Gesellschafter mit 6,25 % Anteilen. Die drei großen Gesellschafter schulden intern jeweils 25 % von 10.000 Euro, also 2.500 Euro, die Treugeber jeweils 6,25 %, also 625 Euro. Die Treugeber haben also 1.875 Euro mehr geleistet, als sie intern zu tragen haben. Diese Summe kann der einzelne Treugeber von den drei großen Gesellschaftern verlangen, jeweils zu einem Drittel, also 625 Euro pro Gesellschafter. Von den anderen Treugebern kann er nichts verlangen, diese haben schon mehr als den intern auf sie entfallenden Teil bezahlt.

Investment-KG ist der Treuhänder Kommanditist, er haftet deshalb nur bei noch nicht bezahlter oder zurückgewährter Einlage.

2. In § 152 KAGB existieren Anlegerschutzvorschriften, die gegen eine Einlagenrückgewähr schützen sollen. Unter anderem sind Treuhänder und Treugeber auf die Folgen einer Einlagenrückgewähr hinzuweisen und ihre Zustimmung dazu ist einzuholen. Ein Verstoß gegen diese Hinweis- und Zustimmungspflicht führt dazu, dass keine Außenhaftung des Kommanditisten für die zurückgewährte Einlage besteht. Ein anderes Ergebnis ist mit dem Anlegerschutzgedanken des KAGB nicht zu vereinbaren.
3. Der Treugeber selbst unterliegt in Ermangelung einer Gesellschafterstellung keiner unmittelbaren Außenhaftung.
4. Der Treugeber unterliegt jedoch einer faktischen Außenhaftung, die durch eine Abtretung an den Gläubiger der Gesellschaft und Umwandelung des Freistellungsanspruches des Treuhänders gegen den Treugeber in einen Zahlungsanspruch begründet wird. Eine solche Abtretung verstößt weder gegen ein Abtretungsverbot, noch ist sie subsidiär zur Inanspruchnahme der Gesellschaft oder der Mitgesellschafter des Treuhänders.
5. Der abtretbare Freistellungsanspruch beschränkt sich jedoch auf den Teil der Gläubigerforderung gegen den Treuhänder, der dem Verhältnis der Beteiligung des Treugebers am treuhänderischen Gesellschaftsanteil entspricht (pro rata). Eine Abtretung des gesamten wegen offener Einlagenforderungen bestehenden Freistellungsanspruches ist nicht möglich.
6. Sofern die Treugeber eine Innengesellschaft bürgerlichen Rechts bilden, begründet dies keine Haftung als Gesellschafter dieser Innen-GbR für Verbindlichkeiten der anderen Gesellschafter-Treugeber.
7. Dem Treugeber steht ein Ausgleichsanspruch gegen die Gesellschaft und gegen die unmittelbaren Gesellschafter nach § 110 HGB sowie § 426 BGB aus eigenem Recht zu, und zwar sowohl vor als auch nach dem Inkrafttreten des KAGB. Ein Anspruch gegen die Mit-Treugeber besteht hingegen nicht, da im Verhältnis der Treugeber untereinander der einzelne Treugeber maximal auf seinen Anteil haftet.

§ 3 Auskunfts- und Informationsrechte

Ein weiterer wichtiger Punkt, der in engem Zusammenhang mit der Haftung der Anleger steht, sind die Auskunfts- und Informationsrechte des Treugebers. Soll der Anleger haften, wird er sich (oft erstmals) vertieft mit der Gesellschaft und gerade mit seinen Mitgesellschaftern auseinandersetzen, um gegebenenfalls seine Haftung abwenden zu können. Dazu benötigt der Anleger jedoch umfassende Auskünfte und Informationen. Dementsprechend sind zu den Auskunfts- und Informationsrechten in der Vergangenheit zahlreiche Entscheidungen des BGH ergangen.

Zum Verständnis der Auskunfts- und Informationsrechte sollen zuerst Reichweite und Umfang der Auskunfts- und Informationsrechte eines unmittelbar beteiligten Kommanditisten in Personengesellschaften allgemein (dazu unter 1.) sowie in Publikumspersonengesellschaften (dazu unter 2.) dargestellt werden (dazu I.). Anschließend wird die Übertragbarkeit dieser Rechte auf die Treugeber bis zum Inkrafttreten des KAGB beleuchtet (dazu II.). Schlussendlich wird darauf eingegangen, inwiefern das KAGB die vor seinem Inkrafttreten bestehende Rechtslage ändert (dazu III.).

I. Auskunfts- und Informationsrechte eines unmittelbar beteiligten Kommanditisten

1. Auskunfts- und Informationsrechte in einer Personengesellschaft

Ausgangspunkt der Auskunfts- und Informationsrechte eines Kommanditisten ist die Regelung des § 166 HGB. Dort werden dem Kommanditisten das Recht auf Mitteilung des Jahresabschlusses und Einsicht in die Bücher zur Prüfung des Abschlusses (Kontrollrecht, Abs. 1) sowie ein außerordentliches Informationsrecht aus wichtigem Grund eingeräumt (Abs. 3).

Das Kontrollrecht richtet sich gegen die Gesellschaft selbst,[628] aber auch gegen den zuständigen geschäftsführenden Gesellschafter.[629] Es umfasst die Mitteilung des Jahresabschlusses in Form sämtlicher Bilanzen (handels- und steuerrecht-

628 BayObLG, Beschluss vom 04.07.1991 – BReg. 3 Z 151/90 = NJW-RR 1991, 1444; BGH, Urteil vom 16.01.1984 - II ZR 36/83 = NJW 1984, 2470.

629 *Kindler* in: Koller et al., HGB, §§ 166 Rn. 3, 118 Rn. 2; *Roth* in: Baumbach/Hopt, HGB, § 166 Rn. 1.

licher) sowie der Gewinn- und Verlustrechnung.[630] Daneben umfasst das Kontrollrecht die Einsicht in die Bücher und Papiere der Gesellschaft, allerdings beschränkt auf die Kontrolle des Jahresabschlusses.[631] Das Kontrollrecht kann aufgrund des Abspaltungsverbotes nur persönlich ausgeübt werden, eine Übertragung ist grundsätzlich nicht zulässig.[632] Eine Bevollmächtigung oder sonstige Übertragung kann jedoch gesellschaftsvertraglich, also mit Zustimmung der Mitgesellschafter, vorgenommen werden.[633]

Das außerordentliche Informationsrecht aus Abs. 3 setzt einen wichtigen Grund voraus. Es erstreckt sich, anders als das auf die Prüfung des Jahresabschlusses beschränkte Kontrollrecht aus Abs. 1, auch auf die Geschäftsführung des Komplementärs allgemein.[634] Es ist ebenso wie das Kontrollrecht gegenüber der Gesellschaft und den geschäftsführenden Gesellschaftern geltend zu machen und kann im Grundsatz nur höchstpersönlich ausgeübt werden.

Darüber hinaus schließt § 166 Abs. 2 HGB ausdrücklich die weiteren Rechte aus § 118 HGB für den Kommanditisten aus.[635] Trotz dieses Ausschlusses steht den Kommanditisten ein allgemeines Informationsrecht zu,[636] da der Kommanditist sich entgegen der ursprünglichen Konzeption des Gesetzgebers von einem *„rechtlose[n] Kapitalgeber"*[637] hin zu einem *„mitgliedschaftlichen Partner"*[638] entwickelt hat, der seine Mitgliedschaftsrechte nur ausreichend informiert ausüben kann.[639]

---

630 *Roth* in: Baumbach/Hopt, HGB, § 166 Rn. 3.

631 BGH, Urteil vom 08.07.1957 - II ZR 54/56 = NJW 1957, 1555.

632 Vgl. § 717 BGB; BGH, Urteil vom 08.07.1957 - II ZR 54/56 = NJW 1957, 1555; *Enzinger* in: Schmidt, MüKo HGB, § 118 Rn. 17 ff.

633 *Enzinger* in: Schmidt, MüKo HGB, § 118 Rn. 22; *Roth* in: Baumbach/Hopt, HGB, § 166 Rn. 5; *Weipert* in: Ebenroth et al., HGB, § 166 Rn. 31; *Schäfer* in: Staub/Canaris/Schäfer, HGB, § 118 Rn. 33.

634 *Roth* in: Baumbach/Hopt, HGB, § 166 Rn. 8.

635 Dies rechtfertigt die fehlende persönliche Haftung des Kommanditisten und die Begrenzung der Informationsrechte durch ihren Zweck, *Weipert* in: Gummert/Breithaupt, Münchener Handbuch des Gesellschaftsrechts Band 2, § 15 Rn. 1; *Weipert* in: Ebenroth et al., HGB, § 166 Rn. 1; *Wolfer,* GWR 2011, S. 77, 78.

636 *Schmidt,* Gesellschaftsrecht, S. 1541; *Weipert* in: Ebenroth et al., HGB, § 166 Rn. 17; *Roth* in: Baumbach/ Hopt, HGB, § 166 Rn. 11; *Weipert* in: Gummert/Breithaupt, Münchener Handbuch des Gesellschaftsrechts Band 2, § 15 Rn. 9; *Altmeppen,* NZG 2010, S. 1321; *Dietrich,* Die Publikums-Kommanditgesellschaft und die gesellschaftsrechtlich geschützten Interessen, S. 74 f.; zurückhaltend *Kindler* in: Koller et al., HGB, § 166 Rn. 2.

637 *Schmidt,* Gesellschaftsrecht, S. 1541.

638 *Schmidt,* Gesellschaftsrecht, S. 1541.

639 *Weipert* in: Ebenroth et al., HGB, § 166 Rn. 17.

Es ist allerdings durch das Informationsinteresse begrenzt und funktionsgebunden.[640] Von diesem individuellen Recht zu unterscheiden ist das kollektive Informationsrecht der Gesellschafter gegen den geschäftsführenden Gesellschafter.[641] Es soll die Gesellschafter in die Lage versetzen, ihre Verwaltungsrechte hinreichend informiert wahrnehmen zu können, und resultiert aus § 666 BGB, der über §§ 161 Abs. 2, 105 Abs. 2 HGB, 713 BGB auch für die Kommanditgesellschaft gilt.

2. Auskunfts- und Informationsrechte in einer Publikumspersonengesellschaft

Konkret für Publikumspersonengesellschaften stellt sich häufig die Frage, ob die Anleger einen Anspruch auf Mitteilung der Namen und Adressen der Mitgesellschafter haben. Dies hat seinen Grund zum einen darin, dass die Anleger untereinander Mehrheiten für Abstimmungen bilden wollen, zum andern können sie so deutlich effektiver gegen die Gesellschaft vorgehen, zum Beispiel im Fall einer Einberufung zur Gesellschafterversammlung, für die meist bestimmte Quoren notwendig sind.[642] Ein solches Recht hat der BGH sowohl für den unmittelbar beteiligten Kommanditisten[643] als auch für einen Treugeber[644] angenommen. Er stützt sich darauf, dass in Personen(handels)gesellschaften das Recht bestünde, seinen Vertragspartner zu kennen. Dies stelle ein unentziehbares mitgliedschaftliches Recht dar, das aus dem durch den Gesellschaftsvertrag begründeten Vertragsverhältnis folge.[645] Dieses Recht erstrecke sich nicht nur auf die unmittelbaren Mitgesellschafter,[646] sondern auch auf die Treugeber der Gesellschaft.[647] Unmittelbare und mittelbare Anleger stünden durch die im Gesellschafts- und Treuhandvertrag angelegte Quasi-Gesellschafterstellung der Treugeber in einem durch den Gesellschaftsvertrag begründeten Vertragsverhältnis, aus dem sich wiederum das Recht auf Kenntnis des Vertragspartners ergebe.[648] Diesen Anspruch hält der

640 *Schmidt,* Gesellschaftsrecht, S. 1541; *Roth* in: Baumbach/Hopt, HGB, § 166 Rn. 11.

641 *Weipert* in: Ebenroth et al., HGB, § 166 Rn. 20.

642 *Roth* in: Baumbach/Hopt, HGB, Anh. § 177a Rn. 72; BGH, Urteil vom 05.02.2013 - II ZR 134/11 = NZG 2013, 379 Rn. 36; *Priester,* ZIP 2011, S. 697.

643 BGH, Urteil vom 05.02.2013 - II ZR 136/11 = BeckRS 2013, 04873.

644 BGH, Urteil vom 05.02.2013 - II ZR 134/11 = NZG 2013, 379.

645 BGH, Urteil vom 05.02.2013 - II ZR 136/11 = BeckRS 2013, 04873 Rn. 12; OLG München, Urteil vom 18.05.2011–7 U 190/11 = BeckRS 2011, 14797.

646 So schon BGH, Urteil vom 11.01.2011 - II ZR 187/09 = NZG 2011, 276 Rn. 18; zustimmend für die GbR *Priester,* ZIP 2011, S. 697, 700.

647 BGH, Urteil vom 05.02.2013 - II ZR 136/11 = BeckRS 2013, 04873 Rn. 15.

648 BGH, Urteil vom 05.02.2013 - II ZR 136/11 = BeckRS 2013, 04873 Rn. 15 ff.

BGH für nicht ausschließbar.[649] Die häufig anzutreffenden Anonymitätsklauseln, wonach Anleger kein Recht auf die Kenntnis ihrer Mitgesellschafter haben, seien somit nicht zulässig.[650] Verpflichtete dieses Anspruchs sind die Gesellschaft sowie der Komplementär,[651] und sofern der Treuhänder das Treugeberregister führt und deshalb unschwer Auskunft erteilen kann, auch der Treuhänder.[652] Ob dem Kommanditisten diese Informationen auch aus einem über § 166 Abs. 1, 3 HGB hinausgehenden Informationsrecht zustehen, hat der BGH offengelassen.[653]

Ob das vom BGH angenommene Recht, seinen Vertragspartner zu kennen, zwangsweise besteht und ob es in jedem Vertragsverhältnis *„selbstverständlich“*[654] ist, den Vertragspartner zu kennen, liegt im Fall einer Publikumsgesellschaft zumindest auf den ersten Blick nicht auf der Hand. So stellt schon das OLG München in der Vorinstanz fest, dass dies in einer Kapitalgesellschaft durchaus anders gesehen werden könne. Es führt dann jedoch aus, dass *„sich die Fondsgesellschaft in der Form einer Kommanditgesellschaft von der Aktiengesellschaft, in welcher der Kapitalanlagezweck bereits gesellschaftstypisch im Vordergrund steht[, insoweit unterscheidet]“*.[655] Das OLG München geht wohl auch hier von dem Leitbild der personalistisch geprägten Gesellschaft aus. Dies ist aber bei einer Publikumspersonengesellschaft gerade nicht der Fall.[656] Gleichwohl spricht die eher kapitalistisch geprägte Form der Publikumspersonengesellschaft nicht gegen einen solchen Anspruch. Auch bei einer Publikumspersonengesellschaft handelt es sich vom Grundtypus her um eine Personengesellschaft. Eine schematische Übertragung der kapitalgesellschaftlichen Regelungen oder Rechtsgrundsätze verbietet sich deshalb.[657] Die Anwendung der kapitalgesellschaftlichen Regelungen soll dem Schutz der Anleger dienen,[658] besonders

---

649 BGH, Urteil vom 05.02.2013 - II ZR 136/11 = BeckRS 2013, 04873 Rn. 25.

650 Explizit eine solche Regelung verwerfend: BGH, Urteil vom 11.01.2011 - II ZR 187/09 = NZG 2011, 276 Rn. 20 sowie BGH, Urteil vom 05.02.2013 - II ZR 13/11 = NZG 2013, 379 Rn. 40.

651 OLG München, Urteil vom 18.05.2011–7 U 190/11 = BeckRS 2011, 14797.

652 BGH, Urteil vom 16.12.2014 - II ZR 277/13 = BeckRS 2015, 02167.

653 BGH, Urteil vom 05.02.2013 - II ZR 136/11 = BeckRS 2013, 04873 Rn. 12.

654 BGH, Urteil vom 05.02.2013 - II ZR 134/11 = NZG 2013, 379 Rn. 12.

655 OLG München, Urteil vom 18.05.2011–7 U 190/11 = BeckRS 2011, 14797.

656 *Markwardt,* BB 2011, S. 643, 644; *Voigt,* NZG 2011, S. 256, 257.

657 BGH, Urteil vom 04.07.1977 - II ZR 150/75 = NJW 1977, 2311, 2313; *Henze/Notz* in: Ebenroth et al., HGB, Anh. § 177a Rn. 32; *Kapitza,* Rechtsstellung der Treugeber, S. 35, der größte Vorsicht für geboten hält; *Kellermann,* FS Stimpel, S. 295, 306.

658 BGH, Urteil vom 04.07.1977 - II ZR 150/75 = NJW 1977, 2311, 2313; BGH, Urteil vom 12.07.1982 - II ZR 201/81 = NJW 1982, 2500, 2501.

um die *„Überwachung und Kontrolle der Geschäftsführung in ähnlicher Weise auszugestalten“*[659]. Den kapitalgesellschaftlichen Gedanken der Anonymität, der kein Recht auf Kenntnis der Mitgesellschafter kennt, auf die Publikumspersonengesellschaft zu übertragen, ist deshalb nicht möglich. Denn gerade die Kenntnis von den Mitgesellschaftern versetzt die Anleger in die Lage, ihre Rechte auf Bildung eines Quorums oder auf Meinungsbildung und koordiniertes Vorgehen untereinander auszuüben und dadurch die Geschäftsführung zu kontrollieren.[660] Eine andere Bewertung ergibt sich auch nicht aus dem in der Literatur oft herangezogenen § 67 Abs. 6 S. 1 AktG. In der Neufassung von § 67 AktG wird dem Namensaktionär in Abs. 6 S. 1, entgegen der Vorgängerregelung, ein Auskunftsrecht bezüglich des Inhalts des Aktienregisters nur noch für seinen eigenen Eintrag zugebilligt.[661] Dem soll sich der verallgemeinerungsfähige Wille des Gesetzgebers entnehmen lassen, dass in Publikumsgesellschaften das Anonymitätsinteresse der Anleger zu schützen sei.[662] Zu Recht weist der BGH einen solchen Rückgriff auf § 67 AktG als *„eine Besonderheit des Aktienrechts“*[663] zurück.[664] Die unterschiedliche Lage in Publikumspersonengesellschaft und Aktiengesellschaft verhindert dies. Zunächst regelt § 67 AktG nur die Einsicht in das Aktienregister, das allgemeine Einsichtsrecht nach § 810 BGB verbleibt den Aktionären.[665] Darüber hinaus bestehen nach dem WpHG Mitteilungspflichten, die ab 3 % Beteiligung einsetzen und eine erhebliche Transparenz begründen.[666] Dies ist insbesondere bei der Bildung von Quoren hilfreich, da einzelne Anleger mit hoher Beteiligung dabei gewichtigen Einfluss haben. Ausweislich der Gesetzesbegründung geht auch der Gesetzgeber davon aus, dass mit diesen Mitteilungspflichten eine ausreichende Transparenz gegeben ist.[667] Dies heißt im Umkehrschluss aber, dass er eine Transparenz grundsätzlich für notwendig hält. Darüber hinaus ist die Regelung des § 67 Abs. 6 S. 1 AktG auch nur in börsennotierten Aktiengesellschaften zwingend, § 67 Abs. 6 S. 2 AktG erlaubt in nichtbörsennotierten Aktiengesellschaften die Einräumung eines

659 BGH, Urteil vom 04.07.1977 - II ZR 150/75 = NJW 1977, 2311, 2313.
660 *Casper* in: Staub/Canaris/Schäfer, HGB, § 161 Rn. 251.
661 Vgl. *Koch* in: Hüffer, Aktiengesetz, § 67 Rn. 29.
662 So zum Beispiel *Krämer*, FS Blaurock, S. 225, 233; *Markwardt*, BB 2011, S. 643, 645.
663 BGH, Urteil vom 21.06.2010 - II ZR 219/09 = NZG 2010, 1430 Rn. 10.
664 Ebenso BGH, Urteil vom 05.02.2013 - II ZR 134/11 = NZG 2013, 379 Rn. 26.
665 *Koch* in: Hüffer, Aktiengesetz, § 67 Rn. 28.
666 BGH, Urteil vom 05.02.2013 - II ZR 134/11 = NZG 2013, 379 Rn. 27; *Koch* in: Hüffer, Aktiengesetz, § 67 Rn. 28.
667 BT-Drucks. 14/4051, S. 11.

weitergehenden Auskunftsrechts, insbesondere auf die Daten der anderen Namensaktionäre.[668] Den Aktionären steht mit dem Aktionärsforum nach § 127a AktG eine Plattform zum Austausch zur Verfügung, die eine Einschränkung der Kenntnis der Mitgesellschafter rechtfertigt.[669] Auch wird dieser Schutz in der Aktiengesellschaft faktisch umgangen.[670]§ 129 Abs. 4 S. 1 AktG schreibt vor, dass in der Hauptversammlung ein Verzeichnis der erschienenen Aktionäre mit Name, Wohnort und Beteiligung zu erstellen ist, das vor der ersten Abstimmung allen Teilnehmern zugänglich gemacht werden muss. Nach S. 2 ist jedem[671] Aktionär bis zu zwei Jahre nach der Hauptversammlung Einsicht in dieses Verzeichnis zu gewähren. Ob diese Vorschriften von einem besonders hohen Stellenwert der Anonymität der Anleger beim Gesetzgeber sprechen, ist zu bezweifeln. Angesichts dieser Unterschiede kann nicht von „*weitgehend identischen Fällen der Kapitalanlage*“[672] gesprochen werden. Es bleibt deshalb auch in der Publikumspersonengesellschaft dabei, dass ein Recht auf Kenntnis der Mitgesellschafter besteht.[673] Ob es aufgrund der kapitalistischen Prägung der Publikumspersonengesellschaft möglich ist, diesen Anspruch vertraglich auszuschließen, soll später im Kapital Vertragsgestaltung besprochen werden.[674]

Seine Grenzen findet der Auskunftsanspruch nach der Rechtsprechung des BGH im Verbot der unzulässigen Rechtsausübung, § 242 BGB, sowie dem Schikaneverbot, § 226 BGB.[675] Ein solches missbräuchliches Verhalten sieht der BGH dann als gegeben an, wenn der Auskunft begehrende Kläger schon zum Zeitpunkt

668 *Koch* in: Hüffer, Aktiengesetz, § 67 Rn. 30; *Lutter/Drygala* in: Zöllner/Noack, Kölner Kommentar AktG, § 67 Rn. 157; *Priester*, ZIP 2011, S. 697, 701, der dies ebenfalls als Argument gegen eine Analogie zu § 67 AktG sieht.

669 *Lutter/Drygala* in: Zöllner/Noack, Kölner Kommentar AktG, § 67 Rn. 155.

670 *Bayer* in: Goette/Habersack, MüKo AktG, § 67 Rn. 155, der insofern von einer Inkonsequenz der Regelung spricht.

671 Nicht nur Teilnehmern der Hauptversammlung, *Koch* in: Hüffer, Aktiengesetz, § 129 Rn. 14.

672 *Krämer*, FS Blaurock, S. 225, 233.

673 Ebenso OLG Stuttgart, Urteil vom 10.10.2012–14 U 13/12 = BeckRS 2013, 04352; *Roth* in: Baumbach/ Hopt, HGB, Anh. § 177a Rn. 72; *Wertenbruch* in: Ebenroth et al., HGB, § 105 Rn. 159; *Casper* in: Staub/Canaris/Schäfer, HGB, § 161 Rn. 251; *Emmert*, LMK 2013, 344767; *Wiedemann*, NZG 2013, S. 1041, 1045; *Asmus/Markwardt*, ZIP 2012, S. 1581, 1588, die einen Anspruch nicht ausschließen, aber von der Wirksamkeit einer Anonymitätsklausel ausgehen; *Priester*, ZIP 2011, S. 697, 701.

674 Siehe ab S. 112.

675 BGH, Urteil vom 05.02.2013 - II ZR 134/11 = NZG 2013, 379 Rn. 43; BGH, Beschluss vom 28.05.2013 - II ZR 207/12 = BeckRS 2013, 14141 Rn. 11.

der Klage beabsichtigt, die Daten einem Anlegerschutzverein oder seinen Anwälten zu dem Zweck zu überlassen, die anderen Anleger zur Geltendmachung von Schadensersatz anzuregen.[676]

II. Auskunfts- und Informationsrechte des Treugebers vor dem KAGB

Da es sich bei den Treugebern gerade nicht um unmittelbare Gesellschafter handelt, ist fraglich, welche Auskunfts- und Informationsrechte den Treugebern zustehen. Als Grundlage für die Auskunfts- und Informationsrechte denkbar ist dabei sowohl Gesellschaftsrecht als auch der Treuhandvertrag.

1. Auskunfts- und Informationsrechte aus Gesellschaftsrecht

Den Treugebern werden in den Fonds-Verträgen, also auf gesellschaftsrechtlicher Ebene, Auskunfts- und Informationsrechte eingeräumt.[677] Häufig werden die Rechte jedoch so weit wie möglich ausgeschlossen.[678] Die Zulässigkeit solcher Ausschlüsse ist umstritten,[679] jedoch nicht möglich für das außerordentliche Informationsrecht[680] und das allgemeine Informationsrecht[681]. Das Recht auf Mitteilung der Namen und Adressen der Mitgesellschafter, das der BGH aus dem auf dem Gesellschaftsvertrag basierenden Vertragsverhältnis der Gesellschafter herleitet, steht nach dem BGH auch den Treugebern zu.[682] Das ist folgerichtig, denn wenn es sich um ein Recht aus einer gesellschaftsvertraglichen Bindung handelt[683], muss es sich auch auf die durch den Gesellschaftsvertrag im Innen-

676 BGH, Beschluss vom 28.05.2013 - II ZR 207/12 = BeckRS 2013, 14141 Rn. 12; ebenso OLG Bamberg, Urteil vom 20.01.2014-4 U 200/12 = BeckRS 2014, 05425.

677 Unabhängig vom konkreten Wortlaut liegt wohl eine originäre Rechteeinräumung vor, siehe oben S. 19; dies ist auch zulässig, vgl. *Wertenbruch* in: Ebenroth et al., HGB, § 105 Rn. 159.

678 *Servatius* in: Henssler/Strohn, Gesellschaftsrecht, Anhang Publikumsgesellschaft Rn. 93.

679 Dafür: *Servatius* in: Henssler/Strohn, Gesellschaftsrecht, Anhang Publikumsgesellschaft Rn. 93; *Roth* in: Baumbach/Hopt, HGB, § 166 Rn. 18; Dagegen: *Grunewald* in: Schmidt, MüKo HGB, § 166 Rn. 48; *Schmidt*, Gesellschaftsrecht, S. 1543.

680 *Grunewald* in: Schmidt, MüKo HGB, § 166 Rn. 48; *Servatius* in: Henssler/Strohn, Gesellschaftsrecht, Anhang Publikumsgesellschaft Rn. 93.

681 *Roth* in: Baumbach/Hopt, HGB, § 166 Rn. 11, Anh. § 177a Rn. 72.

682 BGH, Urteil vom 05.02.2013 - II ZR 134/11 = NZG 2013, 379.

683 BGH, Urteil vom 05.02.2013 - II ZR 134/11 = NZG 2013, 379 Rn. 12.

verhältnis zu Quasi-Gesellschaftern erhobenen Treugeber beziehen.[684] Damit hat sich auch der vom BGH zuvor verfolgte Ansatz, diese Rechte aus einer Innen-GbR zwischen den Treugebern herzuleiten,[685] überholt.[686] Dieser Anspruch ist jedenfalls nach dem BGH unverzichtbarer Kernbereich des Mitgliedschaftsrechts und ein Ausschluss verstößt gegen § 242 BGB.[687]

Es besteht also, insbesondere nach der neuesten Rechtsprechung des BGH, ein Auskunfts- und Informationsanspruch sowohl der unmittelbar als auch der mittelbar beteiligten Anleger, der sich insbesondere auch auf Namen und Anschrift der anderen sowohl mittelbar als auch unmittelbar beteiligten Anleger bezieht.[688] Anspruchsgegner für diesen Auskunfts- und Informationsanspruch sind sowohl die Gesellschaft selbst, als auch die geschäftsführende Komplementärin und der Treuhandgesellschafter, sofern letzterer unschwer Auskunft erteilen kann, da er ein Treugeberregister führt.[689]

---

684 Ebenso OLG Stuttgart, Urteil vom 10.10.2012–14 U 13/12 = BeckRS 2013, 04352; *Wertenbruch* in: Ebenroth et al., HGB, § 110 Rn. 159; *Armbrüster,* FS Kanzleiter, S. 31, 40; anders zum Beispiel *Wolfer,* NZG 2011, S. 854, der es für verfehlt hält, die anderen mittelbar beteiligten Anleger als Vertragspartner zu sehen, es bestünde nur ein Geschäftsbesorgungsverhältnis zwischen dem einzelnen Treugeber und dem Treuhänder, nicht zwischen den Treugebern untereinander. Dies mag für die Verbindung aus dem Treuhandvertrag zutreffen. Das Fehlen einer unmittelbaren schuldrechtlichen Beziehung der Treugeber untereinander, das *Wolfer* bemängelt, ist hier jedoch nicht ausschlaggebend. Das Auskunftsrecht ergibt sich aus der Stellung der Treugeber als gesellschaftsrechtliche Vertragspartner, es ist also eine gesellschaftsrechtliche Beziehung notwendig. Diese ergibt sich aus der Einbindung der Treugeber als Gesellschafter im Innenverhältnis in einer Gesamtschau von Gesellschafts- und Treuhandvertrag, und zwar in Bezug auf die Stellung des Treugebers in der Gesellschaft.

685 BGH, Urteil vom 11.01.2011 - II ZR 187/09 = NZG 2011, 276.

686 So auch *Servatius* in: Henssler/Strohn, Gesellschaftsrecht, Anhang Publikumsgesellschaft Rn. 93.

687 BGH, Urteil vom 05.02.2013 - II ZR 136/11 = BeckRS 2013, 04873 Rn. 9, 24.

688 Zur Frage, ob dieses Auskunfts- und Informationsrecht vertraglich wirksam ausgeschlossen werden kann, sogleich ab S. 112.

689 BGH, Urteil vom 16.12.2014 – II ZR 277/13 = NZG 2015, 269 Rn. 30; BGH, Urteil vom 05.02.2013 - II ZR 134/11 = NZG 2013, 379 Rn. 48; *Schäfer* in: Staub/Canaris/Schäfer, HGB, § 118 Rn. 10; *Enzinger* in: Schmidt, MüKo HGB, § 110 Rn. 25; *Servatius* in: Henssler/Strohn, Gesellschaftsrecht, HGB Anhang Publikumsgesellschaft Rn. 94; *Oetker* in: Oetker, HGB, § 166 Rn. 54.

2. Auskunfts- und Informationsrechte aus Treuhandvertrag

Ein Informationsrecht des Treugebers gegen den Treuhänder auf Preisgabe der Daten der Mit-Treugeber aus dem Treuhandverhältnis besteht jedoch, entgegen neuester Tendenzen des BGH,[690] nicht.[691] Die Treugeber sind nicht *„Mitglieder eines einheitlichen Treuhandvertrages“*[692], aufgrund der Relativität der Schuldverhältnisse können ihnen ohne weitere Verbindungen untereinander keine Auskunftsrechte gegeneinander zustehen.[693] Dies sieht der BGH anders, er geht von einer gesellschaftsvertraglichen Überlagerung des Treuhandverhältnisses aus.[694] Dies folgt nach dem BGH aus der Tatsache, dass der Treugeber seinen Betritt sowohl gegenüber der Gesellschaft als auch gegenüber dem *„registerführenden Gesellschafter“*[695] erklärt und es sich deshalb um einen dreiseitigen Vertrag handele. Weiterhin werden den Treugebern in dem vom BGH behandelten Fall zwar nicht umfassend Rechte eingeräumt, die Treugeber sind aber in Bezug auf die Erträge der Gesellschaft unmittelbaren Gesellschaftern gleichgestellt, darüber hinaus haben sie einen Anspruch auf Erteilung einer Stimmrechtsvollmacht gegen den Treuhänder. Auch daraus leitet der BGH die gesellschaftsvertragliche Bindung her. Dabei dehnt der BGH jedoch die gesellschaftsrechtliche Einbindung der Treugeber in die Gesellschaft in unzulässiger Weise auf das Treuhandverhältnis aus. Denn die vom BGH angesprochenen Aspekte führen zu einer Ein- und Verbindung der Treugeber und der Gesellschaft im gesellschaftsrechtlichen Sinne, nicht aber zu einem einheitlichen Treuhandverhältnis. Folgerichtig stellt der BGH deshalb in seinem Beschluss auch darauf ab, dass den Treuhänder aus der gesellschaftsvertraglichen Einbettung eine Pflicht treffe, den Treugebern die Ausübung ihrer Rechte[696] zu ermöglichen.[697] Es handelt sich also um eine gesellschaftsrechtliche Frage, nicht eine des Treuhandverhältnisses als schuldrecht-

---

690 BGH, Beschluss vom 23.09.2014 - II ZR 374/13 = BeckRS 2015, 01517.

691 AG Düsseldorf, Urteil vom 31.10.2012–47 C 3288/12 = BeckRS 2012, 24959; *Wolfer*, NZG 2011, S. 854, der hier zu Recht den Einwand der fehlenden schuldrechtlichen Beziehung zwischen den Treugebern untereinander bringt; ebenso *Altmeppen*, NZG 2010, S. 1321, 1323.

692 *Altmeppen*, NZG 2010, S. 1321, 1323.

693 Ebenso *Asmus/Markwardt*, ZIP 2012, S. 1581, 1589; anders LG Aachen, Urteil vom 11.06.2010–8 O 466/09 = NZG 2010, 1339.

694 BGH, Beschluss vom 23.09.2014 - II ZR 374/13 = BeckRS 2015, 01517 Rn. 9 ff.

695 BGH, Beschluss vom 23.09.2014 - II ZR 374/13 = BeckRS 2015, 01517 Rn. 4, 9.

696 Der BGH stellt hier auf das Erreichen eines Quorums zur Einberufung einer Gesellschafterversammlung ab.

697 BGH, Beschluss vom 23.09.2014 - II ZR 374/13 = BeckRS 2015, 01517 Rn. 11.

lichem Vertrag. Unter gesellschaftsrechtlichen Aspekten ist dies aber schon bei der Annahme eines Auskunftsanspruches aus der gesellschaftsrechtlichen Einbindung der Treuhänder in die Gesellschaft behandelt worden. Die Übertragung dieser Wertung[698] auf das Treuhandverhältnis ist jedoch weder zulässig noch geboten.

Nähme man trotzdem grundsätzlich ein solches Recht an, ist es dem Treuhänder aufgrund seiner Pflichten gegenüber dem Treugeber ohne Zustimmung des betroffenen Treugebers verboten, dessen Daten weiterzugeben, jedenfalls wäre es aber aufgrund einer Anonymitätsklausel ausschließbar.[699]

III. Auskunfts- und Informationsrechte nach dem KAGB

Das KAGB schreibt in § 152 eine Gleichstellung der unmittelbaren und der mittelbaren Anleger unabhängig von ihrer Beteiligungsform vor. Sofern man ein Auskunfts- und Informationsrecht der unmittelbar beteiligten Anleger annimmt oder sich ein solches aus dem Gesetz ergibt, muss es auf die mittelbar beteiligten Anleger erstreckt werden. Die in § 166 HGB normierten Rechte stehen daher auch den Treugebern zu.[700] Den Gedanken der Gleichstellung in Bezug auf Auskunfts- und Informationsrechte hat der BGH allerdings schon vor dem KAGB in seiner Entscheidung zum Auskunfts- und Informationsrecht auf Namen und Anschrift der Mitgesellschafter umgesetzt. Der BGH erstreckt das Recht auf Namen und Anschrift auf die Treugeber und begründet das ausdrücklich mit deren Gleichstellung im Innenverhältnis (Quasi-Gesellschafter).[701]

Darüber hinausgehenden Regelungsgehalt hat das KAGB in Bezug auf gesellschaftsrechtliche Auskunfts- und Informationsrechte nicht. Es gibt insbesondere keine eigenen Rechte vor, die den Treugebern zustehen müssen. Somit wäre der Gleichstellung aus § 152 KAGB auch dann Genüge getan, wenn der BGH kein Recht auf Namen und Anschrift der Mitgesellschafter angenommen hätte. Das KAGB überlässt Umfang und Reichweite der Auskunfts- und Informationsrechte anderen Gesetzen und der Rechtsprechung. Es normiert lediglich, dass die für unmittelbar beteiligte Anleger geltenden Vorschriften ebenso für mittelbar beteiligte Anleger gelten müssen. Daraus ergibt sich auch, dass eine Einschränkung der Auskunfts- und Informationsrechte nach wie vor auch für Treugeber zulässig ist,

---

698 So spricht der BGH auch von einem nur bei „*formaler Betrachtung*" vorliegenden zweiseitigen Treuhandverhältnis, „*in der Sache*" stelle sich dies jedoch anders dar, BGH, Beschluss vom 23.09.2014 - II ZR 374/13 = BeckRS 2015, 01517 Rn. 10.

699 *Armbrüster*, FS Kanzleiter, S. 31, 42.

700 So auch *Paul* in: Weitnauer, KAGB, § 152 Rn. 9.

701 BGH, Urteil vom 05.02.2013 - II ZR 134/11 = NZG 2013, 379 Rn. 11 ff.

sofern dies für unmittelbar beteiligte Kommanditisten möglich ist. Ein solcher Ausschluss darf aber nur parallel für unmittelbar wie mittelbar beteiligte Anleger erfolgen.

IV. Zwischenergebnis

1. Den Treugebern werden meist Auskunfts- und Informationsrechte vertraglich eingeräumt, die denen der Kommanditisten gleichen. Nach dem KAGB stehen diese Rechte den Treugebern nun auch unabhängig von einer vertraglichen Fixierung zu.
2. Sowohl die Kommanditisten als auch die Treugeber haben einen Anspruch auf Mitteilung von Namen und Anschrift ihrer Mitgesellschafter, der sich aus der gesellschaftsvertraglichen Verbindung der beteiligten Anleger ergibt.
3. Anspruchsgegner des Auskunfts- und Informationsanspruchs sind die Gesellschaft, die geschäftsführende Komplementärin und, sofern dieser ein Treugeberregister führt, auch der Treuhandgesellschafter.
4. Die Auskunfts- und Informationsrechte der Anleger sind einschränkbar, allerdings nur sofern Kommanditisten und Treugeber die gleichen Beschränkungen treffen, eine Differenzierung nach Beteiligungsform verbietet § 152 KAGB.

§ 4 Vertragsgestaltung

Bei Publikumspersonengesellschaften kommt dem Gesellschafts- und (meistens) Treuhandvertrag eine besondere Bedeutung zu. Erst durch diese Regelungen wird die Gesellschaft abweichend von ihrem gesetzlichen Leitbild ausgestaltet. Die Quasi-Gesellschafterstellung der Treugeber erwuchs so vor dem KAGB gerade aus den Vertragswerken der Gesellschaften. Es bietet sich daher an, einige der in dieser Arbeit behandelten Probleme einer vertraglichen Regelung zuzuführen. Dazu soll vorab der Maßstab dargestellt werden, an dem sich Vertragsklauseln einer Publikumspersonengesellschaft messen lassen müssen (dazu I.). Im Anschluss sollen dann Formulierungsvorschläge für einzelne Regelungskomplexe dargestellt und auf ihre Zulässigkeit überprüft werden (dazu II.).

I. Prüfungsmaßstab

Im Recht der Personengesellschaften herrscht weitgehend Vertragsfreiheit.[702] Dies gilt insbesondere für die Gesellschaft bürgerlichen Rechts, die §§ 705 ff. BGB sind weitgehend dispositiv.[703] Aber auch für die oHG gilt im Grundsatz Vertragsfreiheit, hier ist aber zum Beispiel das Kontrollrecht aus § 118 HGB unabdingbar.[704] Für die KG gilt dagegen nur noch im Innenverhältnis weitgehende Vertragsfreiheit, das Außenverhältnis ist grundsätzlich vom Gesetz vorgegeben.[705]

Der Vertragsfreiheit sind jedoch auch bei Personengesellschaften Schranken gesetzt. Nicht zulässig sind sittenwidrige (§ 138 BGB) und gegen gesetzliche Verbote verstoßende (§ 134 BGB) Regelungen, diese sind nichtig.[706] Darüber hinaus bestehen gesellschaftsrechtliche Grundsätze, die der Vertragsfreiheit Grenzen setzen. Dazu gehören das Abspaltungsverbot, eine Kündigungsmöglichkeit, die Verbandssouveränität, die Selbstorganschaft, der Kernbereich

---

702 *Teichmann*, Inhaltskontrolle im Gesellschaftsrecht, S. 109, 110.

703 *Schäfer* in: Rixecker et al., MüKo BGB, § 705 Rn. 132; *Servatius* in: Henssler/Strohn, Gesellschaftsrecht, § 705 BGB Rn. 31.

704 *Finckh* in: Henssler/Strohn, Gesellschaftsrecht, § 109 HGB Rn. 1, 10.

705 *Weipert* in: Ebenroth et al., HGB, § 163 Rn. 2; *Roth* in: Baumbach/Hopt, HGB, § 163 Rn. 2; *Gummert* in: Henssler/Strohn, Gesellschaftsrecht, § 163 Rn. 2.

706 *Schäfer* in: Rixecker et al., MüKo BGB, § 705 Rn. 134, 136; *Gummert* in: Henssler/Strohn, Gesellschaftsrecht, § 163 Rn. 2.

der Mitgliedschaftsrechte, der Gleichbehandlungsgrundsatz, die Treuepflicht sowie vormals[707] der Bestimmtheitsgrundsatz.[708] Darüber hinaus findet im Regelfall keine Inhaltskontrolle der Verträge statt. Insbesondere eine Inhaltskontrolle nach AGB-Recht (§§ 305 ff. BGB) ist aufgrund der Bereichsausnahme für Gesellschaftsrecht in § 310 Abs. 4 BGB ausgeschlossen, da bei einer dem gesetzlichen Leitbild entsprechenden Gesellschaftsgründung der Gesellschaftsvertrag entweder einzeln ausgehandelt wird oder, wie bei der Aktiengesellschaft, so strenge gesetzliche Vorschriften existieren, dass kein Risiko besteht, dass sich ein Ungleichgewicht bei den Vertragsparteien in der Satzung niederschlagen kann.[709]

Dieser Gedanke ist jedoch nicht auf die Publikumspersonengesellschaft übertragbar. Dort werden die Verträge von den Gründungsgesellschaftern vor Beitritt und ohne Beteiligung der Anleger ausgehandelt und die Gesellschaft wird auch im Regelfall schon gegründet sein, wenn die Anleger beitreten.[710] Die Gesellschaftsverträge sind in solchen Konstellationen faktisch einseitig vorgegeben. Dazu kommt, dass die Anleger meistens kein Interesse an den gesellschaftsrechtlichen Grundlagen ihrer Anlage haben. Gleichzeitig ist das Recht der Personengesellschaften vergleichsweise gering reguliert und gibt den Gesellschaftsgründern so die Möglichkeit, für die Anleger nachteilige Regelungen im Gesellschaftsvertrag aufzunehmen,[711] wovon diese auch regelmäßig Gebrauch machen.[712] Der BGH hat aufgrund dieser Nähe zu allgemeinen Geschäftsbedingungen die Gesellschaftsverträge von Publikumspersonengesellschaften der Inhaltskontrolle nach § 242 BGB unterworfen.[713] Der BGH zielt, wie auch bei der AGB-Prüfung nach §§ 305 ff. BGB, darauf ab, eine „*Waffengleichheit*"[714]

---

707 Der BGH hat, zuletzt mit Urteil vom 21.10.2014 - II ZR 84/13 = NZG 2014, 1296, den Bestimmtheitsgrundsatz aufgegeben, dazu schon oben S. 11.

708 Vgl. dazu *Finckh* in: Henssler/Strohn, Gesellschaftsrecht, § 109 HGB Rn. 11 ff.; *Schäfer* in: Rixecker et al., MüKo BGB, § 705 Rn. 136 ff.

709 *Basedow* in: Rixecker et al., MüKo BGB, § 310 Rn. 86.

710 *Teichmann*, Inhaltskontrolle im Gesellschaftsrecht, S. 109, 111.

711 *Basedow* in: Rixecker et al., MüKo BGB, § 310 Rn. 86.

712 Vgl. *Dietrich*, Die Publikums-Kommanditgesellschaft und die gesellschaftsrechtlich geschützten Interessen, S. 14, der davon spricht, dass die Anleger-Belange unberücksichtigt bleiben und von den Initiatoren auch freiwillig nicht berücksichtigt werden, da dies deren Handlungsspielraum beschränkt; *Kapitza*, Rechtsstellung der Treugeber, S. 21.

713 BGH, Urteil vom 14.04.1975 - II ZR 147/73 = NJW 1975, 1318.

714 Vgl. zum Beispiel BGH, Urteil vom 13.05.2014 - XI ZR 405/12 = NJW 2014, 2420 Rn. 86.

zwischen Gründungsgesellschaftern und Anlegern herzustellen. Die Inhaltskontrolle nach § 242 BGB soll sicherstellen, dass

> *„die Gründer und Initiatoren des Projekts bei dessen Erstellung nicht einseitig und ausschließlich ihre Interessen durchzusetzen versuchen, indem sie unter Ausnutzung der für ganz andere Beteiligungsverhältnisse eingeräumten Vertragsgestaltungsfreiheit gesetzlichen Regelungen, die den Besonderheiten der Massengesellschaft Rechnung tragen, ausweichen und statt dessen ein Vertragswerk schaffen, das die Leitungsorgane einer wirksamen Kontrolle der Anleger entzieht oder die Anleger in einer sonst der rechtlichen Wertung widersprechenden Weise rechtlos stellt"*.[715]

Vom Gesellschaftsvertrag zu unterscheiden ist der Treuhandvertrag. Der BGH unterwirft auch diesen einer Inhaltskontrolle, wenn eine treuhänderische Beteiligung erfolgt, dann ist das „*zusammengehörende Bündel von Gesellschaftsvertrag und Treuhandabrede*" Gegenstand der Inhaltskontrolle nach § 242 BGB.[716] Es wird davon ausgegangen, dass der Treuhandvertrag der AGB-Inhaltskontrolle nach §§ 305 ff. BGB unterliegt, da er vom Gesellschaftsvertrag zu trennen und kein Vertrag auf dem Gebiet des Gesellschaftsrechts, sondern des Schuldrechts sei.[717] Das könnte sich durch die Einstufung der Treugeber als Quasi-Gesellschafter durch den BGH, der von einer Überlagerung der Treuhandabrede durch gesellschaftsrechtliche Bindungen ausgeht,[718] geändert haben. Denn die gesellschaftsrechtlichen Aspekte der Treuhandabrede könnten in einer Gesamtschau so stark in den Vordergrund treten, dass die Treuhandabrede einen Vertrag auf dem Gebiet des Gesellschaftsrechts im Sinne von § 310 BGB darstellt und sie damit ebenfalls von der Bereichsausnahme des § 310 Abs. 4 BGB erfasst wäre.[719] Eine solche Erstreckung der Bereichsausnahme des Ge-

---

715 BGH, Urteil vom 21.03.1988 - II ZR 135/87 = NJW 1988, 1903, 1904; ebenso BGH, Urteil vom 03.05.1982 - II ZR 78/81 = NJW 1982, 2303.

716 BGH, Urteil vom 21.03.1988 - II ZR 135/87 = NJW 1988, 1903.

717 *Basedow* in: Rixecker et al., MüKo BGB, § 310 Rn. 89; *Schlosser* in: von Staudinger, BGB, § 310 Rn. 77; anders *Casper* in: Staub/Canaris/Schäfer, HGB, § 161 Rn. 136, der im Interesse einer einheitlichen Inhaltskontrolle auch die Treuhandabrede nach § 242 BGB beurteilen will.

718 BGH, Urteil vom 11.10.2011 - II ZR 242/09 = NZG 2011, 1432 Rn. 18.

719 Diese Frage aufwerfend *Wagner*, NJW 2013, S. 198, 199; dafür *Söll*, Probleme bei der Vertragsgestaltung geschlossener Immobilienfonds, S. 157; ebenso *Maulbetsch*, Beirat und Treuhand in der Publikumspersonengesellschaft, S. 22, der aber wohl eine Abgrenzung dazu vornimmt, dass der Treuhandvertrag keiner Inhaltskontrolle unterworfen wird (es soll eine Schlechterstellung der Anleger durch Aufspaltung in zwei Verträge verhindert werden), und nicht die Anwendbarkeit von §§ 305 ff BGB beziehungsweise § 242 BGB prüft.

sellschaftsrechts auf die Treuhandabrede ist jedoch nicht angezeigt. Verträge auf dem Gebiet des Gesellschaftsrechts sind solche, die die Rechtsordnung als Gesellschaftsverträge klassifiziert hat.[720] Dazu zählt insbesondere die Begründung von Gesellschaften; entscheidend ist, dass der Vertrag einen gemeinsamen Zweck der Gesellschafter untereinander fördern soll.[721] Eine solche Förderung besteht aber im Fall einer Treuhandabrede nicht. Der Treugeber wird gerade nicht Gesellschafter. Die alleinige Rechteeinräumung vermag keine Einordnung in das Gebiet des Gesellschaftsrechts im Sinne von § 310 Abs. 4 BGB zu begründen.[722] Die Treuhandabrede unterfällt somit nicht der Bereichsausnahme Gesellschaftsrecht.[723]

Neben der genauen Einordnung der Prüfung des Treuhandvertrages ist auch die rechtliche Grundlage der Inhaltskontrolle des Gesellschaftsvertrages umstritten. Der BGH hat eine Inhaltskontrolle nach § 242 BGB angenommen, dies aber in neuerer Zeit relativiert, indem er die genaue Grundlage offen gelassen hat.[724] In der Literatur ist umstritten, ob im Falle einer Publikums-KG, sofern der Anleger Verbraucher ist, die Bereichsausnahme des Gesellschaftsrechts keine Anwendung finden darf.[725] Dies wird mit einer teleologischen Reduktion

---

720 *Schlosser* in: von Staudinger, BGB, § 310 Rn. 76.

721 *Schlosser* in: von Staudinger, BGB, § 310 Rn. 76.

722 So auch *Grüneberg* in: Palandt, Palandt, § 310 Rn. 49 sowie *Schlosser* in: von Staudinger, BGB, § 310 Rn. 76 für Stimmbindungsverträge und die Einräumung eines Depotstimmrechts.

723 So auch *Grunewald* in: Schmidt, MüKo HGB, § 161 Rn. 130; *Basedow* in: Rixecker et al., MüKo BGB, § 310 Rn. 89; *Schlosser* in: von Staudinger, BGB, § 310 Rn. 76; *Lehmann-Richter* in: Graf von Westphalen/Thüsing, AGB-Recht, Publikumsgesellschaften Rn. 75; *Watermeyer/Knobbe* in: Prinz/Bärwaldt, Beck'sches Handbuch der Personengesellschaften, § 17 Rn. 52; a.A. *Kindler* in: Koller et al., HGB, § 161 Rn. 7; *Roth* in: Baumbach/Hopt, HGB, Anh. § 177a Rn. 68.

724 Vgl. zum Beispiel BGH, Urteil vom 08.10.2013 - II ZR 310/12 = NZG 2013, 1334 Rn. 20 m.w.N., dort heißt es: „*Die Regelungen in Gesellschaftsverträgen von Publikumsgesellschaften unterliegen unabhängig davon, ob die Bereichsausnahme des § 310 Abs. 4 BGB eingreift, einer ähnlichen Auslegung und Inhaltskontrolle wie Allgemeine Geschäftsbedingungen*"; ebenso BGH, Urteil vom 16.02.2016 - II ZR 348/14 = WM 2016, 498 Rn. 14.

725 Für einen **Ausschluss** der Bereichsausnahme und damit eine Kontrolle nach §§ 305 ff. BGB: OLG Oldenburg, Urteil vom 20.05.1999–1 U 24/99 = NZG 1999, 896; OLG Frankfurt a. M., Urteil vom 04.02.2004–23 U 66/03 = NJW-RR 2004, 991, 992; OLG Bremen, Urteil vom 29.02.2012–1 U 66/11 = BeckRS 2012, 06137; *Basedow* in: Rixecker et al., MüKo BGB, § 310 Rn. 33, 92; *Roloff* in: Erman, BGB, § 310 Rn. 12; *Pfeiffer* in: Wolf/Dammann, AGB-Recht, Art. 1 RL 93/13/EWG;

von § 310 Abs. 4 BGB aufgrund der EG-Richtlinie 93/13/EWG über mißbräuchliche Klauseln in Verbraucherverträgen begründet. Der Anwendungsbereich der Richtlinie, die einen Vertrag zwischen einerseits einem Verbraucher[726] und andererseits einem Unternehmer[727] voraussetzt, ist im Fall einer Publikums-KG eröffnet. Dort findet sich im 10. Erwägungsgrund der Richtlinie ein Ausschluss unter anderem für Verträge auf dem Gebiet des Gesellschaftsrechts.

Lapp/Salamon in: Herberger et al., Juris PK BGB, § 310 Rn. 44; *Grundmann*, Der Treuhandvertrag, S. 517, der auch unabhängig von der Richtlinie die Bereichsausnahme nicht anwenden will; *Heinrichs*, NJW 1996, S. 2190, 2192; *Schwerdtfeger*, DStR 1997, S. 499, 500; Für eine **Anwendung** der Bereichsausnahme und damit eine Kontrolle nach § 242 BGB: *Casper* in: Staub/Canaris/Schäfer, HGB, § 161 Rn. 136; *Schlosser* in: von Staudinger, BGB, § 310 Rn. 44; *Drygala*, ZIP 1997, S. 968; *Michalski/Schuldenburg*, NZG 1999, S. 898; *Wagner*, NJW 2013, S. 198, 199; wohl auch *Ulmer/Schäfer* in: Ulmer/Brandner/Hensen, AGB-Recht, § 310 Rn. 120; *Teichmann*, Inhaltskontrolle im Gesellschaftsrecht, S. 109, 119; zwar offenlassend, aber eher ablehnend: BGH, Urteil vom 27.11.2000 - II ZR 218/00 = NJW 2001, 1270, 1271.

726 Die Verbrauchereigenschaft der Anleger dürfte in vielen Fällen **gegeben** sein, denn Verbraucher ist „*eine natürliche Person, die bei Verträgen, die unter diese Richtlinie fallen, zu einem Zweck handelt, der nicht ihrer gewerblichen oder beruflichen Tätigkeit zugeordnet werden kann*". Dies dürfte bei Privatanlegern regelmäßig der Fall sein, so auch OLG Frankfurt a. M., Urteil vom 04.02.2004–23 U 66/03 = NJW- RR 2004, 991, 992; *Pfeiffer* in: Wolf/Dammann, AGB-Recht, Art. 1 RL 93/13/EWG; *Bost/Halfpap* in: Lüdicke/Arndt, Geschlossene Fonds, S. 59; *Hausbeck*, Haftung der Kapitalanleger, S. 88; *Armbrüster*, ZIP 2006, S. 406, 407; sowie der EuGH für Anleger eines geschlossenen Publikumsfonds im Rahmen der Haustürwiderrufs-Richtlinie, EuGH, Urteil vom 15.04.2010 - C-215/08 = NJW 2010, 1511.

727 Eine Anwendung der Richtlinie **ablehnend**, da die Vertragspartner der Anleger die anderen Gesellschafter sind, die oftmals selbst Verbraucher sind, und bei einem einzigen Verbraucher unter den Vertragspartnern die Richtlinie keine Anwendung finde: *Lehmann-Richter* in: Graf von Westphalen/Thüsing, AGB-Recht, Publikumsgesellschaften Rn. 8 ff. Das ist zwar formal korrekt, aber faktisch schließt die Fondsgesellschaft den Beitrittsvertrag mit den Anlegern, vgl. BGH, Urteil vom 19.12.1974 - II ZR 27/73 = NJW 1975, 1022, 1024. Darüber hinaus handelt es sich bei den Gründungsgesellschaftern um Unternehmer, die Anlegergesellschafter können deshalb nach dem Schutzzweck der Richtlinie unberücksichtigt bleiben, es darf keinen Unterschied machen, ob der Anleger als erster Anleger beitritt (dann sind nur Unternehmer- Gesellschafter vorhanden) oder ob schon andere Anleger vor ihm beigetreten sind (dann sind auch Verbraucher-Gesellschafter vorhanden), vgl. *Schmidt/Zagel*, OHG, KG und PublikumsG, Rn. 2008 f. sowie *Armbrüster*, ZIP 2006, S. 406, 407 f.

Dieser wurde aber aufgenommen, weil bei der Erarbeitung der Richtlinie davon ausgegangen wurde, dass es auf dem Gebiet des Gesellschaftsrechts keinerlei Verbraucherverträge geben könne, die Herausnahme des Gesellschaftsrechts ist bloße Folge aus der Geltung ausschließlich für Verbraucherverträge.[728] Dass auch im Gesellschaftsrecht Verbraucherverträge vorliegen können, zeigt sich jedoch gerade an der Publikumspersonengesellschaft. Im Rahmen einer richtlinienkonformen Auslegung von § 310 Abs. 4 BGB soll eine teleologische Reduktion vorgenommen werden, sodass die Bereichsausnahme Gesellschaftsrecht nicht auf Gesellschaftsverträge von Publikumspersonengesellschaften anwendbar wäre.

Dieser Argumentation kann im Ergebnis nicht gefolgt werden. Zunächst ist den Befürwortern eines Ausschlusses der Bereichsausnahme im hier vorliegenden Fall zuzustimmen, dass entgegen der Annahme des Richtliniengebers auch auf dem Gebiet des Gesellschaftsrechts Verbraucherverträge vorliegen können. Auch ist wohl anzunehmen, dass der Richtliniengeber – wäre ihm dies bewusst gewesen – im Rahmen der Richtlinie entgegen dem jetzigen Wortlaut, der eine Inhaltskontrolle für das Gebiet des Gesellschaftsrechts ausschließt, aufgrund des Verbraucherschutzes als Zweck der Richtlinie[729] eine Inhaltskontrolle auch in solchen Fällen geregelt hätte. Anders als *Drygala* annimmt, ist eine Entscheidung des Richtliniengebers, das Gesellschaftsrecht auszuklammern, nicht zu respektieren.[730] Denn eine solche Entscheidung gibt es nicht. Wie gerade dargestellt, hat der Richtliniengeber nur eine für ihn logische Schlussfolgerung, nämlich dass das Gesellschaftsrecht nicht zu prüfen sei, da dort keine Verbraucher auftreten, verschriftlicht. Eine Entscheidung, unabhängig von eventuellen Restfällen das Gesellschaftsrecht auszuklammern, gibt es nicht, eine nicht bestehende Entscheidung kann aber auch nicht respektiert werden. *Grundmann* spricht insofern richtigerweise davon, dass es sich bei der Ausnahme in der Richtlinie um eine Ausnahme vom persönlichen, nicht vom sachlichen Anwen-

---

728 Dies zeigt sich schon am Wortlaut des Erwägungsgrundes: „*Diese Vorschriften sollten für alle Verträge zwischen Gewerbetreibenden und Verbrauchern gelten. Von dieser Richtlinie ausgenommen sind daher insbesondere Arbeitsverträge sowie Verträge aus dem Gebiet des Erb-, Familien- und Gesellschaftsrechts*". Mit dem Wort „*daher*" wird die Verbindung zum Satz davor hergestellt und es deutlich gemacht, dass die Herausnahme aufgrund der fehlenden Verbraucher im Gesellschaftsrecht erfolgt. So auch OLG Frankfurt a. M., Urteil vom 04.02.2004–23 U 66/03 = NJW-RR 2004, 991, 992; *Pfeiffer* in: Wolf/Dammann, AGB-Recht, Art. 1 RL 93/13/EWG Rn. 16.

729 *Pfeiffer* in: Wolf/Dammann, AGB-Recht, Art. 1 RL 93/13/EWG Rn. 16.

730 *Drygala*, ZIP 1997, S. 968, 970.

dungsbereich handelt.[731] Aus diesen Erwägungen heraus folgt auch, dass dem Grunde nach eine richtlinienkonforme Auslegung von § 310 Abs. 4 BGB vorzunehmen wäre. Die dazu notwendige teleologische Reduktion ist jedoch nicht vorzunehmen, da sie keine Erweiterung des Schutzes der Verbraucher zur Folge hat. Im deutschen Recht ist eine umfassende Inhaltskontrolle der Gesellschaftsverträge von Publikumspersonengesellschaften anerkannt. Diese auf § 242 BGB gestützte Inhaltskontrolle steht der nach §§ 305 ff. BGB nicht nach.[732] Würde man § 310 Abs. 4 BGB teleologisch reduzieren und Gesellschaftsverträge von Publikumspersonengesellschaften nach den §§ 305 ff. BGB inhaltlich prüfen, würde sich nur die Rechtsgrundlage ändern, nicht jedoch der tatsächliche Maßstab der Prüfung. Dass sich mit einer Inhaltskontrolle nach §§ 305 ff. BGB das Ziel des Verbraucherschutzes besser erreichen lässt,[733] ist zum einen aufgrund der gleichlaufenden Inhaltskontrolle unabhängig von der Rechtsgrundlage kein Argument. Zum andern ist nur dann eine richtlinienkonforme Auslegung erforderlich, wenn das Ziel der Richtlinie nicht erfüllt wird, nicht aber, wenn eine Möglichkeit besteht, das Ziel der Richtlinie eventuell besser umzusetzen.[734] Dieser Einschätzungsspielraum muss dem nationalen Gesetzgeber verbleiben. Solange die in richterlicher Rechtsfortbildung entwickelte Inhaltskontrolle nach § 242 BGB nicht hinter der Inhaltskontrolle nach §§ 305 ff. BGB zurückbleibt, ist deshalb kein Raum für eine teleologische Reduktion der Bereichsausnahme Gesellschaftsrecht.[735]

---

731 *Grundmann*, Der Treuhandvertrag, S. 517.

732 Vgl. zum Beispiel BGH, Urteil vom 08.10.2013 - II ZR 310/12 = NZG 2013, 1334 Rn. 20, in dem der BGH die Inhaltskontrolle nach § 242 BGB und §§ 305 ff. BGB als ähnlich bezeichnet; ebenso *Teichmann*, Inhaltskontrolle im Gesellschaftsrecht, S. 109, 119; *Binz/Sorg*, GmbH & Co. KG, § 13 Rn. 24; *Ulmer/Schäfer* in: Ulmer/Brandner/Hensen, AGB-Recht, § 310 Rn. 120, die in der Einbeziehung von Gesellschaftsverträgen von Publikumspersonengesellschaften *„keine über den gegenwärtigen Rechtszustand hinausgehende Verbesserung des Mitgliederschutzes"* sehen; *Singhof/Seiler/Schlitt*, Mittelbare Gesellschaftsbeteiligungen, Rn. 594; *Armbrüster*, ZIP 2006, S. 406, 413.

733 So das Argument von *Schwerdtfeger*, DStR 1997, S. 499, 500.

734 Ob dadurch eine Verbesserung erzielt werden kann, ist aufgrund der sehr konkreten, auf Austauschverträge zugeschnittenen Regelungen der §§ 308, 309 BGB fraglich, siehe auch *Ulmer/Schäfer* in: Ulmer/Brandner/Hensen, AGB-Recht, § 310 Rn. 120.

735 So auch *Schlosser* in: von Staudinger, BGB, § 310 Rn. 44, der zwar schon die richtlinienkonforme Auslegung ablehnt, aber jedenfalls auch wegen des gleichbleibenden Schutzniveaus keinen Raum für eine teleologische Reduktion sieht.

Die Inhaltskontrolle von Vertragswerken bei Publikumspersonengesellschaften richtet sich somit im Fall des Gesellschaftsvertrages nach § 242 BGB. Im Fall des Treuhandvertrages findet eine Inhaltskontrolle nach den §§ 305 ff. BGB statt. Praktisch macht dies jedoch keinen Unterschied, der BGH behandelt die Inhaltskontrolle nach § 242 BGB wie die nach § 305 ff. BGB.

II. Abweichungen nach dem KAGB

Ein weiterer Gesichtspunkt, der bei der Vertragsgestaltung beachtet werden muss, ist das Gleichstellungsgebot in § 152 Abs. 1 S. 3 KAGB. Es schreibt vor, dass unmittelbare und mittelbare Anleger im Innenverhältnis die gleiche Rechtsstellung innehaben. Das KAGB enthält keine Regelung, inwiefern die Rechtsstellung von unmittelbaren und mittelbaren zusammen oder von (un-) mittelbaren Anlegern alleine eingeschränkt werden kann. Dazu wird vertreten, dass, sofern die zum unentziehbaren Kernbereich des unmittelbar beteiligten Kommanditisten gehörenden Rechte auch dem mittelbar beteiligten Treugeber zustehen, nicht ausgeschlossen sei, dass die Rechte unmittelbar und mittelbar beteiligter Anleger im Gesellschaftsvertrag unterschiedlich ausgestaltet werden.[736]

Festzuhalten ist zunächst, dass das KAGB kein Verbot der Einschränkung von Rechten enthält. Sofern andere Regelungen eine Einschränkung der Rechtsposition von Anlegern zulassen, ändert das KAGB daran nichts.[737] Das KAGB normiert vielmehr, dass, falls eine solche Einschränkung erfolgt, sie für unmittelbar und mittelbar beteiligte Anleger parallel erfolgen muss. Ein solches Gebot schreibt der Wortlaut von § 152 KAGB zwar nicht vor, es ergibt sich aber aus der weiten, anlegerschützenden Auslegung des KAGB. Denn mit § 152 KAGB kann nicht gemeint sein, dass grundsätzlich eine gleiche rechtliche Stellung gegeben sein muss, diese aber wieder frei und nach Beteiligungsart differenzierend eingeschränkt werden darf, sondern dass eine einheitliche rechtliche Stellung bestehen soll, die auch nur einheitlich begrenzt werden darf. Nur so kann das vom Gesetzgeber verfolgte Ziel des Anlegerschutzes effektiv erreicht werden.

---

736 *Wallach*, ZGR 2014, S. 289, 304; dem folgend LG Kleve, Urteil vom 06.10.2015–4 O 21/15 = BeckRS 2015, 18504.

737 *Könnecke* in: Baur/Tappen, Investmentgesetze, § 152 Rn. 44 ff.

III. Einzelne Regelungen

1. Anonymitätsklauseln

a) Meinungsstand

Nachdem bereits[738] geklärt wurde, in welchem Umfang Auskunfts- und Informationsrechte der Anleger bestehen, soll nun besprochen werden, inwiefern diese wiederum eingeschränkt werden können. Konkret stellt sich die Frage, ob sogenannte Anonymitätsklauseln wirksam sind. Bei diesen handelt es sich um gesellschafts- oder treuhandvertragliche Regelungen, die das Recht der Anleger auf Kenntnis ihrer Mitgesellschafter einschränken, so zum Beispiel in drei vom BGH entschiedenen Fällen:

> *„Die Treuhänderin darf gegenüber Dritten – mit Ausnahme der Finanzverwaltung und der Gesellschaft – die treuhänderische Beteiligung des Treugebers an der Gesellschaft nur mit dessen ausdrücklicher, schriftlicher Zustimmung offenlegen, soweit eine solche Offenlegung nicht zwingend gesetzlich vorgeschrieben ist.“*[739]
>
> *„Nach § 28 Nr. 2 des Gesellschaftsvertrages dürfen Auskünfte über die Beteiligung und die eingetragenen Daten in dem erforderlichen Umfang nur dem zuständigen Finanzamt, dem den Gesellschafter betreuenden Vermittler oder zu Berufsverschwiegenheit verpflichteten Prüfern und Beratern der Gesellschaft erteilt werden; ein Gesellschafter hat danach keinen Anspruch auf Bekanntgabe der Daten anderer Gesellschafter.“*[740]
>
> *„Der Treugeber hat keinen Anspruch auf Einsicht in das Register oder auf Angaben über die übrigen Treugeber. Andere Personen als der Fondsgesellschaft, der Verwalterin der Fondsgesellschaft sowie deren Gesellschafter, den Vertriebspartnern, Steuerberatern, Wirtschaftsprüfern und dem finanzierenden Kreditinstitut darf der Treuhandkommanditist keine Auskünfte über die Beteiligung und die Eintragung in das Register erteilen, soweit nicht der Treugeber ausdrücklich schriftlich zugestimmt hat.“*[741]

Solche Anonymitätsklauseln hat der BGH wegen eines Verstoßes gegen § 242 BGB für unwirksam erklärt.[742] Es gehöre zum unverzichtbaren Kernbereich

---

738 Dazu oben ab S. 97.

739 BGH, Urteil vom 11.01.2011 - II ZR 187/09 = NZG 2011, 276; die Klausel findet sich im Treuhandvertrag.

740 BGH, Hinweisbeschluss vom 21.09.2009 - II ZR 264/08 = NZG 2010, 61; die Klausel findet sich im Gesellschaftsvertrag und ist dem Urteil der Vorinstanz entnommen: LG München I, Urteil vom 13.11.2008–30 S 10664/08 = BeckRS 2009, 20913.

741 BGH, Urteil vom 05.02.2013 - II ZR 134/11 = NZG 2013, 379; die Regelung findet sich im Treuhandvertrag, S. 2; identisch auch im Gesellschaftsvertrag.

742 BGH, Urteil vom 05.02.2013 - II ZR 134/11 = NZG 2013, 379; BGH, Urteil vom 11.01.2011 - II ZR 187/09 = NZG 2011, 276 Rn. 20; ebenso *Paul*, GWR 2011, S. 225, 228 für ein aus der Mitgliedschaft erwachsendes Recht.

der Gesellschafterrechte im Personengesellschaftsrecht, Namen und Anschrift seiner Mitgesellschafter zu kennen, dieses Recht könne nicht ausgeschlossen werden. Der BGH verneint ein Anonymitätsinteresse der Anleger entsprechend § 67 Abs. 6 AktG, nach dem ein Aktionär auf die Einsichtnahme seiner eigenen Daten im Aktienregister beschränkt ist. Eine Übertragbarkeit des Regelungsgedankens scheide aus, da die Publikumsgesellschaft zwar kapitalistisch strukturiert sei, eine Vergleichbarkeit der Sachverhalte hier aber nicht gegeben sei.[743] Der BGH stellt vielmehr auf die Notwendigkeit der Informationen über Mitgesellschafter für den einzelnen Anleger ab. Nur so könne dieser seine Rechte effektiv wahrnehmen und informierte Entscheidungen treffen. Der BGH sieht insbesondere ein Bedürfnis für die Kenntnis der Mitgesellschafter in Bezug auf ein Stimmverbot, den Ausschluss aus der Gesellschaft sowie die Feststellung von Treuepflichtverstößen.[744]

An dieser Auffassung wird im Schrifttum Kritik geäußert und von einer Wirksamkeit von Anonymitätsklauseln ausgegangen.[745] Zum einen wird darauf abgestellt, dass dieser Anspruch nicht unausschließbar sei, zum andern wird auf das Anonymitätsinteresse der mittelbar beteiligten Treugeber abgestellt, welchem der Vorrang vor dem Interesse der Anleger an der effektiven Rechtsausübung eingeräumt wird.[746] Dementsprechend stellen sich zwei Fragen: zunächst ob das Recht auf Kenntnis der Mitgesellschafter zum unausschließbaren Kernbereich der Mitgliedschaftsrechte gehört und sich deshalb, wie es der BGH angenommen hat,[747] eine (gesellschafts-)vertragliche Beschränkung schon von vornherein verbietet. Falls eine Unausschließbarkeit nicht bejaht wird, ist daran anschließend zu diskutieren, inwiefern eine Anonymitätsklausel im Rahmen einer Inhaltskontrolle nach § 242 BGB Bestand haben kann.

b) Unausschließbarkeit des Rechts auf Kenntnis der Mitgesellschafter

Ob überhaupt eine vertragliche Regelung des Rechts auf Kenntnis der Mitgesellschafter in Betracht kommt, hängt davon ab, ob man dieses Recht dem

743 BGH, Urteil vom 05.02.2013 - II ZR 134/11 = NZG 2013, 379 Rn. 26.

744 BGH, Urteil vom 05.02.2013 - II ZR 134/11 = NZG 2013, 379 Rn. 30 f.

745 So *Altmeppen*, NZG 2010, S. 1321; *Sester/Voigt*, NZG 2010, S. 375, 378; *Altmeppen*, ZIP 2011, S. 326; *Markwardt*, BB 2011, S. 643, 646; *Asmus/Markwardt*, ZIP 2012, S. 1581, 1588; *Armbrüster* in: Armbrüster, FS Kanzleiter, S. 31; differenzierend *Wolfer*, GWR 2011, S. 77; *Wolfer*, NZG 2011, S. 854.

746 *Altmeppen*, NZG 2010, S. 1321, 1327; *Altmeppen*, ZIP 2011, S. 326, 327, der sogar davon ausgeht, dass ein solches Interesse der Anleger rechtlich nicht fundiert ist.

747 BGH, Urteil vom 05.02.2013 - II ZR 134/11 = NZG 2013, 379 Rn. 40.

unentziehbaren Kernbereich[748] der Mitgliedschaft zuordnet.[749] Bei dem Kernbereich handelt es sich um mitgliedschaftliche Grundrechte, die im Kern der Vertragsfreiheit der Parteien entzogen sind.[750] Es ist zwischen unverzichtbaren Rechten, die zwingend sind und nicht ausgeschlossen werden können, und unentziehbaren Rechten, die zwar abbedingbar sind, aber im Regelfall nur mit dem Willen des Gesellschafters, zu unterscheiden.[751] Auskunfts- und Informationsrechte gehören nach der Rechtsprechung des BGH zu den unentziehbaren Rechten, sie sind also grundsätzlich einer Regelung offen.[752] Dies gilt jedenfalls für über die gesetzlich festgeschriebenen Auskunfts- und Informationsrechte hinausgehenden Rechte wie den hier zu diskutierenden Anspruch auf Kenntnis der Mitgesellschafter, der nicht den Kontrollrechten zuzuordnen ist.[753] Dies gilt insbesondere für die Kommanditisten einer KG und die diesen gleichgestellten Treugeber, da die Auskunfts- und Informationsrechte zur *„Steuerung [ihrer] Haftungslage"*[754] bestehen. Da Kommanditisten, anders als die Gesellschafter einer GbR, oHG oder die Komplementäre einer KG, nicht unbeschränkt per-

---

748 Zur Diskussion, inwieweit der BGH in seinem Urteil vom 21.10.2014 - II ZR 84/13 = NZG 2014, 1296, zum Bestimmtheitsgrundsatz auch die Kernbereichslehre aufgegeben hat: *Schäfer,* NZG 2014, S. 1401; *Priester,* NZG 2015, S. 529; *Heckschen/Bachmann,* NZG 2015, S. 531; *Altmeppen,* NZG 2015, S. 2065; *Goette/Goette,* DStR 2016, S. 74 ff. Selbst wenn man annähme, dass der BGH auch inhaltlich die Kernbereichslehre aufgegeben hat, wäre eine materielle Prüfung auf der zweiten Stufe vorzunehmen, wie sie hier unter c) vorgenommen wird, vgl. BGH, Urteil vom 21.10.2014 - II ZR 84/13 = NZG 2014, 1296 Rn. 11 ff. Darüber hinaus geht der BGH nach wie vor von *„unverzichtbaren"* und *„unentziehbaren"* Rechten aus, vgl. BGH, Urteil vom 21.10.2014 - II ZR 84/13 = NZG 2014, 1296 Rn. 19.

749 So der BGH, Urteil vom 05.02.2013 - II ZR 134/11 = NZG 2013, 379 Rn. 40; BGH, Urteil vom 11.01.2011 - II ZR 187/09 = NZG 2011, 276 Rn. 20; BGH, Hinweisbeschluss vom 21.09.2009 - II ZR 264/08 = NJW 2010, 439; *Wertenbruch* in: Ebenroth et al., HGB, § 105 Rn. 159.

750 *Enzinger* in: Schmidt, MüKo HGB, § 119 Rn. 64.

751 Zu dieser Unterscheidung *Schmidt,* Gesellschaftsrecht, S. 470.

752 BGH, Urteil vom 10.10.1994 - II ZR 18/94 = NJW 1995, 194, 195; *Enzinger* in: Schmidt, MüKo HGB, § 119 Rn. 72; *Roth* in: Baumbach/Hopt, HGB, § 166 Rn. 18; *Weipert* in: Ebenroth et al., HGB, § 166 Rn. 17; *Schilling* in: Staub/Canaris/Schäfer, HGB, § 166 Rn. 15 f.; *Martens* in: Schlegelberger/Geßler, HGB, § 166 Rn. 39 ff.; *Sester/Voigt,* NZG 2010, S. 375, 377; *Goette/Goette,* DStR 2016, S. 81.

753 Die gesetzlichen Auskunfts- und Informationsrechte für unverzichtbar haltend: *Kindler* in: Koller et al., HGB, § 109 Rn. 5; *Grunewald* in: Schmidt, MüKo HGB, § 166 Rn. 48 f.; *Schmidt,* Gesellschaftsrecht, S. 471.

754 *Enzinger* in: Schmidt, MüKo HGB, § 119 Rn. 68.

sönlich haften, besteht für sie ein deutlich niedrigeres Interesse und damit ein deutlich niedrigeres Schutzniveau in Bezug auf Auskunfts- und Informationsrechte.[755]

Zum Schutz der Gesellschafter wird die Wirksamkeit einer Regelung im Gesellschaftsvertrag über unentziehbare Rechte von mehreren Voraussetzungen abhängig gemacht. Zunächst muss eine Zustimmung des betroffenen Gesellschafters vorliegen.[756] Eine solche Zustimmung ist auch schon im Gesellschaftsvertrag möglich.[757] Die entsprechende Klausel muss sich allerdings eindeutig auf den Eingriff in das Kernbereichsrecht beziehen und Art und Ausmaß des Eingriffs im Detail erkennen lassen.[758] Diesen Anforderungen können Anonymitätsklauseln in der Regel entsprechen.[759] Sie beziehen sich ausdrücklich auf das Recht auf Kenntnis der Mitgesellschafter und statuieren klar den Teilbereich, in dem das Informationsrecht ausgeschlossen wird. Festzuhalten ist damit, dass der Ausschluss des Rechts auf Kenntnis der Mitgesellschafter durch Anonymitätsklauseln grundsätzlich keinen ungerechtfertigten Eingriff in den Kernbereich der Mitgliedschaftsrechte der Anleger darstellt.

c) Inhaltskontrolle einer Anonymitätsklausel

Damit muss im nächsten Schritt überprüft werden, ob eine solche Anonymitätsklausel der Inhaltskontrolle nach § 242 BGB standhält. Der BGH ist im Rahmen dieser Inhaltskontrolle zu dem Ergebnis gekommen, dass das Recht auf Kenntnis der Mitgesellschafter durch Anonymitätsklauseln nicht eingeschränkt werden kann.[760] Nach der oben dargestellten Formel,[761] nach der eine Klausel nach § 242 BGB unwirksam ist, wenn einseitig die Interessen der Initiatoren berücksichtigt

---

755 So auch *Weipert* in: Schmidt, MüKo HGB, § 166 Rn. 17, der zwischen persönlich haftenden Gesellschaftern und Kommanditisten einer KG unterscheidet; *Sester/Voigt*, NZG 2010, S. 375, 377.

756 BGH, Urteil vom 05.11.1984 - II ZR 111/84 = NJW 1985, 974.

757 *Schäfer* in: Staub/Canaris/Schäfer, HGB, § 109 Rn. 35; *Roth* in: Baumbach/Hopt, HGB, § 119 Rn. 36; *Schäfer* in: Rixecker et al., MüKo BGB, § 709 Rn. 91; *Sester/Voigt*, NZG 2010, S. 375, 377.

758 BGH, Urteil vom 10.10.1994 - II ZR 18/94 = NJW 1995, 194, 195; *Schäfer* in: Rixecker et al., MüKo BGB, § 709 Rn. 92.

759 So auch *Sester/Voigt*, NZG 2010, S. 375, 377.

760 BGH, Urteil vom 05.02.2013 - II ZR 134/11 = NZG 2013, 379; zustimmend *Vosberg/Klawa*, EWiR 2013, S. 345, 346.

761 Zu der Prüfungsformel des BGH bei der Inhaltskontrolle von Publikumspersonengesellschaften siehe oben S. 107.

und den Anlegern die Kontrolle der Leitungsorgane entzogen oder die Anleger sonst rechtlos gestellt werden, liege hier eine unwirksame Klausel vor. Für die Ansicht des BGH spricht, dass es den Anlegern ohne Kenntnis ihrer Mitgesellschafter schwerfallen könnte, in der Krise der Gesellschaft ihre Rechte[762] durchzusetzen.[763] Dies ist teilweise auch der für die Fondsinitiatoren maßgebliche Grund, eine solche Anonymitätsklausel in die Vertragswerke aufzunehmen. Sie versuchen, die Willensbildung der Anleger untereinander zu behindern, sodass sie im Fall einer Krise möglichst unabhängig und ungehindert agieren können.[764] Dem entgegenstehenden Anonymitätsinteresse der Anleger sieht der BGH durch die Grenzen des Auskunftsanspruches, also die unzulässige Rechtsausübung und das Schikaneverbot, Genüge getan. Insbesondere die Grenze der unzulässigen Rechtsausübung verbiete eine Weitergabe der Daten der Mitgesellschafter, wenn diese nur Dritten offengelegt werden sollen.[765]

Dadurch wird aber das Anonymitätsinteresse der mittelbar beteiligten Anleger in unzulässiger Weise entwertet.[766] Der BGH setzt sich über den durch die Wahl der Beteiligungsform und Aufnahme einer Anonymitätsklausel explizit geäußerten Willen der Anleger, anonym zu bleiben, hinweg.[767] Die Anleger haben mit Aufnahme der Anonymitätsklauseln ihrem Interesse an Anonymität „*unmissverständlich den Vorrang eingeräumt* "[768]. Diesem Anonymitätswunsch kommt erhebliches Gewicht zu, schließlich ist er das ausschlaggebende Merkmal bei der Wahl zwischen einer unmittelbaren und einer mittelbaren Beteiligung,[769] nicht nur ein Nebenprodukt anderer Vorzüge einer mittelbaren Beteiligung. Daraus aber zu schließen, dass Anonymitätsklauseln, die das Recht eines Anlegers auf Kenntnis seiner Mitgesellschafter völlig ausschließen, zulässig sind, ist ebenfalls

---

762 Die Einberufung einer Anlegerversammlung, die Abwahl des Treuhänders oder ähnliche Maßnahmen hängen meist vom Erreichen eines Quorums ab. Um dieses zu erreichen, müssen sich die Anleger untereinander abstimmen und Kontakt aufnehmen können.

763 *Teichmann*, Inhaltskontrolle im Gesellschaftsrecht, S. 109, 120.

764 So auch *Altmeppen*, NZG 2010, S. 1321; *Ehmann*, GWR 2010, S. 7.

765 BGH, Urteil vom 05.02.2013 - II ZR 134/11 = NZG 2013, 379 Rn. 43 ff; dass dies in der Praxis auch angenommen wird, zeigt das OLG Bamberg, Urteil vom 20.01.2014–4 U 200/12 = BeckRS 2014, 05425.

766 *Schäfer* in: Rixecker et al., MüKo BGB, § 716 Rn. 12c; *Schürnbrand*, ZGR 2014, S. 256, 265.

767 *Sester/Voigt*, NZG 2010, S. 375, 378; *Voigt*, NZG 2011, S. 256, 257; *Asmus/Markwardt*, ZIP 2012, S. 1581, 1588 f.

768 *Asmus/Markwardt*, ZIP 2012, S. 1581, 1589.

769 *Schürnbrand*, ZGR 2014, S. 256, 265.

nicht gerechtfertigt.[770] Das Argument, die Ausgestaltung der Position der Treugeber stünde vollständig zur Disposition der Parteien,[771] greift hier nicht. Schon vor Inkrafttreten des KAGB überzeugt diese Auffassung nicht. Wenn die Treugeber unmittelbaren Gesellschaftern gleichgestellt und ihnen den unmittelbaren Gesellschafterrechten entsprechende Rechte eingeräumt werden, kann man sich zur Umgehung von für unmittelbare Gesellschafter zwingenden Regelungen nicht darauf berufen, dass man den Treugebern die Rechte nicht hätte einräumen müssen. Entscheidet man sich für eine als-ob-Stellung der Treugeber, muss man dies auch konsequent beibehalten, ‚Rosinenpicken' ist nicht zulässig.

Unabhängig davon ist jedenfalls nach dem Inkrafttreten des KAGB und der in § 152 Abs. 3 KAGB normierten Gleichstellung im Innenverhältnis[772] für diese Argumentation kein Raum mehr. Die Informationsrechte stehen den Treugebern jetzt qua Gesetz zu, sie sind damit der Parteidisposition entzogen.

Darüber hinaus widerspricht ein völliger Ausschluss den Interessen der Gesellschafter. Es muss beachtet werden, dass den Anlegern regelmäßig erst in der Krise der Gesellschaft auffallen wird, dass sie keine Möglichkeit haben, ihre Rechte effektiv durchzusetzen.[773] Das ist oftmals von den Fondsinitiatoren so gewollt, die deshalb bewusst Anonymitätsklauseln, wenn auch aus anderen Gesichtspunkten als der Anonymität der Anleger heraus, in die Verträge aufnehmen. Die Anleger sollen an der Durchsetzung ihrer Rechte weitestgehend gehindert werden.[774] Ein völliger Ausschluss – und darin ist dem BGH[775] zuzustimmen –, der die Anleger dahingehend rechtlos stellt und hinter dem Deckmantel des Schutzes des Anonymitätsinteresses der Anleger versteckt wird, verstößt gegen eine Inhaltskontrolle nach § 242 BGB.

d) Lösungsvorschlag

Wenn man aber zu dem Ergebnis kommt, dass ein völliger Ausschluss von Anonymitätsklauseln aufgrund des Anonymitätsinteresses der Anleger ebenso unzulässig ist wie eine umfassende, die Kommunikation unter den Anlegern komplett ausschließende Klausel, drängt sich geradezu eine vermittelnde Lösung über einen

770 So aber *Altmeppen*, NZG 2010, S. 1321; *Sester/Voigt*, NZG 2010, S. 375; *Markwardt*, BB 2011, S. 643; *Asmus/Markwardt*, ZIP 2012, S. 1581.

771 *Armbrüster*, FS Kanzleiter, S. 31, 40; *Asmus/Markwardt*, ZIP 2012, S. 1581, 1588.

772 Die Informationsrechte sind Teil des Innenverhältnisses, vgl. zum Beispiel *Armbrüster*, FS Kanzleiter, S. 31, 34.

773 *Teichmann*, Inhaltskontrolle im Gesellschaftsrecht, S. 109, 120.

774 Vgl. dazu *Goette*, ZGR 2014, S. 284 f.

775 BGH, Urteil vom 05.02.2013 - II ZR 134/11 = NZG 2013, 379.

Datentreuhänder auf.[776] Bei einer solchen „*verfahrensrechtlichen Lösung*"[777] wird ein unabhängiger Dritter (Datentreuhänder) mit der Koordinierung der Kommunikation zwischen den Anlegern untereinander betraut. So wird sichergestellt, dass die Anleger ihre Rechte wahrnehmen können, gleichzeitig aber die Anonymität der Anleger gewahrt ist. Dies wird insbesondere dadurch sichergestellt, dass eine Person zum Datentreuhänder bestimmt wird, die vom Berufsrecht zur Verschwiegenheit verpflichtetet ist, also ein Notar, Rechtsanwalt, Steuerberater oder Wirtschaftsprüfer.[778] Einer solchen Klausel kann daher auch im Rahmen einer Inhaltskontrolle nichts entgegengehalten werden. Sie schließt die Rechte der Anleger nicht aus, sondern organisiert nur deren Wahrnehmung.[779] Sofern darauf verwiesen wird, dass andere Mittel zur Durchsetzung der Rechte der Anleger vorlägen, insbesondere unter Nutzung des Treuhänders als Kommunikationsmittler,[780] kann dies kein taugliches Substitut darstellen. Die Anleger müssen sich nicht auf einen – meist im Lager der Fondsinitiatoren stehenden[781] – Mittelsmann verlassen,[782] besonders für den Fall, dass gerade ein Vorgehen gegen die Fondsinitiatoren koordiniert werden soll.[783]

---

776 Ebenso *Wolfer*, NZG 2011, S. 854, 855; *Wolfer*, GWR 2011, S. 77, 79; *Forgó* et al., ZD 2014, S. 182, 186; im Ansatz auch *Asmus/Markwardt*, ZIP 2012, S. 1581, 1589, die aber den Treuhandkommanditisten als Koordinator sehen und damit nicht weit genug gehen; für einen Verein mit 50.000 Mitgliedern die Herausgabe an einen Datentreuhänder bejahend OLG Hamburg, Urteil vom 27.08.2009–6 U 38/08 = DStR 2011, 180, zustimmend *Becker*, GWR 2009, S. 395; für eine vermittelnde Lösung *Schürnbrand*, ZGR 2014, S. 256, 265, der sowohl für die Beteiligungstransparenz als auch für die Anonymitätsinteressen gewichtige Argumente sieht und die Einschaltung eines Datentreuhänders befürwortet.

777 Eine solche wird vom BVerfG bei einem Spannungsverhältnis zwischen Informationsinteresse und dem Recht auf informationelle Selbstbestimmung gefordert, vgl. BVerfG, Beschluss vom 17.07.2013–1 BvR 3167/08 = NJW 2013, 3086 Rn. 22; ebenso *Forgó* et al., ZD 2014, S. 182, 185.

778 *Zoller*, GWR 2013, S. 165.

779 *Wolfer*, GWR 2011, S. 77, 79.

780 *Asmus/Markwardt*, ZIP 2012, S. 1581, 1589.

781 Vgl. zum Beispiel *Maulbetsch*, Beirat und Treuhand in der Publikumspersonengesellschaft, S. 33 f., der in der Mehrzahl der von ihm untersuchten Fälle feststellt, dass die Fondsinitiatoren hinter dem Treuhandkommanditisten stehen, nur in sechs (von 38) Fällen war dies nicht der Fall, hier war eine Bank Treuhandkommanditist; ebenso *Zinger*, BB 2014, S. 458; *Bost/Halfpap* in: Lüdicke/Arndt, Geschlossene Fonds, S. 20; *Bälz*, ZGR 1980, S. 1, 10, 17; *Hopt*, Gutachten G zum 51. Deutschen Juristentag, S. 37.

782 *Vosberg/Klawa*, EWiR 2013, S. 345, 346.

783 So auch BGH, Urteil vom 11.01.2011 - II ZR 187/09 = NZG 2011, 276 Rn. 17, der ein Internetforum in Anlehnung an § 127a AktG als nicht ausreichendes Substitut

Als Lösung kann die folgende Klausel im Gesellschaftsvertrag[784] verwendet werden:

Recht auf Kenntnis der Mitgesellschafter

1. *Das den Anlegern zustehende Recht auf Kenntnis ihrer Mitgesellschafter wird nach den folgenden Regelungen eingeschränkt. Mit Unterzeichnung der Beitrittserklärung erklärt sich der Anleger mit dieser Einschränkung einverstanden.*
2. *Der einzelne Anleger hat kein Recht auf Mitteilung von Namen, Anschrift oder sonstigen Daten seiner Mitgesellschafter.*
3. *Zur Kontaktaufnahme mit seinen Mitgesellschaftern steht jedem Anleger ein Datentreuhänder zur Verfügung. Als Datentreuhänder wird bestimmt: [Notar, Rechtsanwalt, Steuerberater, Wirtschaftsprüfer].*
4. *Der Datentreuhänder ist verpflichtet, die Kommunikation zwischen den Anlegern untereinander unter Wahrung der Anonymität der einzelnen Anleger zu gewährleisten. Dazu stellt ihm die Fondsgesellschaft eine Liste mit Kontaktdaten der Anleger zur Verfügung.*
5. *Der Datentreuhänder ist insbesondere verpflichtet, zur Erfüllung dieser Pflicht von einzelnen Anlegern an ihn übermittelte Schreiben an die anderen Anleger weiterzuleiten, deren Antworten einzuholen, zu erfassen und dem anfragenden Anleger dieses Ergebnis mitzuteilen. Dabei hat der Datentreuhänder eine zügige Bearbeitung sicherzustellen.*
6. *Die Pflicht des Datentreuhänders ist durch missbräuchliches Verhalten und Schikane begrenzt.*
7. *Zulässige Kommunikationsbegehren sind insbesondere solche zur Bildung eines nach diesem Vertrag notwendigen Quorums, zur Informationsweiterleitung an andere Anleger oder zur Einholung der Einwilligung der anderen Anleger, ihre Daten gegenüber dem anfragenden Anleger offenzulegen.*

---

klassifiziert, da die Anleger sich nicht auf den Treuhänder, die Fondsgesellschaft oder von diesen kontrollierte Mittel verlassen müssen, was bei einem neutralen Datentreuhänder gerade nicht der Fall ist; ebenso *Martens* in: Schlegelberger/Geßler, HGB, § 166 Rn. 41, der für einen gemeinsamen Vertreter bei der Ausübung von Informationsrechten fordert, dass dieser das Vertrauen der Kommanditisten besitzt; im Falle des AG Bremen, Urteil vom 28.03.2011–16 C 124/10 = BeckRS 2013, 08498, machte der Kläger geltend, dass seine Schreiben von der Geschäftsführung unvollständig und zeitlich verzögert an die anderen Anleger weitergeleitet wurden.

784 Nach *Armbrüster* hat eine solche Regelung im Treuhandvertrag zu erfolgen, vgl. *Armbrüster*, FS Kanzleiter, S. 31, 51. *Armbrüster* nimmt aber das Treuhandverhältnis, konkret § 666 BGB, als Anspruchsgrundlage für den Anspruch auf Kenntnis der Mitgesellschafter. Dieser ergibt sich jedoch mit dem BGH aus der gesellschaftsrechtlichen Verbindung der Anleger. Dementsprechend hat eine Regelung auch im Gesellschaftsvertrag zu erfolgen. Für eine Regelung im Gesellschaftsvertrag nach Inkrafttreten des KAGB: *Könnecke* in: Baur/Tappen, Investmentgesetze, § 152 Rn. 43.

8. *Zur Herausgabe von Namen, Anschrift und sonstigen Daten der einzelnen Anleger ist der Datentreuhänder ohne eine schriftliche Einwilligung der jeweiligen Anleger nicht berechtigt.*
9. *Die aus einer Kommunikationsmaßnahme entstehenden Kosten, insbesondere das Honorar des Datentreuhänders sowie dessen Auslagen für die Versendung der Anfragen, trägt der anfragende Anleger. Der Datentreuhänder kann die Bearbeitung der Anfrage des Anlegers von der Zahlung eines Vorschusses auf die voraussichtlich anfallenden Kosten abhängig machen.*

e) Altfälle bei Anonymitätsklauseln

Es stellt sich weiterhin die Frage, wie mit den Altfällen von Anonymitätsklauseln umgegangen werden sollte. Die Anonymitätsklauseln, die bis zu dem für den Anspruch auf Kenntnis der Mitgesellschafter maßgeblichen Urteil des BGH[785] üblich waren, schließen die Kenntnis beziehungsweise Weitergabe dieser Informationen an die Anleger völlig aus und sind damit grundsätzlich unwirksam. Bei Zugrundelegung der hier vertretenen Ansicht[786] gilt Folgendes: Zunächst ist zu unterscheiden zwischen Regelungen ausschließlich im Treuhandvertrag und Regelungen (auch) im Gesellschaftsvertrag. Regelungen ausschließlich im Treuhandvertrag sind unwirksam, § 306 BGB verbietet nach Rechtsprechung[787] und herrschender Literatur[788] eine geltungserhaltende Reduktion. § 306 gilt jedoch nicht für die Inhaltskontrolle nach § 242 BGB[789] und damit nicht für Klauseln in Gesellschaftsverträgen.[790] Es wäre deshalb sachgerecht und würde den Interessen der Parteien entsprechen, statt einer Unwirksamkeit der Anonymitätsklausel im Rahmen einer geltungserhaltenden

785 BGH, Urteil vom 05.02.2013 - II ZR 134/11 = NZG 2013, 379.

786 Zulässigkeit von Anonymitätsklauseln, sofern kein vollständiger Ausschluss der Informationsrechte der Anleger vereinbart wird, sondern ein Datentreuhänder die Kommunikation der Anleger regelt.

787 Vgl. dazu BGH, Urteil vom 17.05.1982 - VII ZR 316/81 = NJW 1982, 2309; BGH, Urteil vom 23.01.2013 - VIII ZR 80/12 = NJW 2013, 991; für die Richtlinie 93/13/EWG über missbräuchliche Klauseln in Verbraucherverträgen: EuGH, Urteil vom 14.06.2012 – C-618/10 = NJW 2012, 2257.

788 *Grüneberg* in: Palandt, Palandt, § 306 Rn. 6; *Schmidt* in: Bamberger/Roth, Beck'scher Online Kommentar BGB, § 306 Rn. 16; für eine geltungserhaltende Reduktion mit Missbrauchsprüfung *Basedow* in: Rixecker et al., MüKo BGB, § 306 Rn. 13.

789 Anders *Casper* in: Staub/Canaris/Schäfer, HGB, § 161 Rn. 140, der aus *„präventiven Erwägungen"* auch hier keine geltungserhaltende Reduktion zulassen will.

790 BGH, Urteil vom 07.05.2007 - II ZR 281/05 = NJW-RR 2007, 1256, 1258 für eine ansonsten nach § 138 BGB unwirksame Klausel; *Lehmann-Richter* in: Graf von Westphalen/Thüsing, AGB-Recht, Publikumsgesellschaften Rn. 14; *Sester/Voigt*, NZG 2010, S. 375, 376 f.; *Forgó* et al., ZD 2014, S. 182, 186 Fn. 48.

Reduktion eine Lösung über einen Datentreuhänder anzunehmen.[791] Dem steht jedoch, zumindest wenn der Anleger ein Verbraucher ist, die Rechtsprechung des EuGH zur Richtlinie 93/13/EWG über missbräuchliche Klauseln in Verbraucherverträgen entgegen.[792] Der EuGH hat festgestellt, dass Art. 6 Abs. 1 der Richtlinie einer geltungserhaltenden Reduktion entgegensteht.[793] Dies betrifft die Inhaltskontrolle von Gesellschaftsverträgen von Publikumspersonengesellschaften auf den ersten Blick nicht, da diese im deutschen Recht nach § 242 BGB geprüft werden. Allerdings ist diese Prüfung nach § 242 BGB nur deshalb zulässig und eine teleologische Reduktion der Bereichsausnahme Gesellschaftsrecht nicht notwendig, weil § 242 BGB ein dem AGB-Recht gleiches Schutzniveau enthält.[794] Wäre im Rahmen von § 242 BGB eine geltungserhaltende Reduktion möglich, würde dessen Schutzniveau so weit absinken, dass eine teleologische Reduktion der Bereichsausnahme notwendig wäre. Damit wäre eine AGB-Kontrolle nach §§ 305 ff. BGB notwendig, in der die geltungserhaltende Reduktion nicht möglich ist. Damit ist aufgrund der Richtlinie 93/13/EWG eine geltungserhaltende Reduktion in Bezug auf Verbraucher nicht möglich. Fraglich ist, ob dies auch auf die übrigen Anleger, die keine Verbraucher sind, durchschlägt. Schon der Gleichbehandlungsgrundsatz[795] könnte einer nach Verbraucherstellung differenzierenden geltungserhaltenden Reduktion entgegenstehen. Der Gleichbehandlungsgrundsatz verbietet eine willkürliche, sachlich nicht gerechtfertigte Ungleichbehandlung von Gesellschaftern und Gesellschafterinteressen.[796] Ob in der Verbraucherstellung ein sachlicher Grund für eine Ungleichbehandlung liegt, ist fraglich, anders als zum Beispiel bei unterschiedlichen Anteilen oder Beiträgen[797] ist die gesellschaftsrechtliche Stellung durch die Ver-

---

791 Insgesamt für eine Gestaltungsmöglichkeit der Gerichte im Rahmen einer Inhaltskontrolle von Vertragsbestimmungen *Sauer,* Die Publikums-Kommanditgesellschaft, S. 41.

792 EuGH, Urteil vom 14.06.2012 – C-618/10 = NJW 2012, 2257.

793 EuGH, Urteil vom 14.06.2012 – C-618/10 = NJW 2012, 2257 Rn. 71; *Schmidt* in: Bamberger/Roth, Beck'scher Online Kommentar BGB, § 306 Rn. 2.

794 Im Grundsatz ist eine teleologische Reduktion angezeigt, diese ist aber aufgrund des Schutzniveaus von § 242 BGB, das dem der §§ 305 ff. BGB entspricht, nicht notwendig, die Vorgaben der Richtlinie sind auch nach § 242 BGB erfüllt; siehe dazu oben ab S. 140.

795 Dieser ist auch im Personengesellschaftsrecht allgemein anerkannt, vgl. dazu und zu den unterschiedlichen Begründungsansätzen statt vieler nur *Enzinger* in: Schmidt, MüKo HGB, § 109 Rn. 20.

796 *Weitemeyer* in: Oetker, HGB, § 109 Rn. 25; *Born* in: Ebenroth et al., HGB, § 109 Rn. 28.

797 *Roth* in: Baumbach/Hopt, HGB, § 109 Rn. 29.

brauchereigenschaft nicht abgeändert. Es liegt – bei gleicher Beteiligungshöhe – die gleiche Rechtsstellung vor. Ein gesellschaftsrechtlicher Anknüpfungspunkt für eine Ungleichbehandlung könnte damit fehlen.

Dies kann jedoch offenbleiben, da eine geltungserhaltende Reduktion[798] in Bezug auf Anleger, die keine Verbraucher sind, ausscheidet. Ob eine geltungserhaltende Reduktion erfolgen kann, hängt vom Willen der Parteien ab.[799] Dass die Anleger und die Gesellschaft zwei verschieden ausgestaltete Anonymitätsklauseln nebeneinander gelten haben wollen, ist nicht anzunehmen. Der Parallellauf von zwei verschiedenen Modellen mit den sich daraus ergebenden faktischen Problemen liegt nicht im Interesse der Parteien. Damit sind Klauseln, welche die Kenntnis der Mitgesellschafter völlig ausschließen, als vollständig unwirksam zu betrachten. In solchen Konstellationen besteht also ein uneingeschränkter Anspruch auf Kenntnis der Mitgesellschafter.

f) Zwischenergebnis

Abschließend soll festgehalten werden, dass offenbar auch die Fondsgesellschaften das Urteil des BGH über die Kenntnis der Mitgesellschafter nicht als vollständigen Ausschluss von Anonymitätsklauseln verstehen. In den seit Inkrafttreten des KAGB und Veröffentlichung des BGH-Urteils erschienenen Prospekten finden sich verschiedenste Regelungen, die dies deutlich machen:

- Ein Ausschluss des Informationsrechts, es sei denn, es liegt eine außergewöhnliche Situation in der Gesellschaft vor, dann hat der Treugeber einen Informationsanspruch, soweit dies zur Wahrnehmung mitgliedschaftlicher Kernrechte erforderlich und der Treuhandkommanditistin zumutbar ist.[800]
- Ein vollständiger Ausschluss des Informationsrechts.[801]

---

798 Es ist anerkannt, dass eine Klausel bei der Unterscheidung Verbraucher/Unternehmer auch nur teilweise unwirksam sein kann, vgl. *Fuchs* in: Ulmer/Brandner/Hensen, AGB-Recht, § 307 Rn. 375; BGH, Urteil vom 09.02.1990 - V ZR 200/88 = NJW 1990, 1601, 1602. Darum geht es hier aber nicht, die Klausel ist in beiden Konstellationen unwirksam, fraglich ist nur, ob eine geltungserhaltende Reduktion auf eine Datentreuhänderlösung bei Unternehmern möglich ist.

799 BGH, Urteil vom 29.10.1990 - II ZR 241/89 = NJW 1991, 699, 700 für eine nach § 138 BGB sittenwidrige Klausel.

800 *publity performance GmbH*, Publity Performance Fonds Nr. 7 Fondsprospekt.

801 *HANSAINVEST Hanseatische Investment-GmbH*, 21. INP Deutsche Pflege Portfolio Fondsprospekt; *Hamburg Trust REIM Real Estate Investment Management GmbH*, Hamburg Trust domicilium 11 Fondsprospekt.

- Ein Verzicht des Treugebers auf sein Informationsrecht mit einer Weiterleitungslösung über die Treuhandkommanditistin.[802]
- Keinerlei Regelung in den Vertragswerken, aber ein Hinweis im Prospekt, dass die Anleger ihre Vertraulichkeit verlieren, wenn Mitanleger ihre Daten verlangen.[803]
- Explizite Bekräftigung, dass die Anleger ihre Anonymität schützen wollen und deshalb kein Anspruch auf Einsicht in das Treugeberregister besteht. Über ein Herausgabegesuch der Daten der Mitgesellschafter wird durch Beschluss aller Gesellschafter entschieden, zuvor muss der Antragssteller eine strafbewehrte Erklärung abgeben, nach der er versichert, diese Daten nicht weiterzugeben und nur für den im Antrag benannten Zweck zu nutzen.[804]
- Ein Informationsanspruch besteht, sofern dieser nicht treuwidrig ist.[805]

Diese Vielfalt an Regelungen, die zum Teil erheblich von der vom BGH postulierten Unausschließbarkeit[806] abweichen, lässt vermuten, dass der BGH in Zukunft die Gelegenheit erhalten wird, auch zu den vermittelnden Anonymitätsklauseln Stellung zu nehmen. Es bleibt zu wünschen, dass er einen differenzierenderen Standpunkt als seine aktuelle Alles-oder-Nichts-Haltung einnehmen wird.

2. Innen-GbR

Auch für die Verbindung der Treugeber untereinander in Form einer Innen-GbR und die Möglichkeit einer daraus resultierenden Haftung bietet sich eine Regelung an. Dies wäre nach der hier vertretenen Auffassung, nach der die Treugeber untereinander keiner Haftung für ausgefallene Treugeber als Gesellschafter einen Innen-GbR unterliegen, nicht notwendig.[807] Allerdings wird die Möglichkeit einer solchen Haftung in der Literatur zumindest angesprochen,[808] weshalb es sich an-

802 *JAMESTOWN US-Immobilien GmbH*, Jamestown 29 Fondsprospekt.

803 *Real I.S. AG Gesellschaft für Immobilien Assetmanagement*, Real I.S. Grundvermögen Fondsprospekt.

804 *PROJECT Wohnen 14 geschlossene Investment GmbH & Co. KG*, PROJECT Wohnen 14 Fondsprospekt.

805 *IMMAC Sozialimmobilien 71. Renditefonds GmbH & Co. KG*, IMMAC Sozialimmobilien 71. Renditefonds Fondsprospekt.

806 BGH, Urteil vom 05.02.2013 - II ZR 134/11 = NZG 2013, 379.

807 Zur Haftung der Treugeber als Gesellschafter einen Innen-GbR aller Treugeber oben ab S. 84.

808 Eine solche Haftung sei „*naheliegend* ", vgl. *Bost/Halfpap* in: Lüdicke/Arndt, Geschlossene Fonds, S. 39.

bietet, zur Absicherung eine entsprechende Regelung in den Treuhandvertrag aufzunehmen. Bisweilen finden sich solche Klauseln auch schon in Gesellschaftsverträgen. Als Beispiele für solche Klauseln seien genannt:

„Die Treugeber bilden untereinander weder eine Gesellschaft bürgerlichen Rechts noch eine Gemeinschaft und haften auch nicht aus sonstigen Gründen gegenüber der Treuhänderin oder der Gesellschaft füreinander.“[809]

oder

„Klargestellt wird, dass die Treugeber untereinander keine Innengesellschaft bürgerlichen Rechts bilden.“[810]

Bei der Beurteilung der Zulässigkeit solcher Klauseln stellen sich zwei Fragen. Es ist zuerst zu klären, ob solche Klauseln das Vorliegen einer Innen-GbR verhindern können. Alternativ kommt noch in Betracht, dass solche Klauseln, sofern sie das Vorliegen einer Innen-GbR nicht hindern können, zumindest einen Ausschluss der aufgrund der Innen- GbR bestehenden Haftung zur Folge haben.

Für das Vorliegen einer Innen-GbR ist unter anderem ein Vertragsschluss mehrerer Gesellschafter zu einem gemeinsamen Zweck notwendig.[811] Fraglich ist, ob durch eine entsprechende vertragliche Regelung der GbR-Vertragsschluss entfällt und ob dies eine Innen-GbR ausschließt.

Für den Abschluss eines Gesellschaftsvertrages, gleichgültig ob ausdrücklich oder konkludent, ist ein Wille der Beteiligten zur Entstehung von Vertragspflichten (*Rechtsbindungswille*)[812] notwendig.[813] Ein expliziter Rechtsbindungswille der Treugeber liegt nicht vor, der BGH entnimmt diesen vielmehr konkludent der Unterzeichnung der Beitrittserklärung.[814] Einer solchen konkludenten Annahme des Rechtsbindungswillens steht jedoch eine explizite Willensäußerung, keinen Rechtsbindungswillen zu haben, entgegen. Fraglich ist aber, ob auch bei entgegenstehendem Willen der Beteiligten eine Innengesellschaft angenommen werden kann beziehungsweise muss. Ein rein tatsächliches Miteinander lässt

809 *United Investors*, Fondsprospekt Deutsche S&K Sachwerte Nr. 2.

810 *Real I.S. AG Gesellschaft für Immobilien Assetmanagement*, Real I.S. Grundvermögen Fondsprospekt.

811 *Schmidt*, Gesellschaftsrecht, S: 1726.

812 BGH, Urteil vom 11.01.2011 - II ZR 187/09 = NZG 2011, 276 Rn. 15.

813 BGH, Urteil vom 11.01.2011 - II ZR 187/09 = NZG 2011, 276 Rn. 15; *Möhrle* in: Gummert/Butzer, Münchener Handbuch des Gesellschaftsrechts Band 1, § 5 Rn. 4; *Schmidt*, Gesellschaftsrecht, S. 1729.

814 BGH, Urteil vom 11.01.2011 - II ZR 187/09 = NZG 2011, 276 Rn. 15.

grundsätzlich noch keine Gesellschaft entstehen,[815] anders aber, wenn nach dem Willen der Gesellschafter zwar keine Gesellschaft vorliegen soll, aber Vertragspflichten entstehen sollen.[816] Sofern – wie in der Praxis der Normalfall – keine Anlegerversammlung, die den Treuhänder anweist, wie dieser sein Stimmrecht auszuüben hat, oder sonstige vertraglich geregelte aktive Zusammenarbeit der Treugeber besteht, wird von einem rein tatsächlichen Nebeneinander der Anleger auszugehen sein, das zusammen mit dem Willen der Anleger, keine Gesellschaft zu bilden, eine Innen-GbR ausschließt. Im Fall einer Anlegerversammlung ist dagegen anzunehmen, dass Verpflichtungen bestehen sollen, so zum Beispiel Treuepflichten, die einen im Gesellschaftsvertrag entgegenstehenden Willen der Anleger unbeachtlich werden lassen, da dort ebenso die Eingehung der Verpflichtungen geregelt ist, was schon für das Vorliegen einer Gesellschaft ausreichend ist. In diesem Fall hindert eine Erklärung im Gesellschaftsvertrag das Entstehen einer GbR daher nicht.

Da somit feststeht, dass eine Innengesellschaft bei Fehlen von konkreten Ausgestaltungen wie Anlegerversammlungen wirksam im Gesellschaftsvertrag ausgeschlossen werden kann, ist für die Fälle, in denen ein Ausschluss nicht möglich ist und damit grundsätzlich vom Vorliegen einer Innen-GbR auszugehen ist, noch zu klären, ob die Möglichkeit besteht, dass die Haftung für Verpflichtungen, die der Treuhänder eventuell für die Mitgesellschafter eingeht, im Gesellschaftsvertrag ausgeschlossen werden kann. Zunächst ist darauf hinzuweisen, dass es sich hier um eine Innengesellschaft handelt, die dementsprechend nach außen nicht auftritt und keine Verbindlichkeiten eingeht, vielmehr gehen die Gesellschafter persönlich die Verbindlichkeiten ein. Eine eventuelle Haftung würde sich damit aus einer Verpflichtung der Gesellschafter selbst ergeben und beträfe deren Innenrecht. Dieses ist dispositiv.[817] Damit kann eine Regelung erfolgen, die eine Haftung der Gesellschafter untereinander ausschließt. Auf die Frage, ob im Verhältnis zu Gesellschaftsgläubigern eine Haftung der Gesellschafter ausgeschlossen oder beschränkt werden kann, kommt es deshalb im vorliegenden Fall nicht an.[818]

Somit kann das Vorliegen einer Innen-GbR in den meisten Fällen wirksam ausgeschlossen werden; sofern dies nicht möglich ist, kann jedenfalls die Haftung der Anleger für Verbindlichkeiten, die sich auf Mitanleger beziehen, ausgeschlos-

---

815 *Möhrle* in: Gummert/Butzer, Münchener Handbuch des Gesellschaftsrechts Band 1, § 5 Rn. 4.

816 *Schmidt,* Gesellschaftsrecht, S. 1729.

817 Vgl. § 713 BGB.

818 Vgl. zu dieser Problematik *Schäfer* in: Rixecker et al., MüKo BGB, § 714 Rn. 62 ff.

sen werden. Da der Ausschluss einer Innen-GbR nicht immer möglich ist, sollte sicherheitshalber immer auch der Ausschluss der Haftung vertraglich geregelt werden. Als Klausel bietet sich dafür beispielhaft an:

> *Die Treugeber wollen über ihre Beteiligung an der Fondsgesellschaft hinaus nicht zusammenwirken. Sie haben insbesondere nicht den Willen, untereinander eine Gesellschaft bürgerlichen Rechts zu bilden, und verfolgen keinen gemeinsamen Zweck.*
> *Sofern die Treugeber trotz ihres entgegenstehenden Willens untereinander eine Gesellschaft bürgerlichen Rechts bilden, wird hiermit die Haftung für Verbindlichkeiten der Mit-Treugebergesellschafter ausgeschlossen. Die einzelnen Treugeber haften insbesondere nicht für Verbindlichkeiten, die der Treuhänder gegenüber der Gesellschaft in Bezug auf die Beteiligungen der anderen Treugeber eingeht.*

IV. Zwischenergebnis

1. Vertragliche Regelungen in Publikumspersonengesellschaften unterliegen einer Inhaltskontrolle.
2. Im Fall des Gesellschaftsvertrages richtet sich die Inhaltskontrolle nach § 242 BGB, da die Bereichsausnahme des § 310 Abs. 4 BGB für Gesellschaftsrecht eingreift. Diese ist nicht aufgrund der Richtlinie über missbräuchliche Klauseln in Verbraucherverträgen teleologisch zu reduzieren, da § 242 BGB und die §§ 305 ff. BGB ein gleiches Schutzniveau bieten.
3. Der Treuhandvertrag unterfällt jedoch nicht der Bereichsausnahme Gesellschaftsrecht, er ist anhand der §§ 305 ff. BGB zu prüfen.
4. Das KAGB schreibt in § 152 für die Vertragsgestaltung nur vor, dass unmittelbar und mittelbar beteiligte Anleger gleichzustellen sind. Daraus folgt, dass deren Rechte nur einheitlich eingeschränkt werden können.
5. Gesellschafter einer Publikumspersonengesellschaft, ob unmittelbar oder mittelbar beteiligt, haben einen Anspruch auf Kenntnis von Namen und Anschrift ihrer Mitgesellschafter. Dieser ergibt sich aus den gesellschaftsvertraglichen Bindungen selbst.
6. Dieser Anspruch kann durch Anonymitätsklauseln eingeschränkt werden. Dies gebietet das Anonymitätsinteresse der Anleger. Einer Einschränkung – im Gegensatz zu einem völligen Ausschluss – steht das Auskunftsinteresse der Gesellschafter nicht entgegen. Zum bestmöglichen Interessenausgleich bietet sich eine Regelung über einen Datentreuhänder, der für die Gesellschafter die Kommunikation übernimmt, an.
7. Die Treugeber-Anleger können bei entsprechender Ausgestaltung des Treuhandverhältnisses eine Innen-GbR bilden. Dazu muss ein gemeinsamer Zweck vorliegen, der jedenfalls bei einer beschlussfassenden Anlegerversammlung

gegeben ist, jedoch nicht, wenn die Treugeber untereinander nicht zusammenwirken. Das Vorliegen einer Innen-GbR kann dann vertraglich ausgeschlossen werden, wenn keine konkreten Beitragspflichten bestehen. Ist dies nicht möglich, so ist jedenfalls die Haftung für Verbindlichkeiten, die der Treuhänder in Bezug auf die Beteiligung der anderen Anleger eingeht, ausschließbar.

§ 5 Ergebnis

I. Thesen

1. Die mittelbare Beteiligung an einer Publikumspersonengesellschaft ist auch nach dem Inkrafttreten des KAGB zulässig. Das KAGB hat an der grundlegenden Struktur der mittelbaren Beteiligung nichts geändert.
2. Den Treugebern können ohne Verstoß gegen das Abspaltungsverbot im Innenverhältnis Rechte eingeräumt werden. Dies führt dazu, dass der Treugeber formal als Gesellschafter zu betrachten ist. In eine materielle Gesellschafterstellung mit eigenen, originär gesellschaftsrechtlichen Rechten, die auf das Außenverhältnis durchschlägt, steigt der Treugeber jedoch nicht auf.
3. Eine Eintragung der Treugeber in das Handelsregister ist weder erforderlich noch zulässig.
4. Träger der Rechte und Pflichten aus der Gesellschaftsbeteiligung ist grundsätzlich der Treuhänder. Ihn trifft als Kommanditisten auch die Haftung für noch nicht geleistete oder zurückgewährte Einlagen.
5. In § 152 KAGB existieren Anlegerschutzvorschriften, die vor einer Einlagenrückgewähr schützen sollen. Unter anderem sind Treuhänder und Treugeber auf die Folgen einer Einlagenrückgewähr hinzuweisen und ihre Zustimmung dazu ist einzuholen. Ein Verstoß gegen diese Hinweis- und Zustimmungspflicht führt dazu, dass keine Außenhaftung des Kommanditisten für die zurückgewährte Einlage besteht. Stattdessen steht den Gläubigern ein Schadensersatzanspruch gegen die Gesellschaft sowie deren Geschäftsführer zu.
6. Der Treugeber selbst unterliegt in Ermangelung einer Gesellschafterstellung keiner unmittelbaren Außenhaftung.
7. Der Treugeber unterliegt jedoch durch Abtretung seiner Freistellungsverpflichtung einer faktischen Außenhaftung. Dieser Abtretung steht kein Abtretungsverbot entgegen.
8. Die faktische Außenhaftung ist aber nach dem Beteiligungsverhältnis der Treugeber beschränkt (pro rata).
9. Den unmittelbar und mittelbar beteiligten Anlegern stehen die gleichen Auskunfts- und Informationsrechte zu. Dies umfasst insbesondere einen Anspruch auf Kenntnis von Namen und Anschrift der Mitgesellschafter. Dieser Anspruch ist durch Anonymitätsklauseln einschränkbar, kann aber nicht völlig ausgeschlossen werden. Als bestmöglicher Interessenausgleich bietet sich eine Kommunikation über einen Datentreuhänder an, die sowohl die Kommunikation der Anleger sicherstellt, als auch deren Anonymität gewährleistet.

10. Die Treugeber bilden untereinander im Regelfall keine Innen-GbR. Zur Sicherheit sollte eine solche mit zulässigen Klauseln in den Vertragswerken ausgeschlossen werden. Zusätzlich ist jedenfalls die Haftung für Verbindlichkeiten in Bezug auf die Beteiligungen der Mit-Treugeber ausschließbar.

II. Fazit

Abschließend kann festgehalten werden, dass sich das Recht der Publikumspersonengesellschaften weiterhin im Wandel befindet. Die gesellschaftsrechtlichen Regelungen des KAGB in § 152 tragen zur Klärung der Probleme der mittelbaren Beteiligung über einen Treuhänder wenig Neues bei. Die dort geregelte Gleichstellung wird in den meisten Fonds schon praktiziert. Zu wünschen wäre, dass der Gesetzgeber über das KAGB hinaus konkrete Regelungen für die mittelbare Beteiligung sowie die Publikumspersonengesellschaft einführt. Die bestehenden Rechtsunsicherheiten sollten beseitigt werden. Dabei müsste dem Anonymitätsinteresse der Anleger Rechnung getragen werden, während gleichzeitig die schon heute faktisch vollzogene Außenhaftung der Treugeber normiert wird. In Betracht kommen dazu entweder eine völlige Gleichstellung von mittelbar Beteiligten auch im Außenverhältnis im Wege einer im HGB normierten Haftung oder die Möglichkeit, als unmittelbarer Kommanditist im Handelsregister nicht beziehungsweise nur mit der Einlage und einer laufenden Nummer eingetragen zu sein. Insbesondere aus einer Nichteintragung von Kommanditisten ergeben sich jedoch grundlegende Fragen in Bezug auf das Haftungskonzept der Kommanditgesellschaft, weshalb eine solche Regelung wohldurchdacht und auf dieses Konzept abgestimmt sein müsste.

Ein anderes – und sicher auch komplizierteres – Konzept, das aber unter Gesichtspunkten des Anlegerschutzes interessant ist, wäre es, Kapitalgesellschaften unter bestimmten Voraussetzungen die Möglichkeit zu geben, für ihre Anleger steuerlich transparent zu sein.[819] Zu denken ist zum Beispiel an eine Anknüpfung an die Investmentaktiengesellschaften des KAGB, die ausschließlich Anlage und Verwaltung ihrer Mittel nach einer festgelegten Anlagestrategie zur gemeinschaftlichen Kapitalanlage als Unternehmensgegenstand haben dürfen. Ebenso möglich wäre ein Wahlrecht der Gesellschaft, wie es zum Beispiel mit der entity classification election (auch check the box rule) im amerikanischen Recht verankert ist. Dieses erlaubt Gesellschaften, sich steuerlich je nach Wahl

819 So auch *Casper*, ZHR 2015, S. 80.

als Kapitalgesellschaft oder sonstige Gesellschaft behandeln zu lassen.[820] Mit der steuerlichen Transparenz sowie der Anonymität in der Aktiengesellschaft könnten die wesentlichen Punkte für Anleger auch in Kapitalgesellschaften erreicht werden, während Fondsinitiatoren gezwungen wären, den strengeren Vorschriften der Kapitalgesellschaften zu entsprechen, die aus Anlegerschutzgesichtspunkten oftmals zwingend sind. Auch wäre die Gründung von Aktiengesellschaften keine größere Hürde, als dies aktuell die Zulassung einer Investmentgesellschaft darstellt. Die Nutzung der Aktiengesellschaft wäre verbunden mit einem Verbot der Publikumspersonengesellschaften als Fonds, da nicht davon auszugehen ist, dass Fondsinitiatoren freiwillig die Vorteile der geringeren Regulierung für Personengesellschaften aufgeben.

Anleger dürften einer solchen Konstellation offen gegenüberstehen, die der Aktiengesellschaft ursprünglich entgegenstehenden steuerlichen Nachteile dürften in neuester Zeit kein übermäßig gewichtiges Argument mehr darstellen, da sie vom Gesetzgeber erheblich eingeschränkt worden sind. Eine solche Konzeption würde auch zu einer Rückkehr zu der ursprünglich für Kapitalsammlung vorgesehenen Rechtsform der Aktiengesellschaft führen und wäre insofern begrüßenswert.

820 Dies gilt zwar nicht für die Aktiengesellschaft, was aber für den Ansatz keinen Unterschied macht.

Literaturverzeichnis

Altmeppen, Holger: Anmerkungen zu BGH, Urteil vom 11.01.2011 - II ZR 187/09, Zeitschrift für Wirtschaftsrecht (ZIP), 2011, 326–328.

Altmeppen, Holger: Kernbereichslehre, Bestimmtheitsgrundsatz und Vertragsfreiheit in der Personengesellschaft, Neue Zeitschrift für Gesellschaftsrecht (NZG), 2015, 2065–2071.

Altmeppen, Holger: Pflicht zur Herausgabe der Gesellschafterliste einer Fondsgesellschaft? Neue Zeitschrift für Gesellschaftsrecht (NZG), 2010, 1321–1327.

Altmeppen, Holger: Verwirrung über die gesamtschuldnerische Kommanditistenhaftung, Neue Juristische Wochenschrift (NJW), 2016, 1761–1763.

Altmeppen, Holger/Roth, Günter H. (Hrsg.): Gesetz betreffend die Gesellschaften mit beschränkter Haftung (GmbHG), 8. Auflage. München 2015.

Armbrüster, Christian: Auskunftsansprüche des Treugebers gegen Treuhänder und Fondsgesellschaft, In **Bengel, Manfred/Adamietz, Axel (Hrsg.):** Festschrift für Rainer Kanzleiter, Köln 2010, 31–51.

Armbrüster, Christian: Der Gesellschafter hinter dem Gesellschafter – zur Treugeberhaftung in der Personengesellschaft, Zeitschrift für Wirtschaftsrecht (ZIP), 2009, 1885–1890.

Armbrüster, Christian: Kapitalanleger als Verbraucher? Zur Reichweite des europäischen Verbraucherschutzrechts, Zeitschrift für Wirtschaftsrecht (ZIP), 2006, 406–415.

Armbrüster, Christian: Die treuhänderische Beteiligung an Gesellschaften, Köln 2001.

Asmus, Thomas/Markwardt, Karsten: Der anonyme Quasi-Gesellschafter, Zeitschrift für Wirtschaftsrecht (ZIP), 2012, 1581–1590.

AssCompact Investmentnews: Historische Absatzkrise bei geschlossenen Fonds, Das Fachmagazin für Risiko- und Kapitalmanagement (AssCompact), 2014 Nr. 06, 59.

AssCompact Investmentnews: Scope Ratings erwartet Belebung des AIF-Markts, Das Fachmagazin für Risiko- und Kapitalmanagement (AssCompact), 2014 Nr. 09, 59.

Assmann, Heinz-Dieter/Schütze, Rolf A.: Handbuch des Kapitalanlagerechts, 4. Auflage. München 2015.

Bälz, Ulrich: Treuhandkommanditist, Treuhänder der Kommanditisten und Anlegerschutz: Für eine organschaftliche Publikumstreuhand, Zeitschrift für Unternehmens- und Gesellschaftsrecht (ZGR), 1980, 1–100.

Bamberger, Heinz Georg/Roth, Herbert (Hrsg.): Beck'scher Online Kommentar BGB, 43. Auflage. München 2017.

Baumbach, Adolf/Hopt, Klaus J.: Handelsgesetzbuch, 37. Auflage. München 2016.

Baumbach, Adolf/Hueck, Alfred (Hrsg.): GmbHG: Gesetz betreffend die Gesellschaften mit beschränkter Haftung, 21. Auflage. München 2017.

Baur, Jürgen/Tappen, Falko: Investmentgesetze, 3. Auflage. Berlin 2015.

Bayer, Walter (Hrsg.): Entwicklung des Aktienrechts, Tübingen 2007.

Becker, Jörn: Herausgabe der Mitgliederliste eines Vereins regelmäßig nur an Treuhänder, Gesellschafts- und Wirtschaftsrecht (GWR), 2009, 395.

Beckmann, Klaus/Scholtz, Rolf-Detlev/Flachmann, Klaus: Investment: Ergänzbares Handbuch für das gesamte Investmentwesen ; Kommentar zu den Rechtsvorschriften einschließlich der steuerrechtlichen Regelungen, Erläuterungen und Materialien zu den wirtschaftlichen Grundlagen – Stand 5/15, Berlin 1970.

Beuthien, Volker: Treuhand an Gesellschaftsanteilen, Zeitschrift für Unternehmens- und Gesellschaftsrecht (ZGR), 1974, 26–85.

Binz, Mark K./Sorg, Martin H.: Die GmbH & Co. KG im Gesellschafts- und Steuerrecht: Handbuch für Familienunternehmen, 11. Auflage. München 2010.

Blaurock, Uwe: Haftung eines atypischen stillen Gesellschafters, Neue Zeitschrift für Gesellschaftsrecht (NZG), 2010, 974–975.

Blaurock, Uwe: Handbuch der stillen Gesellschaft, 8. Auflage. Köln 2016.

Blaurock, Uwe: Unterbeteiligung und Treuhand an Gesellschaftsanteilen: Formen mittelbarer Teilhabe an Gesellschaftsverhältnissen, Baden-Baden 1981.

Blümich, Walter/Ebling, Klaus: EStG, KStG, GewStG, 138. Auflage. München 2017.

Brambring, Günter: Beck'sches Notar-Handbuch, 4. Auflage. München 2006.

Breuer, Johannes: Treuhandverhältnisse im Gesellschaftsrecht, Mitteilungen der Rheinischen Notarkammer (MittRhNotK), 1988, 79–96.

Brömmelmeyer, Christoph: Fehlerhafte Treuhand? Die Haftung der Treugeber bei der mehrgliedrigen Treuhand an Beteiligungen, Neue Zeitschrift für Gesellschaftsrecht (NZG), 2006, 529–533.

Bundeskriminalamt: Jahresbericht FIU Deutschland, Wiesbaden 2011.

Bundeskriminalamt: Jahresbericht FIU Deutschland, Wiesbaden 2012.

Bundeskriminalamt: Jahresbericht FIU Deutschland, Wiesbaden 2013.

Bundesverband Investment und Asset Management: Zeitreihe Publikumsfonds, Spezialfonds und Vermögen außerhalb von Investmentfonds von 1950 bis 2016, (URL: https://www.bvi.de/fileadmin/user_upload/Statistik/2017_07_04_Zeitreihen_2016.pdf) – Zugriff am 28.11.2017.

Bundesverband Sachwerte und Investmentvermögen: Newsletter März 2017, (URL: http://www.sachwerteverband.de/verband/presse/bsi-newsletter/bsi-newsletter-2017/bsi-newsletter-maerz-2017.html) – Zugriff am 28.11.2017.

Bundesverband Sachwerte und Investmentvermögen: Präsentation Branchenzahlen 2014, (URL: http://www.sachwerteverband.de/fileadmin/downloads/zahlen/branchenzahlen/branchenzahlen_2014/bsi_branchenzahlen_2014.pdf) – Zugriff am 12.12.2015.

Bundesverband Sachwerte und Investmentvermögen: Präsentation Branchenzahlen 2015, (URL: http://www.sachwerteverband.de/fileadmin/downloads/zahlen/branchenzahlen/branchenzahlen_2015/bsi_branchenzahlen_2015.pdf) – Zugriff am 28.11.2017.

Bundesverband Sachwerte und Investmentvermögen: Pressemitteilung Branchenzahlen 2013, (URL: http://www.sachwerteverband.de/fileadmin/downloads/bsi_pressemitteilungen/bsi_pm_2014/bsi_pressemitteilung_2014_02.pdf) – Zugriff am 12.12.2015.

Casper, Matthias: Die Investmentkommanditgesellschaft: große Schwester der Publikums-KG oder Kuckuckskind? Zeitschrift für das gesamte Handelsrecht und Wirtschaftsrecht (ZHR), 2015, 44–82.

Coing, Helmut: Die Treuhand kraft privaten Rechtsgeschäfts, München 1973.

Derleder, Peter/Knops, Kai-Oliver/Georg, Bamberger Heinz: Deutsches und europäisches Bank- und Kapitalmarktrecht – Band 2, Berlin 2017.

Deutscher, Jörg: "Quasi"-Gesellschafterstellung mittelbarer Anleger geschlossener Immobilienfonds – Zur Verlustausgleichspflicht (Innenhaftung) bei negativer Auseinandersetzungsbilanz, Zeitschrift für Immobilienrecht (ZfIR), 2012, 346–355.

Dietrich, Jürgen: Die Publikums-Kommanditgesellschaft und die gesellschaftsrechtlich geschützten Interessen, Köln 1987.

DOBA Grund Fonds: Fondsprospekt DOBA Grund Rendite Fonds 13, Dezember 2008.

Drygala, Tim: Anwendbarkeit des AGB-Gesetzes auch auf Gesellschaftsverträge – eine Nebenwirkung der Richtlinie über missbräuchliche Klauseln in Verbraucherverträgen? Zeitschrift für Wirtschaftsrecht (ZIP), 1997, 968–971.

Duchardt, Uwe/Gillitzer, Daniela: Aktuelle Übersicht des Marktes für steuerbegünstigte Kapitalanlagen 2001: Wirtschaftliche Sinnfrage im Hinblick auf die Möglichkeit eines Vermögensaufbaus, Deutsches Steuerrecht (DStR), 2001, 1624–1632.

Ebenroth, Thomas et al.: Handelsgesetzbuch, 3. Auflage. München 2013.

Eden, Siegfried: Treuhandschaft an Unternehmen und Unternehmensanteilen: Recht, Steuer, Betriebswirtschaft, 2. Auflage. Bielefeld 1989.

Eden, Siegfried: Treuhandschaft an Unternehmen und Unternehmensanteilen: Recht, Steuer, Betriebswirtschaft, 3. Auflage. Berlin 2007.

Ehmann, Erik: Gesellschafter haben in der Publikumsgesellschaft Anspruch auf Mitteilung von Namen und Anschriften der Mitgesellschafter, Gesellschafts- und Wirtschaftsrecht (GWR), 2010, 7.

Eichhorn, Jochen: Die offene Investmentkommanditgesellschaft nach dem Kapitalanlagegesetzbuch Teil I, Wertpapier-Mitteilungen (WM), 2016, 110–116.

Emde, Thomas/Dreibus, Alexandra: Der Regierungsentwurf für ein Kapitalanlagegesetzbuch, Zeitschrift für Bank- und Kapitalmarktrecht (BKR), 2013, 89–102.

Emmert, Carolin: BGH: Auskunftsansprüche von Anlegern von Publikums-Kommanditgesellschaften, Beck Fachdienst Zivilrecht (ehemals Kommentierte BGH-Rechtsprechung Lindenmaier-Möhring – LMK), 2013, 344767.

Erman; Westermann, Harm Peter/Grunewald, Barbara/Maier-Reimer, Georg (Hrsg.): Bürgerliches Gesetzbuch: Band I, 14. Auflage. Köln 2014.

Favoccia, Daniela/Heidenhain, Martin: Gesellschaftsrecht, Band 1, Münchener Vertragshandbuch, 7. Auflage. München 2011.

Flume, Werner: Allgemeiner Teil des bürgerlichen Rechts, Berlin 1983.

Forgó, Nikolaus et al.: Anonymitätsinteressen von Anlegern in der Publikums-KG, Zeitschrift für Datenschutz (ZD), 2014, 182–188.

Frank, Johann: Der Nießbrauch an Gesellschaftsanteilen, Mitteilungen des Bayerischen Notarvereins, der Notarkasse und der Landesnotarkammer Bayern (MittBayNot), 2010, 96–104.

Freitag, Robert: Die „Investmentkommanditgesellschaft“ nach dem Regierungsentwurf für ein Kapitalanlagegesetzbuch, Neue Zeitschrift für Gesellschaftsrecht (NZG), 2013, 329–335.

Goette, Maximilian: Bericht über die Diskussion zum Vortrag Jan Schürnbrand – Publikumspersonengesellschaften in Rechtsprechung und Literatur, Zeitschrift für Unternehmens- und Gesellschaftsrecht (ZGR), 2014, 284–288.

Goette, Wulf/Goette, Maximilian: Mehrheitsklauseln im Personengesellschaftsrecht, Deutsches Steuerrecht (DStR), 2016, 74–84.

Goette, Wulf/Habersack, Mathias (Hrsg.): Münchener Kommentar zum Aktiengesetz: Band 1: §§ 1–75, 4. Auflage. München 2016.

Görlich, Wolfgang: Grundlagen des offenen und des geschlossenen Immobilienfonds, Neue Wirtschafts-Briefe (NWB), 1998, 3571–3584.

Graf von Westphalen, Friedrich/Thüsing, Gregor (Hrsg.): Vertragsrecht und AGB- Klauselwerke, 39. Auflage. München 2017.

Grage, Katja: Ausgewählte Aspekte der Verwaltungstreuhand an Geschäftsanteilen, Rheinische Notar-Zeitschrift (RNotZ), 2005, 251–276.

Grundmann, Stefan: Der Treuhandvertrag, insbesondere die werbende Treuhand, München 1997.

Gummert, Hans/Abel, Malte (Hrsg.): Münchener Anwaltshandbuch Personengesellschaftsrecht, 2. Auflage. München 2015.

Gummert, Hans/Breithaupt, Joachim (Hrsg.): Münchener Handbuch des Gesellschaftsrechts Band 2: Kommanditgesellschaft, GmbH & Co. KG, Publikums-KG, Stille Gesellschaft, 4. Auflage. 2014.

Gummert, Hans/Butzer, Hermann (Hrsg.): Münchener Handbuch des Gesellschaftsrechts Band 1: BGB-Gesellschaft, Offene Handelsgesellschaft, Partnerschaftsgesellschaft, Partenreederei, EWIV, 4. Auflage. 2014.

Hadding, Walther: Rückgriff des haftenden Treuhandkommanditisten, In **Goerdeler, Reinhard et al. (Hrsg.):** Festschrift für Hans-Joachim Fleck, Berlin 1988, 71–87.

Hamburg Trust REIM Real Estate Investment Management GmbH: domicilium 11 „Little East“ Prospekt, 29.07.2014.

HANSAINVEST Hanseatische Investment-GmbH: 21. INP Deutsche Pflege Portfolio, 05.11.2014.

Hasselbring, Dirk: Geburt und Zukunft des geschlossenen Spezial-AIF, Immobilien & Finanzierung, 2014, 737.

Hausbeck, Thomas: Die Haftung des Kapitalanlegers in der Insolvenz eines als Publikumsgesellschaft aufgelegten geschlossenen Immobilienfonds, Chemnitz 2012.

Heckschen, Heribert/Bachmann, Daniel: Mehrheitsklauseln bei Personengesellschaften, Neue Zeitschrift für Gesellschaftsrecht (NZG), 2015, 531–537.

Heinrichs, Helmut: Das Gesetz zur Änderung des AGB-Gesetzes Umsetzung der EG- Richtlinie über mißbräuchliche Klauseln in Verbraucherverträgen durch den Bundesgesetzgeber, Neue Juristische Wochenschrift (NJW), 1996, 2190–2197.

Henssler, Martin/Strohn, Lutz (Hrsg.): Gesellschaftsrecht: BGB, HGB, PartGG, GmbHG, AktG, GenG, UmwG, InsO, AnfG, IntGesR, 3. Auflage. München 2016.

Herberger, Maximilian et al. (Hrsg.): juris PraxisKommentar BGB, 7. Auflage. Saarbrücken 2014.

Hopt, Klaus J.: Inwieweit empfiehlt sich eine allgemeine gesetzliche Regelung des Anlegerschutzes? (dargestellt unter besonderer Berücksichtigung der Publikumspersonengesellschaften, namentlich der Abschreibungsgesellschaften und geschlossenen Immobilienfonds); Gutachten G für den 51. Deutschen Juristentag, München 1976.

Hüffer, Uwe; Koch, Jens (Hrsg.): Aktiengesetz, 12. Auflage. München 2016.

IMMAC Sozialimmobilien 71. Renditefonds GmbH & Co. KG: IMMAC Sozialimmobilien 71. Renditefonds GmbH & Co. KG Prospekt, 01.07.2014.

Immobilien Zeitung Nachrichten: Ohne KAGB wären wir vor die Wand gefahren! Immobilien Zeitung, 2014, 4.

Jäger, Lars/Maas, Gero/Renz, Hartmut T.: Neue Rahmenbedingungen: Ein Ausblick auf das Fondsgeschäft 2014, Zeitschrift für das gesamte Kreditwesen (ZfgK), 2014, 64–68.

JAMESTOWN US-Immobilien GmbH: Jamestown 29 Prospekt, 15.08.2014.

Juristentag, Deutscher: Beschlüsse des 71. Deutschen Juristentags, Berlin 2016.

Kapitza, Martin: Die Rechtsstellung der Treugeber in geschlossenen Immobilienfonds in der Form der kupierten Publikumskommanditgesellschaft, Berlin 1996.

Kellermann, Alfred: Zur Anwendung körperschaftsrechtlicher Grundsätze und Vorschriften auf die Publikums-Kommanditgesellschaft, In **Lutter, Marcus (Hrsg.):** Festschrift für Walter Stimpel zum 68. Geburtstag, Berlin 1985, 295–306.

Kindler, Peter: Der Gesellschafter hinter dem Gesellschafter – Zur Treugeberhaftung in der Personengesellschaft, Zeitschrift für Wirtschaftsrecht (ZIP), 2009, 1146–1149.

Kindler, Peter: Der Kommanditist hinter dem Kommanditisten – Zur Treugeberhaftung in der Insolvenz der Publikums-GmbH & Co. KG, In **Bitter, Georg (Hrsg.):** Festschrift für Karsten Schmidt zum 70. Geburtstag, Köln 2009, 871–891.

Kloyer, Andreas: Strukturierung von geschlossenen Fonds in Deutschland vor dem Hintergrund der Regelungen des KAGB, In **Möllers, Thomas M. J. (Hrsg.):** Das neue Kapitalanlagegesetzbuch, München 2013, 313–330.

Koller, Ingo et al.: Handelsgesetzbuch, 8. Auflage. 2015.

Komo, Daniel: Geschlossene Immobilienfonds in der Rechtsform der GmbH & Co. KG – Haftungsrisiken für Anleger und Vertragsgestaltung, Betriebsberater (BB), 2012, 1423–1429.

Krafka, Alexander/Kühn, Ulrich/Keidel, Theodor: Registerrecht, 9. Auflage. München 2013.

Krämer, Achim: Zum Anspruch auf Offenlegung der Identität von Mitgesellschaftern, In **Jung, Peter (Hrsg.):** Einheit und Vielheit im Unternehmensrecht, Tübingen 2013, 225–235.

Krenzel, Joachim: Treuhand an Kommanditanteilen: Unter besonderer Berücksichtigung der Pflichtenbindung des Treuhänders in der kupierten Publikums- Kommanditgesellschaft, Frankfurt am Main 1991.

Krieger, Albrecht: Empfiehlt sich eine gesetzliche Regelung der Publikums-KG? In **Lutter, Marcus (Hrsg.):** Festschrift für Walter Stimpel zum 68. Geburtstag, Berlin 1985, 307–333.

Kruse, Viola: Nießbrauch an der Beteiligung an einer Personengesellschaft, Rheinische Notar-Zeitschrift (RNotZ), 2002, 69–87.

Kübler, Friedrich/Assmann, Heinz-Dieter: Gesellschaftsrecht: Die privatrechtlichen Ordnungsstrukturen und Regelungsprobleme von Verbänden und Unternehmen, 6. Auflage. Heidelberg 2006.

Larenz, Karl/Canaris, Claus-Wilhelm: Methodenlehre der Rechtswissenschaft, 3. Auflage. Berlin 1995.

Lenders, Rudolf: Treuhand am Gesellschaftsanteil: Die Einbindung des Treugebers in das gesellschaftsrechtliche Organisationsgefüge, Frankfurt am Main 2004.

Lindemeier, Jörg: Die Eintragung des Nießbrauchs am Kommanditanteil im Handelsregister: Anmerkung zu LG Köln, Beschlüsse vom 12. 5. 2000 und 28. 7. 2000–89 T 10/00, 89 T 20/00, Rheinische Notar-Zeitschrift (RNotZ), 2001, 155–158.

Löhnig, Martin: Treuhand: Interessenwahrnehmung und Interessenkonflikte, Tübingen 2006.

Lüdicke, Jochen/Arndt, Jan-Holger: Geschlossene Fonds, 6. Auflage. München 2012.

Markwardt, Karsten: Keine Anonymität in der Gesellschaft bürgerlichen Rechts, Betriebsberater (BB), 2011, 643–648.

Markwardt, Manfred: Rechtsgeschäftliche Treuhandverhältnisse bei Personalhandelsgesellschaften, Marburg 1973.

Maulbetsch, Hans-Christoph: Beirat und Treuhand in der Publikumspersonengesellschaft, Bonn 1984.

Menkel, Andreas: Die Aufrechnungsbefugnis der Treugebergesellschafter gegen den Zessionar bei Abtretung des Freistellungsanspruchs durch die Treuhandgesellschafterin, Neue Zeitschrift für Gesellschaftsrecht (NZG), 2014, 1253–1258.

Michalski, Lutz et al. (Hrsg.): Kommentar zum Gesetz betreffend die Gesellschaften mit beschränkter Haftung (GmbH-Gesetz) Band I, 3. Auflage. München 2017.

Michalski, Lutz/Schuldenburg, Volker: Anmerkungen zu OLG Oldenburg, Urteil vom 20. 5. 1999–1 U 24/99, Neue Zeitschrift für Gesellschaftsrecht (NZG), 1999, 898.

Mohr, Philipp: Die offene Investmentkommanditgesellschaft: Investmentrecht, Gesellschaftsrecht und Anlegerschutz, Frankfurt am Main 2016.

Möllers, Thomas M. J./Seidenschwann, Sabine: Das neue Kapitalanlagegesetzbuch (KAGB) – Großer Wurf oder historische Schule des 19. Jahrhunderts? In **Möllers, Thomas M. J. (Hrsg.):** Das neue Kapitalanlagegesetzbuch, München 2013, 1–19.

Moritz, Joachim/Klebeck, Ulf/Jensch, Thomas A. (Hrsg.): Frankfurter Kommentar zum Kapitalanlagerecht, Band 1: KAGB, Frankfurt am Main 2016.

Oetker, Hartmut: Kommentar zum Handelsgesetzbuch (HGB), 5. Auflage. München 2017.

Palandt, Otto: Bürgerliches Gesetzbuch, 75. Auflage. München 2016.

Paul, Wolfgang: Die datenschutzrechtliche Umsetzung der zivilrechtlichen Auskunftsansprüche in der Publikums-KG, Gesellschafts- und Wirtschaftsrecht (GWR), 2011, 225–231.

Pawlowski, Hans-Martin: Methodenlehre für Juristen: Theorie der Norm und des Gesetzes, 3. Auflage. Heidelberg 1999.

Pfeifle, Dorothee/Heigl, Ilka: Treugeberhaftung, Wertpapier-Mitteilungen (WM), 2008, 1485–1492.

Priester, Hans-Joachim: Eine Lanze für die Kernbereichslehre, Neue Zeitschrift für Gesellschaftsrecht (NZG), 2015, 529–531.

Priester, Hans-Joachim: Transparenz contra Anonymität bei Treugeber- Innengesellschaften, Zeitschrift für Wirtschaftsrecht (ZIP), 2011, 697–702.

Prinz, Ulrich/Bärwaldt, Roman (Hrsg.): Beck'sches Handbuch der Personengesellschaften: Gesellschaftsrecht – Steuerrecht, 4. Auflage. München 2014.

PROJECT Wohnen 14 geschlossene Investment GmbH & Co. KG: PROJECT Wohnen 14 Prospekt, 01.06.2014.

publity performance GmbH: Fondsprospekt publity performance Fonds Nr. 7, 15.12.2013.

Rasner, Henning: Die atypische stille Gesellschaft, Bielefeld 1961.

Real I.S. AG Gesellschaft für Immobilien Assetmanagement: Real I.S. Grundvermögen Prospekt, 27.06.2014.

Reichert, Jochem (Hrsg.): GmbH & Co. KG, 7. Auflage. München 2015.

Rixecker, Roland et al. (Hrsg.): Münchener Kommentar zum Bürgerlichen Gesetzbuch: Band 1: §§ 1–240; ProstG; AGG, 7. Auflage. München 2015.

Rixecker, Roland et al. (Hrsg.): Münchener Kommentar zum Bürgerlichen Gesetzbuch: Band 2: §§ 241–432, 7. Auflage. München 2016.

Rixecker, Roland et al. (Hrsg.): Münchener Kommentar zum Bürgerlichen Gesetzbuch: Band 5/2: §§ 651a – 704, 7. Auflage. München 2017.

Rixecker, Roland et al. (Hrsg.): Münchener Kommentar zum Bürgerlichen Gesetzbuch: Band 6: §§ 705–853; PartGG; ProdHaftG, 7. Auflage. München 2017.

Rixecker, Roland et al. (Hrsg.): Münchener Kommentar zum Bürgerlichen Gesetzbuch: Band 7: §§ 854–1296; WEG; ErbbauRG, 7. Auflage. München 2017.

Romba, Eric: Auswirkungen von KAGB und AIFMD auf die Marktstrategie und Branchenstruktur, Zeitschrift für das gesamte Kreditwesen (ZfgK), 2015, 76.

Rüthers, Bernd/Fischer, Christian/Birk, Axel: Rechtstheorie: Mit juristischer Methodenlehre, 7. Auflage. München 2013.

Rutschmann, Frank: Treuhänder in GbR-/OHG-Publikumsgesellschaften – Zur Außenhaftungsfreistellung und ihrer Verjährung, Deutsches Steuerrecht (DStR), 2010, 555–560.

Sauer, Otto: Die Publikums-Kommanditgesellschaft: Recht, Steuer, Betriebswirtschaft, Bielefeld 1982.

Schäfer, Carsten: Der Bestimmtheitsgrundsatz ist (wirklich) Rechtsgeschichte, Neue Zeitschrift für Gesellschaftsrecht (NZG), 2014, 1401–1404.

Schäfer, Carsten: Zu Fragen der Treugeberhaftung bei qualifizierten Treuhandbeteiligungen an Publikumspersonengesellschaften, Zeitschrift für das gesamte Handelsrecht und Wirtschaftsrecht (ZHR), 2013 Nr. 177, 619–642.

Schaub, Bernhard: Treuhand an GmbH-Anteilen – Treuhandgefahren für den Treugeber, Deutsches Steuerrecht (DStR), 1996, 65–69.

Schiemann, Gottfried: Haftungsprobleme bei der Treuhand an Gesellschaftsanteilen, In **Lieb, Manfred (Hrsg.):** Festschrift für Wolfgang Zöllner, Köln 1998, 503–519.

Schlegelberger, Franz/Geßler, Ernst (Hrsg.): Handelsgesetzbuch, 5. Auflage. München 1974.

Schmidt, Christian R./Zagel, Stefan (Hrsg.): OHG, KG und PublikumsG, 2. Auflage. Freiburg 2010.

Schmidt, Holger/Sikora, Markus (Hrsg.): Praxis des Handelsregister- und Kostenrechts, 7. Auflage. Köln 2014.

Schmidt, Karsten: Gesellschaftsrecht, 4. Auflage. Köln 2002.

Schmidt, Karsten: Gesellschaftsrecht: Gewinnunabhängige Entnahmen bei einer Publikums-KG: Unterscheidung von Außenverhältnis und Innenverhältnis bei der KG, Juristische Schulung (JuS), 2013, 846–848.

Schmidt, Karsten: Handelsrecht: Unternehmensrecht I, 6. Auflage. Köln 2014.

Schmidt, Karsten: Die Innenkommanditgesellschaft – wirklicher Verband und virtueller Rechtsträger, Zeitschrift für das gesamte Handelsrecht und Wirtschaftsrecht (ZHR), 2014, 10–54.

Schmidt, Karsten (Hrsg.): Münchener Kommentar zum Handelsgesetzbuch: Band 1: §§ 1–104 a, 4. Auflage. München 2016.

Schmidt, Karsten (Hrsg.): Münchener Kommentar zum Handelsgesetzbuch: Band 2: §§ 105–160, 4. Auflage. München 2016.

Schmidt, Karsten (Hrsg.): Münchener Kommentar zum Handelsgesetzbuch: Band 3: §§ 161–237; Konzernrecht der Personengesellschaften, 3. Auflage. München 2012.

Schmidt, Karsten: Struktur und Transparenz einer Treugeber-Innengesellschaft, Neue Zeitschrift für Gesellschaftsrecht (NZG), 2011, 361–367.

Schmidt-Kessel, Martin/Leutner, Gerd (Hrsg.): Handelsregisterrecht: §§ 8–16 HGB, 378–401 FamFG, HandelsregisterVO mit Kurzdarstellungen zum ausländischen Gesellschafts- und Registerrecht, München 2010.

Schubert, Werner: Quellen zum Handelsgesetzbuch von 1897, Frankfurt am Main 1988.

Schulze, Reiner/Dörner, Heinrich (Hrsg.): Bürgerliches Gesetzbuch, 9. Auflage. Baden- Baden 2017.

Schürnbrand, Jan: Publikumspersonengesellschaften in Rechtsprechung und Literatur, Zeitschrift für Unternehmens- und Gesellschaftsrecht (ZGR), 2014, 256–283.

Schwerdtfeger, Armin/Alexander, Lukas (Hrsg.): Gesellschaftsrecht, 3. Auflage. Köln 2015.

Schwerdtfeger, Jörg: Änderungen des AGB-Gesetzes durch Umsetzung der Verbrauchervertragsrichtlinie, Deutsches Steuerrecht (DStR), 1997, 499–503.

Servatius, Wolfgang: Verbesserter Anlegerschutz bei geschlossenen Fonds nach dem KAGB, Zeitschrift für Immobilienrecht (ZfIR), 2014, 134–142.

Sester, Peter/Voigt, Daniel: Anspruch auf Offenlegung der Identität von Mitgesellschaftern – Zugleich eine Besprechung des BGH-Beschlusses vom 21.

9. 2009 – II ZR 264/08, NZG 2010, 61, Neue Zeitschrift für Gesellschaftsrecht (NZG), 2010, 375–379.

SHB Innovative Fondskonzepte AG: Fondsprospekt SHB Innovative Fondskonzepte GmbH & Co. Objekte Fürstenfeldbruck und München Fonds KG, 19.03.2007.

Siebert, Wolfgang: Das rechtsgeschäftliche Treuhandverhältnis, Marburg 1933.

Singhof, Bernd/Seiler, Oliver/Schlitt, Michael: Mittelbare Gesellschaftsbeteiligungen: Stille Gesellschaft, Unterbeteiligung, Treuhand, Köln 2004.

Soergel; Pfeiffer, Thomas (Hrsg.): Schuldrecht ; 3/3, §§ 328–432, 13. Auflage. Stuttgart 2010.

Soergel; Hadding, Walther (Hrsg.): Schuldrecht ; 9,1, §§ 705–758, 13. Auflage. Stuttgart 2012.

Söll, Helmut: Probleme bei der Vertragsgestaltung geschlossener Immobilienfonds in der Rechtsform der KG bzw GmbH & Co. KG mit Treuhandkommanditisten, Köln 1989.

Stari, Christian/Beuster, Malte: Die Haftung des mittelbar an einem geschlossenen Fonds beteiligten Anlegers – Keine Haftungsabschirmung durch den Treuhänder, Deutsches Steuerrecht (DStR), 2014, 271–275.

Staub, Hermann/Canaris, Claus-Wilhelm/Schäfer, Carsten (Hrsg.): Handelsgesetzbuch, Großkommentar, Band 1: Einleitung; §§ 1–47b, 5. Auflage. 2009.

Staub, Hermann/Canaris, Claus-Wilhelm/Schäfer, Carsten (Hrsg.): Handelsgesetzbuch, Großkommentar, Band 2: §§ 105–237, 4. Auflage. Berlin 2004.

Staub, Hermann/Canaris, Claus-Wilhelm/Schäfer, Carsten: Handelsgesetzbuch, Großkommentar, Band 3: §§ 105–160, 5. Auflage. Berlin 2009.

Staub, Hermann/Canaris, Claus-Wilhelm/Schäfer, Carsten (Hrsg.): Handelsgesetzbuch, Großkommentar, Band 4: §§ 161–236, 5. Auflage. 2015.

Staudinger, Julius von (Hrsg.): Kommentar zum Bürgerlichen Gesetzbuch: Allgemeiner Teil: §§ 134–138; Anh. zu § 138; ProstG, Berlin 2011.

Staudinger, Julius von (Hrsg.): Kommentar zum Bürgerlichen Gesetzbuch: Recht der Schuldverhältnisse: §§ 305–310; UKlaG (Recht der Allgemeinen Geschäftsbedingungen), Berlin 2013.

Staudinger, Julius von (Hrsg.): Kommentar zum Bürgerlichen Gesetzbuch: Recht der Schuldverhältnisse: §§ 397–432 (Erlass, Abtretung, Schuldübernahme, Mehrheit von Schuldnern und Gläubigern), Berlin 2012.

Staudinger, Julius von (Hrsg.): Kommentar zum Bürgerlichen Gesetzbuch: Recht der Schuldverhältnisse: §§ 657–704 (Geschäftsbesorgung), Berlin 2006.

Staudinger, Julius von (Hrsg.): Kommentar zum Bürgerlichen Gesetzbuch: Recht der Schuldverhältnisse: §§ 705–740 (Gesellschaftsrecht), Berlin 2003.

Stöber, Michael: Die Haftung der Anleger notleidender Immobilienfonds in der Rechtsform einer Personengesellschaft, Neue Zeitschrift für Gesellschaftsrecht (NZG), 2011, 738–741.

Tebben, Joachim: Die qualifizierte Treuhand im Personengesellschaftsrecht, Zeitschrift für Unternehmens- und Gesellschaftsrecht (ZGR), 2001, 586–614.

Tebben, Joachim: Der Treuhandkommanditist, In **Gesellschaftsrechtliche Vereinigung (Hrsg.):** Gesellschaftsrecht in der Diskussion 2010, Köln 2011, 161–179.

Tebben, Joachim: Unterbeteiligung und Treuhand an Gesellschaftsanteilen, Baden- Baden 2000.

Teichmann, Christoph: Inhaltskontrolle im Gesellschaftsrecht, In **Herrler, Sebastian/ Limmer, Peter (Hrsg.):** Gestaltungspraxis und Inhaltskontrolle, Band 13, Bonn 2014, 109–127.

Ulmer, Peter: Zur Treuhand an GmbH-Anteilen: Haftung des Treugebers für Einlageansprüche der GmbH? Zeitschrift für das gesamte Handelsrecht und Wirtschaftsrecht (ZHR), 1992, 377–393.

Ulmer, Peter/Brandner/Hensen (Hrsg.): AGB-Recht: Kommentar zu den §§ 305–310 BGB und zum UKlaG, 12. Auflage. Köln 2016.

Ulmer, Peter/Schäfer, Carsten: Gesellschaft bürgerlichen Rechts und Partnerschaftsgesellschaft, 6. Auflage. München 2013.

United Investors: Fondsprospekt Deutsche S&K Sachwerte Nr. 2,.

van Kann, Jürgen/Redeker, Rouven/Keiluweit, Anjela: Überblick über das Kapitalanlagegesetzbuch (KAGB), Deutsches Steuerrecht (DStR), 2013, 1483–1489.

Veith, Julian: Die Haftung des aus der geschlossenen Publikumskommanditgesellschaft ausgeschiedenen Treugebers für Gesellschaftsverbindlichkeiten, Zeitschrift für Bank- und Kapitalmarktrecht (BKR), 2015, 233–237.

Voigt, Daniel: Die deutsche Umsetzung der AIFM-Richtlinie durch das KAGB, In **Möllers, Thomas M. J. (Hrsg.):** Das neue Kapitalanlagegesetzbuch, München 2013, 61–78.

Voigt, Daniel: Freier Zugang zu Anlegerdaten? Neue Zeitschrift für Gesellschaftsrecht (NZG), 2011, 256–258.

Vosberg, Till/Klawa, Patrick: Kurzkommentar zu BGH, Urteil vom 05.02.2013 - II ZR 134/11, Entscheidungen zum Wirtschaftsrecht (EWiR), 2013, 345–346.

Wagner, Klaus-R.: Aktuelle Fragen und Probleme bei Publikumspersonengesellschaften, Neue Juristische Wochenschrift (NJW), 2013, 198–203.

Wagner, Klaus-R.: Geschlossene Fonds gemäß dem KAGB, Zeitschrift für deutsches und internationales Bau- und Vergaberecht (ZfBR), 2015, 113–119.

Wagner, Klaus-R.: Gesellschaftsrechtliche Entwicklungen 2011 in Rechtsprechung und Fachschrifttum zu notleidenden geschlossenen Fonds, Zeitschrift für die Notarpraxis (ZNotP), 2011, 291–297.

Wagner, Klaus-R.: Gesellschaftsrechtliche Entwicklungen 2012 in Rechtsprechung und Fachschrifttum zu notleidenden geschlossenen Fonds, Wertpapier-Mitteilungen (WM), 2013, 1445–1452.

Wagner, Klaus-R.: Gesellschaftsrechtliche Entwicklungen 2013 in Rechtsprechung und Fachschrifttum zu notleidenden geschlossenen Fonds, Neue Zeitschrift für Gesellschaftsrecht (NZG), 2014, 408–415.

Wagner, Klaus-R.: Haftungsrisiken bei mittelbarer Beteiligung an geschlossenen Fonds, Gesellschafts- und Wirtschaftsrecht (GWR), 2013, 7–13.

Wagner, Klaus-R.: Die Massenkommanditgesellschaft als Mittel zur Vermögensbeteiligung der Arbeitnehmer, Band 16, Abhandlungen zum Handels-, Gesellschafts-, Wirtschafts- und Arbeitsrecht, Göttingen 1985.

Wagner, Klaus-R.: Neuere gesellschaftsrechtliche Entwicklungen in Rechtsprechung und Fachschrifttum zu notleidenden geschlossenen Immobilienfonds, Wertpapier- Mitteilungen (WM), 2010, 184–1690.

Wagner, Klaus-R.: Verfassungsrechtliche Überlegungen zur Haftungsrechtsprechung des BGH betreffend mittelbar Beteiligte an geschlossenen Fonds, Neue Zeitschrift für Gesellschaftsrecht (NZG), 2012, 58–62.

Wagner, Klaus-R.: Zum Rückgriffsanspruch gegen mittelbar beteiligte Kapitalanleger, Neue Zeitschrift für Gesellschaftsrecht (NZG), 2009, 733–736.

Wallach, Edgar: Die Regulierung von Personengesellschaften im Kapitalgesetzbuch, Zeitschrift für Unternehmens- und Gesellschaftsrecht (ZGR), 2014, 289–328.

Weitnauer, Wolfgang (Hrsg.): KAGB: Kommentar zum Kapitalanlagegesetzbuch und zur Verordnung über Europäische Risikokapitalfonds mit Bezügen zum AIFM-StAnpG, 2. Auflage. München 2017.

Wertenbruch, Johannes: Gesamtschuldnerregress sanierender Treugeber und stiller Gesellschafter – Sanierung ohne Ausscheiden, Neue Zeitschrift für Gesellschaftsrecht (NZG), 2016, 401–409.

Wertenbruch, Johannes: Status und Haftung des Treugebers bei der Personengesellschafts-Treuhand, Neue Zeitschrift für Gesellschaftsrecht (NZG), 2013, 285–289.

Wertenbruch, Johannes: Das Stimmrecht von Treugebern, stillen Gesellschaftern und Unterbeteiligten in der Personengesellschaft, Neue Zeitschrift für Gesellschaftsrecht (NZG), 2017, 81–88.

Wiedemann, Herbert: Alte und neue Kommanditgesellschaften, Neue Zeitschrift für Gesellschaftsrecht (NZG), 2013, 1041–1046.

Wiedemann, Herbert: Gesellschaftsrecht: Band I: Grundlagen, München 1980.

Wiedemann, Herbert: Gesellschaftsrecht: Band II: Recht der Personengesellschaften, München 2004.

Wiedemann, Herbert: Die stille Beteiligung – ein Vorschlag für die Gesetzgebung, Neue Zeitschrift für Gesellschaftsrecht (NZG), 2016, 1–4.

Wiedemann, Herbert: Treuhand an einer Mitgliedschaft – Gedanken zur Einzel- und Sammeltreuhand im Personengesellschaftsrecht, Zeitschrift für Wirtschaftsrecht (ZIP), 2012, 1786–1791.

Wiesner, Georg: Zur Haftung des Treugeber-Kommanditisten bei der qualifizierten Treuhand, In **Habersack, Mathias (Hrsg.):** Festschrift für Peter Ulmer zum 70. Geburtstag am 2. Januar 2003, Berlin 2003, 673–681.

Wolf, Manfred/Dammann, Jens C. (Hrsg.): AGB-Recht, 6. Auflage. München 2013.

Wolf, Manfred/Neuner, Jörg: Allgemeiner Teil des bürgerlichen Rechts, 10. Auflage. München 2012.

Wolfer, Hendrik: Anspruch auf Daten von Mitgesellschaftern in Personengesellschaften? – Ein Überblick über die Rechtsprechung nach BGH, Az. II ZR 187/09, Gesellschafts- und Wirtschaftsrecht (GWR), 2011, 77–80.

Wolfer, Hendrik: Auskunftsansprüche des mittelbar beteiligten Anlegers an einer Publikums-KG auf Daten seiner Mitgesellschafter und Zulässigkeit Kommunikation regelnder Vertragsklauseln, Neue Zeitschrift für Gesellschaftsrecht (NZG), 2011, 854–856.

Zeising, Jörg: Die Außenhaftung des Treugebers bei Personen Publikumsgesellschaften, Deutsche Zeitschrift für Wirtschafts- und Insolvenzrecht (DZWIR), 2016, 551–568.

Zeising, Jörg: Das fiduziarische Treuhandverhältnis in Personen- Publikumsgesellschaften, Deutsche Zeitschrift für Wirtschafts- und Insolvenzrecht (DZWIR), 2016, 301–314.

Zetzsche, Dirk: Das Gesellschaftsrecht des Kapitalanlagegesetzbuches, Die Aktiengesellschaft (AG), 2013, 613–630.

Zinger, Georg: Die Haftung des Treugebers bei der Treuhand an Personengesellschaftsanteilen, Betriebsberater (BB), 2014, 458–462.

Zoller, Michael: Auskunftsanspruch hinsichtlich Adressdaten der treuhänderisch beteiligten Mitgesellschafter bei Publikumsgesellschaft, Gesellschafts- und Wirtschaftsrecht (GWR), 2013, 165.

Zöllner, Wolfgang/Noack, Ulrich (Hrsg.): Kölner Kommentar zum Aktiengesetz: Band 1: §§ 1–75, 3. Auflage. Köln 2012.

Schriftenreihe zum deutschen und europäischen Gesellschafts- und Wirtschaftsrecht

Herausgegeben von Christoph Teichmann
Begründet von Günter Christian Schwarz †

Band 1 Matthias Scheifele: Die Gründung der Europäischen Aktiengesellschaft (SE). 2004.

Band 2 Julia Zwiener: Die Auswirkungen der Verordnung Nr. 1/2003 auf das europäische und deutsche Kartellverfahren. 2005.

Band 3 Cornelius Koke: Die Finanzverfassung der Europäischen Aktiengesellschaft (SE) mit Sitz in Deutschland. 2005.

Band 4 Martin Weger: Haftungsgrundlagen bei kompetenzwidriger Geschäftsführung im Personen- und Kapitalgesellschaftsrecht. Ein Beitrag zur Transformation des bürgerlich-rechtlichen Rechtsinstituts der Geschäftsführung ohne Auftrag in das Gesellschaftsrecht. 2005.

Band 5 Axel Zang: Sitz und Verlegung des Sitzes einer Europäischen Aktiengesellschaft mit Sitz in Deutschland. 2005.

Band 6 Björn Holland: Das amerikanische „board of directors" und die Führungsorganisation einer monistischen SE in Deutschland. Amerikanische Erfahrungen in Fragen der Corporate Governance als Beitrag zur Ausgestaltung der Unternehmensführung und Unternehmenskontrolle in einer Deutschen SE. 2006.

Band 7 Nils K. Roitsch: Auflösung, Liquidation und Insolvenz der Europäischen Aktiengesellschaft (SE) mit Sitz in Deutschland. Art. 63–65 SE-VO. 2006.

Band 8 Timo Wanner: Die GmbH in der Krise. Geschäftsführerverantwortlichkeit im Vorfeld der Insolvenz. 2015.

Band 9 Wolf-Amelung Böhm: Die Sicherung der Abfindung beim Ausscheiden aus der GmbH. Haftung der Mitgesellschafter beim Eingreifen der Kapitalerhaltungsschranke. 2016.

Band 10 Christina Eschenfelder: Rechtsnachfolge in die Kommanditistenhaftung. Zur Rechtsnachfolge in die unbeschränkte Kommanditistenhaftung aufgrund rechtsgeschäftlicher Übertragung von Kommanditanteilen. 2016.

Band 11 Christoph Teichmann / Martin Kraushaar (Hrsg.): Mitbestimmungsvielfalt in Deutschland und Europa. 2018.

Band 12 Julian Wacker: Persönliche Schadensersatzhaftung von Vorstandsmitgliedern einer Aktiengesellschaft für Kartellverstöße. Ein Beitrag zur kartellzivilrechtlichen Organhaftung. 2017.

Band 13 Tobias Alexander Begemann: Die SE & Co. KGaA als Rechtsform für Familienunternehmen. 2018.

Band 14 Matthias Adams: Mittelbare Beteiligung an einer Publikumspersonengesellschaft über einen Treuhänder. 2018.

www.peterlang.com